W0253261

Crédits photographiques

p. 10 : g FOTOLIA/© manipulateur ;
mg FOTOLIA/© papagoshi ;
md FOTOLIA/© Ponchy ;
d FOTOLIA/© leungchopa.

Générique de l'ouvrage

Conception graphique et mise en pages : Anne-Danielle Naname – Claire Dubos
Illustrateur : Dawid
Couverture : Véronique Lefebvre
Illustration de couverture : Line Parmentier
Iconographie : Laurence Vacher
Coordination artistique : Annie Le Gallou, Domitille Pautonnier
Coordination éditoriale : Laurence Michaux
Édition : Anne Perez

MIXTE
Papier issu de sources responsables
FSC® C022030

Achevé d'imprimer en France en février 2014 par l'imprimerie MAURY, 45330 Malesherbes
N° de projet : 10198527

Terre des mots

CE2

Mémo

Sous la direction d'**Alain Bentolila**

Paul Benaych
IEN

Patrick Binisti
Formateur ESPE
Adaptation Scolaire et Handicap (ASH)

Martine Descouens
Professeur des écoles

Sophie Snégaroff
Professeur des écoles

Le papier de cet ouvrage est composé de fibres naturelles, renouvelables, fabriquées à partir de bois provenant de forêts gérées de manière responsable.

Nathan

Sommaire

Grammaire

Grammi

Conjugaison

Conjuguo

© Nathan – 25, avenue Pierre de Coubertin, 75013 Paris, 2014.
ISBN 978-2-09-122747-4

Orthographe

Ortha

Vocabulaire

Voca

1 Dans la phrase : qui ? quoi ? où ? quand ?

Manuel, p. 14

- Une phrase est comme un film : il y a un acteur qui fait une action dans un décor.

Grammi mange une pomme dans la cuisine le matin.

- Les mots dans la phrase ont **chacun un rôle** :
  – l'acteur, c'est **celui qui fait l'action** Grammi
  – l'action, c'est **ce que fait l'acteur** mange une pomme
  – le décor, c'est **le lieu et le moment** dans la cuisine le matin

- Si on change les mots, le film change.

Voca mange une pomme dans la cuisine le matin.

- Si on échange les rôles des mots, le film change.

Une pomme mange Grammi dans la cuisine le matin.

2 Comment former des phrases interrogatives ?

Manuel, p. 18

- Les **phrases interrogatives** servent à poser **des questions**.
- À l'écrit, elles se terminent toujours par **un point d'interrogation**.
- Certaines phrases interrogatives ont pour réponse oui ou non. Il y a trois manières de les former :

  – on commence par est-ce que Est-ce que vous êtes contente ?

  – on commence par le verbe Êtes-vous contente ?

  – on ajoute simplement un point d'interrogation Vous êtes contente ?

- D'autres phrases interrogatives ont pour réponse une information plus précise. Elles commencent par **un mot interrogatif** : qui, quand, où, comment, pourquoi, combien…

  Qui es-tu ? → un castor

  Comment t'appelles-tu ? → Grammi

  Où as-tu grandi ? → dans la forêt

3 Comment former des phrases négatives ?

Manuel, p. 22

- Les **phrases négatives** servent à dire que **ce n'est pas vrai**, que l'on n'est **pas d'accord**.

Grammi chante.
→ phrase affirmative

Non, Grammi ne chante pas.
→ phrase négative

- Pour former une phrase négative, on encadre le verbe avec **des mots de négation** : ne … pas, ne … jamais, ne … rien, ne … plus.
- Quand le verbe commence par une voyelle, ne s'écrit n'. Grammi n'est pas content.

! Parfois, à l'oral, on ne dit pas toujours le ne. À l'écrit, il ne faut pas l'oublier !

4 Qu'est-ce que le verbe dans une phrase ?

Manuel, p. 26

- Le **verbe** sert à dire **ce que fait le personnage** : son action.
- Pour nommer le verbe, on utilise **l'infinitif**.

Grammi

On ne sait pas ce que fait Grammi.

Grammi court.

On sait ce que fait Grammi.
→ court est le verbe → C'est le verbe courir.

- Le verbe change :

  – quand **le sujet** change Grammi court. → Les enfants courent.

  – quand **le temps** change Aujourd'hui, Grammi court. → Demain, Grammi courra.

- Le verbe ***être*** n'indique pas une action mais un état. C'est **un verbe d'état**.

  Grammi est content.

5 Qu'est-ce que le sujet dans une phrase ?

Manuel, p. 30

- Le **sujet** est celui **qui fait l'action** : le personnage.

toquer à la porte

On ne sait pas qui fait l'action.

Grammi toque à la porte.

On sait qui fait l'action. → Grammi est le sujet

- Pour reconnaître le sujet, on pose la question qui fait l'action ? ou qu'est-ce qui fait l'action ? → Qui toque à la porte ? Grammi = sujet
- Le sujet peut être :

  – **un nom propre** Grammi toque à la porte.

  – **un nom commun** Le castor toque à la porte.

  – **un pronom personnel** Il toque à la porte.

6 Comment utiliser les pronoms personnels sujets ? Manuel, p. 34

- Les **pronoms personnels sujets** sont je, tu, il, elle, nous, vous, ils et elles.
- On utilise il, elle, ils et elles pour **remplacer les noms**. Le mot « pronom » signifie « à la place du nom ».

Les enfants préparent une pièce de théâtre. → Ils préparent une pièce de théâtre.

Fred joue le loup. → Il joue le loup.

- On utilise je, tu, nous et vous seulement dans **les dialogues**.

je/j' 	nous 
tu 	vous 
il 	ils 
elle 	elles 

7 À quoi sert un COD ? Comment le reconnaître ?

Manuel, p. 38

- Le **complément d'objet direct** (COD) indique **sur quoi ou sur qui porte l'action**. Il complète le verbe.

Grammi mange.

On ne sait pas ce qu'il mange.

Grammi mange une pomme.

On sait ce qu'il mange. → une pomme est le COD

- Pour reconnaître le COD, on pose la question qui ? ou quoi ? juste après le verbe.
  → Grammi mange quoi ? une pomme = COD

- En général, on ne peut pas déplacer le COD dans la phrase. Et si on le supprime, la phrase n'a plus de sens ou n'a plus le même sens.

Grammi prend un petit déjeuner. (un petit déjeuner : COD) → Grammi un petit déjeuner prend. → pas de sens

Grammi prend. → pas de sens

8 À quoi sert un COI ? Comment le reconnaître ?

Manuel, p. 42

- Le **complément d'objet indirect** (COI) indique **vers qui ou vers quoi porte l'action**. Comme le COD, le COI complète le verbe. Mais le COI est **relié au verbe** par une préposition comme à ou de.

Grammi parle.

On ne sait pas à qui il parle.

Grammi parle à Conjuguo.

On sait à qui il parle. → à Conjuguo est le COI

- Pour reconnaître le COI, on pose la question à qui ?, de qui ? ou à quoi ?, de quoi ? juste après le verbe. → Grammi parle à qui ? à Conjuguo = COI

- En général, on ne peut pas déplacer le COI dans la phrase. Et si on le supprime, la phrase n'a plus de sens ou n'a plus le même sens.

Ce livre appartient à Grammi. (à Grammi : COI) → Ce livre à Grammi appartient. → pas de sens

Ce livre appartient. → pas de sens

9 Ça se passe où et quand ?

Manuel, p. 46

- Les **compléments circonstanciels** servent à donner **des indications :**
  – **sur le lieu** de l'action (complément circonstanciel de lieu, CCL)
  – **sur le moment** de l'action (complément circonstanciel de temps, CCT).

Grammi se promène.

On ne sait pas où et quand il se promène.

Grammi se promène dans la forêt.

On sait où il se promène.
→ dans la forêt est le CCL

Grammi se promène le matin.

On sait quand il se promène.
→ le matin est le CCT

- Pour reconnaître le CCL, on pose la question où ?
  → Grammi se promène où ? dans la forêt = CCL
- Pour reconnaître le CCT, on pose la question quand ?
  → Grammi se promène quand ? le matin = CCT
- On peut déplacer les compléments circonstanciels. Quand on les supprime, la phrase reste correcte.

Le soir, Grammi se promène. Grammi se promène.

10 Comment reconnaître le nom et le groupe nominal ?

Manuel, p. 50

- Les **noms** servent à nommer **les objets**, **les personnes**, **les lieux**, **les animaux**.

la coupe

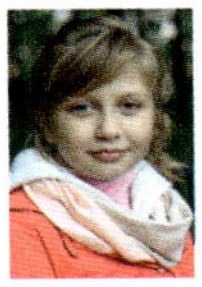

une fille

une ville

un panda

- Devant un nom, on trouve généralement **un déterminant** : le, la, un, une…
  C'est ce qui permet de reconnaître le nom dans la phrase.

- Le déterminant et le nom forment **le groupe nominal**.

  Il coupe.
  → coupe est un verbe

  Il remet **la** coupe.
  → coupe est un nom ; la coupe est un groupe nominal

- Il existe deux catégories de noms :
  – **les noms propres** : ils désignent une personne précise et unique, un lieu ou un animal précis. Ils n'ont pas toujours de déterminant.

  Lucie   Clermont-Ferrand   Conjuguo   la France

  – **les noms communs** : ce sont tous les autres noms.

! À l'écrit, on reconnaît les noms propres car ils commencent toujours par une majuscule.

11 Comment utiliser les déterminants ?

Manuel, p. 54

- Un **déterminant accompagne toujours un nom.** Il est placé devant le nom.
- Il existe plusieurs sortes de déterminants. Ils ont des rôles différents.

Articles indéfinis : on les utilise quand on ne sait pas précisément de qui ou de quoi il s'agit	**Articles définis :** on les utilise quand on sait précisément de qui ou de quoi il s'agit	**Déterminants possessifs :** on les utilise quand on veut indiquer à qui ça appartient
Je vois un chien.	Je vois le chien.	Je vois mon chien.
un, une, des	le, la, l', les	mon, ton, son, ma, ta, sa notre, votre, leur mes, tes, ses nos, vos, leurs

! Le déterminant indique si le nom est féminin ou masculin, singulier ou pluriel.

12 Comment donner des précisions sur le nom ?
(Les adjectifs qualificatifs)

Manuel, p. 58

- Pour donner des précisions sur un nom, on peut utiliser des **adjectifs qualificatifs**. Ils servent à **mieux se représenter** l'objet, la personne, l'animal ou le lieu dont on parle.

Grammi porte un **manteau**.

On ne sait pas comment est le manteau.

Grammi porte un long **manteau** noir.

On sait comment est le manteau.
→ long et noir sont des adjectifs

- Un adjectif qualificatif peut être **avant** ou **après** le nom.
- Comme l'adjectif va avec le nom, il change de forme selon le nom : il **s'accorde avec le nom**.

un manteau **noir** | des manteaux **noirs** | une veste **noire** | des vestes **noires**

→ **Orthographe**, unités 19 et 22

13 Comment donner des précisions sur le nom ?
(Les compléments du nom)

Manuel, p. 62

- Pour donner des précisions sur un nom, on peut aussi utiliser des **compléments du nom**. Ils servent à préciser :
  - **à qui ça appartient** le manteau de Grammi
  - **à quoi ça sert** un manteau de pluie
  - **en quoi c'est fait** le manteau en laine

- Le complément du nom est toujours **après** le nom qu'il complète.
- Le complément du nom est formé d'**une préposition** comme de, à, en, au et d'**un nom**.

14 Comment distinguer les noms, les verbes et les adjectifs ?

Manuel, p. 66

- Pour parler de ce qui se passe autour de nous, on a surtout besoin de **trois catégories de mots :**
  - des mots qui nomment : **les noms**
  - des mots qui précisent : **les adjectifs**
  - des mots qui mettent en mouvement, en action : **les verbes.**

Des mots qui nomment : qui est-il ? Les noms	**Des mots qui précisent :** comment est-il ? Les adjectifs	**Des mots qui mettent en mouvement, en action :** que fait-il ? Les verbes
C'est un castor.	le gentil castor	Le castor jongle.
Ce sont des castors.	les gentils castors	Les castors jonglent.
C'est Grammi.		Le castor jonglait.

- Chaque catégorie de mots a son identité. On dit que c'est la **nature du mot**.
- On reconnaît chaque catégorie à son comportement dans une phrase :
  - **le nom** est souvent accompagné d'un déterminant. Il peut être au singulier (un seul élément) ou au pluriel (plusieurs éléments) ;
  - **l'adjectif** accompagne le nom. Il change selon le nom : il s'accorde avec lui ;
  - **le verbe** change selon la personne qui fait l'action et selon le moment de l'action.

! Certains mots ont deux natures.

Il aime son **sourire**. → nom

Il aime **sourire**. → verbe

Il dessine un **rond**. → nom

Il dessine un ballon **rond**. → adjectif

15 Quelles fonctions le nom peut-il avoir ?

Manuel, p. 70

- On dit qu'un nom peut avoir plusieurs fonctions car il peut **changer de rôle** dans la phrase. Il est comme un acteur dans un film.
- Un nom peut avoir **cinq fonctions** différentes :

– **sujet** Le castor attrape Voca.

– **complément d'objet direct (COD)** Voca attrape le castor.

– **complément d'objet indirect (COI)** Voca téléphone au castor.

– **complément du nom** Voca attrape le T-shirt du castor.

– **complément circonstanciel de lieu (CCL)** Voca se pose sur le castor.

1 Comment reconnaître le passé, le présent, le futur ?

Manuel, p. 74

- Quand on parle ou quand on écrit, c'est important de préciser **quand se passe l'action**. Ça aide la personne qui écoute ou qui lit à mieux comprendre.
  – Ce qui se passe **au moment** où l'on parle est au **présent**.
  – Ce qui s'est passé **avant** le moment où l'on parle est au **passé**.
  – Ce qui se passera **après** est au **futur**.

- C'est **le verbe** et **certains mots** dans la phrase qui situent l'action dans le temps.

Hier, j'ai joué sur la plage. | En ce moment, je joue sur la plage. | Demain, je jouerai sur la plage.

je parle

passé — présent — futur

2 Pourquoi le verbe change-t-il de forme ?

Manuel, p. 78

- Un verbe est constitué de deux parties :

le radical	la terminaison

Le radical indique le sens du verbe. Le plus souvent, il ne change pas.

La terminaison indique la personne et le temps. Elle change.

- Le verbe change de forme pour deux raisons :

1. quand on **change la personne** qui fait l'action (le sujet) Loïc arrive. | Nous arrivons.

2. quand on **change le temps** de la phrase Loïc arrive. | Loïc arrivait.

arriv- est le radical de **arriver** ; -e, -ons et -ait sont des terminaisons.

! Le radical de certains verbes peut changer. **boire** → je bois – nous buvons

→ Tableaux de conjugaison p. 19-21

3 Comment classer les verbes par leur infinitif ?

Manuel, p. 80

- On classe les verbes dans **trois groupes**.
- **Les terminaisons de l'infinitif** permettent de classer les verbes.

1er groupe	2e groupe	3e groupe
tous les verbes en er ! sauf *aller*	les verbes en ir qui se terminent par issons avec nous au présent	tous les autres verbes (en re, oir, ir)
bouger, jardiner, danser	finir → nous finissons grandir → nous grandissons	prendre, vouloir, partir + aller

- Pour savoir si un verbe qui se termine par ir à l'infinitif appartient au 2e ou au 3e groupe, il faut le conjuguer au présent avec nous.

  finir → nous finissons → 2e groupe

  sortir → nous sortons → 3e groupe

- Les verbes ***être*** et ***avoir*** ne font partie d'aucun groupe.

4 Comment conjuguer les verbes au présent ?
(1er groupe)

Manuel, p. 84

- On utilise le présent pour dire ce qui se passe **au moment où l'on parle.**

  En ce moment, je regarde mon mémo.

- Au présent, tous les verbes du 1er groupe (infinitif en er) se conjuguent de la même manière. Il suffit de retenir les terminaisons et de les ajouter au radical du verbe :

  avaler → aval- + terminaisons

Terminaisons au présent des verbes du 1er groupe comme avaler			
je	→ e	nous	→ ons
tu	→ es	vous	→ ez
il/elle/on	→ e	ils/elles	→ ent

! j'avale/tu avales/
il avale/ils avalent
→ e, es, ent ne s'entendent pas à l'oral. Ne les oublie pas à l'écrit !

! Verbes en ger | je mange/nous mangeons | → **e** devant o

Verbes en cer | je lance/nous lançons | → **cédille** devant o

→ Tableaux de conjugaison p. 19-21

5 Comment conjuguer les verbes au présent ?

Manuel, p. 86

(2e groupe et certains verbes du 3e groupe)

- On utilise aussi le présent pour dire **ce qui est toujours vrai**, ce qui ne change pas.

Dans la cantine, on ne court pas.

- Au présent, tous les verbes du 2e groupe et certains verbes du 3e groupe ont les mêmes terminaisons.

Terminaisons au présent des verbes du 2e groupe comme choisir et du 3e groupe comme partir			
je	→ s	nous	→ ons
tu	→ s	vous	→ ez
il/elle/on	→ t	ils/elles	→ ent

! je pars/tu pars/il part → s, s, t ne s'entendent pas à l'oral. Ne les oublie pas à l'écrit !

! Le radical des verbes du 2e groupe se termine par :

– **i** avec **je**, **tu**, **il** je choisis – tu choisis – il choisit

– **iss** avec **nous**, **vous**, **ils** nous choisissons – vous choisissez – ils choisissent

! Le radical de nombreux verbes du 3e groupe change. je **bois**/nous **buv**ons

6 Comment conjuguer les verbes au présent ?

Manuel, p. 88

(être, avoir et certains verbes du 3e groupe)

- Certains verbes sont **irréguliers** au présent. Il faut apprendre leur conjugaison.

être		avoir		aller (3e groupe)	
je suis	nous sommes	j'ai	nous avons	je vais	nous allons
tu es	vous êtes	tu as	vous avez	tu vas	vous allez
il/elle/on est	ils/elles sont	il/elle/on a	ils/elles ont	il/elle/on va	ils/elles vont

- Certains verbes du 3e groupe ont des terminaisons particulières à certaines personnes.

vouloir	pouvoir	prendre	faire	dire
je veux	je peux	je prends	vous faites	vous dites
tu veux	tu peux	tu prends		
		il prend		

! Le radical change souvent.

je viens/nous venons | je vois/nous voyons | je veux/nous voulons

→ Tableaux de conjugaison p. 19-21

7 Comment conjuguer les verbes à l'imparfait ?

Manuel, p. 90

- On utilise l'imparfait pour décrire des situations ou raconter des faits qui se passent **dans le passé**.

Avant, Max adorait les histoires d'ogres.

- À l'imparfait, tous les verbes ont les mêmes terminaisons.

Terminaisons à l'imparfait de tous les verbes			
je	→ ais	nous	→ ions
tu	→ ais	vous	→ iez
il/elle/on	→ ait	ils/elles	→ aient

! j'adorais/tu adorais/il adorait/ils adoraient → ais, ait, aient se prononcent de la même manière. Il ne faut pas les confondre à l'écrit !

! Verbes en ger je mangeais/nous mangions → **e** devant a

Verbes en cer je lançais/nous lancions → **cédille** devant a

Verbe faire je **fai**sais → ne se prononce pas comme il s'écrit

8 Comment conjuguer les verbes au passé composé avec avoir ?

Manuel, p. 92

- On utilise le passé composé pour raconter des événements qui se passent **dans le passé et qui sont terminés**.

Conjuguo a visité une ferme.

- Le passé composé avec avoir est composé de deux mots :
  – 1er mot : le verbe avoir, appelé ici **auxiliaire**, conjugué au présent ;
  – 2e mot : le **participe passé** du verbe qui est le même à toutes les personnes.

- Le participe passé se termine par :
  – é pour tous les verbes du 1er groupe j'ai visité
  – i pour tous les verbes du 2e groupe j'ai choisi
  – u, i, s ou t pour les verbes du 3e groupe j'ai vu j'ai senti j'ai pris j'ai offert

! être → j'ai été   avoir → j'ai eu

Il ne faut pas confondre l'**auxiliaire** « **avoir** » et le **verbe** « **avoir** ».

9 Comment conjuguer les verbes au passé composé avec être ?

Manuel, p. 94

- Certains verbes se conjuguent au passé composé avec le verbe être, appelé ici **auxiliaire**.
- La terminaison du participe passé change selon les personnes car il **s'accorde avec le sujet**.

Le photographe est tombé. → Je suis tombé.

Virginie est tombée. → Je suis tombée.

Ils sont tombés. → Nous sommes tombés.

! Il ne faut pas confondre l'**auxiliaire** « **être** » et le **verbe** « **être** ».

10 Comment conjuguer les verbes au futur ?

Manuel, p. 96

- On utilise le futur pour indiquer qu'une action peut ou doit se produire **plus tard**.

Bientôt, Conjuguo partira en vacances.

- Au futur, tous les verbes ont les mêmes terminaisons.

Terminaisons au futur de tous les verbes			
je	→ rai	nous	→ rons
tu	→ ras	vous	→ rez
il/elle/on	→ ra	ils/elles	→ ront

! ra et ras, rai et rez, rons et ront se prononcent de la même manière. Il ne faut pas les confondre à l'écrit !

! Les verbes être, avoir et certains verbes du 3e groupe ont un radical très différent de l'infinitif.
→ **reporte-toi aux tableaux de conjugaison**

! Verbes du 1er groupe jouer → je jouerai → Il ne faut pas oublier le e à la fin du radical.

→ Tableaux de conjugaison p. 19-21

être et avoir

Infinitif	Présent de l'indicatif	Imparfait de l'indicatif	Passé composé de l'indicatif	Futur de l'indicatif
Avoir	j'ai tu as il/elle/on a nous avons vous avez ils/elles ont	j'avais tu avais il/elle/on avait nous avions vous aviez ils/elles avaient	j'ai eu tu as eu il/elle/on a eu nous avons eu vous avez eu ils/elles ont eu	j'aurai tu auras il/elle/on aura nous aurons vous aurez ils/elles auront
Être	je suis tu es il/elle/on est nous sommes vous êtes ils/elles sont	j'étais tu étais il/elle/on était nous étions vous étiez ils/elles étaient	j'ai été tu as été il/elle/on a été nous avons été vous avez été ils/elles ont été	je serai tu seras il/elle/on sera nous serons vous serez ils/elles seront

Verbes du 1er groupe → infinitif en er

Infinitif	Présent de l'indicatif	Imparfait de l'indicatif	Passé composé de l'indicatif	Futur de l'indicatif
Chanter	je chante tu chantes il/elle/on chante nous chantons vous chantez ils/elles chantent	je chantais tu chantais il/elle/on chantait nous chantions vous chantiez ils/elles chantaient	j'ai chanté tu as chanté il/elle/on a chanté nous avons chanté vous avez chanté ils/elles ont chanté	je chanterai tu chanteras il/elle/on chantera nous chanterons vous chanterez ils/elles chanteront
Manger	je mange tu manges il/elle/on mange nous mangeons vous mangez ils/elles mangent	je mangeais tu mangeais il/elle/on mangeait nous mangions vous mangiez ils/elles mangeaient	j'ai mangé tu as mangé il/elle/on a mangé nous avons mangé vous avez mangé ils/elles ont mangé	je mangerai tu mangeras il/elle/on mangera nous mangerons vous mangerez ils/elles mangeront
Lancer	je lance tu lances il/elle/on lance nous lançons vous lancez ils/elles lancent	je lançais tu lançais il/elle/on lançait nous lancions vous lanciez ils/elles lançaient	j'ai lancé tu as lancé il/elle/on a lancé nous avons lancé vous avez lancé ils/elles ont lancé	je lancerai tu lanceras il/elle/on lancera nous lancerons vous lancerez ils/elles lanceront
Arriver	j'arrive tu arrives il/elle/on arrive nous arrivons vous arrivez ils/elles arrivent	j'arrivais tu arrivais il/elle/on arrivait nous arrivions vous arriviez ils/elles arrivaient	je suis arrivé(e) tu es arrivé(e) il/elle/on est arrivé(e) nous sommes arrivé(e)s vous êtes arrivé(e)s ils/elles sont arrivé(e)s	j'arriverai tu arriveras il/elle/on arrivera nous arriverons vous arriverez ils/elles arriveront

Verbes du 2e groupe → infinitif en ir et 1re personne du pluriel en -issons

Infinitif	Présent de l'indicatif	Imparfait de l'indicatif	Passé composé de l'indicatif	Futur de l'indicatif
Grandir	je grandis tu grandis il/elle/on grandit nous grandissons vous grandissez ils/elles grandissent	je grandissais tu grandissais il/elle/on grandissait nous grandissions vous grandissiez ils/elles grandissaient	j'ai grandi tu as grandi il/elle/on a grandi nous avons grandi vous avez grandi ils/elles ont grandi	je grandirai tu grandiras il/elle/on grandira nous grandirons vous grandirez ils/elles grandiront

Verbes du 3e groupe → tous les autres verbes

Infinitif	Présent de l'indicatif	Imparfait de l'indicatif	Passé composé de l'indicatif	Futur de l'indicatif
Aller	je vais tu vas il/elle/on va nous allons vous allez ils/elles vont	j'allais tu allais il/elle/on allait nous allions vous alliez ils/elles allaient	je suis allé(e) tu es allé(e) il/elle/on est allé(e) nous sommes allé(e)s vous êtes allé(e)s ils/elles sont allé(e)s	j'irai tu iras il/elle/on ira nous irons vous irez ils/elles iront
Dire	je dis tu dis il/elle/on dit nous disons vous dites ils/elles disent	je disais tu disais il/elle/on disait nous disions vous disiez ils/elles disaient	j'ai dit tu as dit il/elle/on a dit nous avons dit vous avez dit ils/elles ont dit	je dirai tu diras il/elle/on dira nous dirons vous direz ils/elles diront
Faire	je fais tu fais il/elle/on fait nous faisons vous faites ils/elles font	je faisais tu faisais il/elle/on faisait nous faisions vous faisiez ils/elles faisaient	j'ai fait tu as fait il/elle/on a fait nous avons fait vous avez fait ils/elles ont fait	je ferai tu feras il/elle/on fera nous ferons vous ferez ils/elles feront
Pouvoir	je peux tu peux il/elle/on peut nous pouvons vous pouvez ils/elles peuvent	je pouvais tu pouvais il/elle/on pouvait nous pouvions vous pouviez ils/elles pouvaient	j'ai pu tu as pu il/elle/on a pu nous avons pu vous avez pu ils/elles ont pu	je pourrai tu pourras il/elle/on pourra nous pourrons vous pourrez ils/elles pourront
Vouloir	je veux tu veux il/elle/on veut nous voulons vous voulez ils/elles veulent	je voulais tu voulais il/elle/on voulait nous voulions vous vouliez ils/elles voulaient	j'ai voulu tu as voulu il/elle/on a voulu nous avons voulu vous avez voulu ils/elles ont voulu	je voudrai tu voudras il/elle/on voudra nous voudrons vous voudrez ils/elles voudront

Verbes du 3e groupe → tous les autres verbes

Infinitif	Présent de l'indicatif	Imparfait de l'indicatif	Passé composé de l'indicatif	Futur de l'indicatif
Prendre	je prends tu prends il/elle/on prend nous prenons vous prenez ils/elles prennent	je prenais tu prenais il/elle/on prenait nous prenions vous preniez ils/elles prenaient	j'ai pris tu as pris il/elle/on a pris nous avons pris vous avez pris ils/elles ont pris	je prendrai tu prendras il/elle/on prendra nous prendrons vous prendrez ils/elles prendront
Partir	je pars tu pars il/elle/on part nous partons vous partez ils/elles partent	je partais tu partais il/elle/on partait nous partions vous partiez ils/elles partaient	je suis parti(e) tu es parti(e) il/elle/on est parti(e) nous sommes parti(e)s vous êtes parti(e)s ils/elles sont parti(e)s	je partirai tu partiras il/elle/on partira nous partirons vous partirez ils/elles partiront
Venir	je viens tu viens il/elle/on vient nous venons vous venez ils/elles viennent	je venais tu venais il/elle/on venait nous venions vous veniez ils/elles venaient	je suis venu(e) tu es venu(e) il/elle/on est venu(e) nous sommes venu(e)s vous êtes venu(e)s ils/elles sont venu(e)s	je viendrai tu viendras il/elle/on viendra nous viendrons vous viendrez ils/elles viendront
Voir	je vois tu vois il/elle/on voit nous voyons vous voyez ils/elles voient	je voyais tu voyais il/elle/on voyait nous voyions vous voyiez ils/elles voyaient	j'ai vu tu as vu il/elle/on a vu nous avons vu vous avez vu ils/elles ont vu	je verrai tu verras il/elle/on verra nous verrons vous verrez ils/elles verront

Mémo Orthographe

1 Comment écrire le son [ɛ̃] ? (in, ain, ein)

Manuel, p. 98

- **Très souvent**, le son [ɛ̃] s'écrit : in, ain, ein.

in	ain	ein
un lapin	un train	une ceinture
le matin	la main	la peinture
inviter	certain	plein

! **un**, deux, trois – **un** arbre – **un** bonbon – le parf**um** – j'ai f**aim**

! in devient im devant les lettres m, b, p : un timbre

2 Comment écrire le son [ɑ̃] ? (an, en)

Manuel, p. 100

- **Très souvent**, le son [ɑ̃] s'écrit : an, en.

an	en
une plante	une pendule
la langue	le vent
grand	penser

! an, en deviennent am, em devant les lettres m, b, p : une ampoule

3 Quand n devient-il m ?

Manuel, p. 102

- La lettre n devient m devant les lettres m, b, p.

son [ɛ̃]	son [ɑ̃]		son [ɔ̃]
in → im	an → am	en → em	on → om
un timbre un imperméable immangeable	une ambulance une ampoule	un camembert une tempête emmener	un trombone un pompier

! un bonbon

4 Comment écrire le son [ɛ] ? e

Manuel, p. 104

(La lettre e suivie d'une ou de deux consonnes)

- **Le plus souvent**, le son [ɛ] s'écrit e suivi de deux consonnes ou d'une seule consonne quand il est à la fin des mots.

Au début et au milieu des mots	À la fin des mots
e + deux consonnes	**e + une consonne**
la Belgique un verbe la lecture une veste	du sel la mer un bec

5 Comment écrire le son [ɛ] ? ai, è, ê, ei, et

Manuel, p. 106

- Il existe **cinq autres façons** d'écrire le son [ɛ] : ai, è, ê, ei, et.

ai	è	ê	ei	et
un aigle	une chèvre	une guêpe	une baleine	un perroquet
une maison	une pièce	la tête	la neige	un objet
vrai	troisième	arrêter	freiner	complet

! une chaîne

6 Comment écrire le son [e] ? é, er, ez

Manuel, p. 108

- **Très souvent**, le son [e] s'écrit : é, er, ez.

Au début, au milieu et à la fin des mots	Seulement à la fin des mots	
é	**er**	**ez**
l'école	un boulanger	le nez
un numéro	un papier	chez
un pré	parler	vous parlez

! les – des – mes – tes – ses

7 Comment écrire le son [s] (s, ss, c, ç) et le son [z] ? (z, s)

Manuel, p. 110

- Le son [s] s'écrit : s, ss, c, ç.

s	ss	c	ç
au début des mots : le serpent, le soleil **devant ou après une consonne :** une histoire, un ours	**au milieu des mots entre deux voyelles :** le poisson, un dessin, passer	**devant les voyelles e, i, y :** une pièce, facile, un cygne	**devant les voyelles a, o, u :** ça, un glaçon, déçu

! une addition – une soustraction…

- Le son [z] s'écrit : s, z.

s	z
au milieu des mots entre deux voyelles : un bison, une chose, choisir	un zèbre, l'horizon, bizarre

! deuxième – sixième…

8 Comment écrire le son [g] (g, gu) et le son [ʒ] ? (j, g, ge)

Manuel, p. 112

- Le son [g] s'écrit : g, gu.

g	gu
devant les voyelles a, o, u : un magasin, un gorille, un légume	**devant les voyelles e, i :** une bague, une guitare
devant les consonnes l, r : une glace, grimper	

! un camping – le ping-pong – un parking

- Le son [ʒ] s'écrit : j, g, ge.

j	g	ge
devant les voyelles a, e, o, u :	**devant les voyelles e, i :**	**devant les voyelles a, o :**
jaune	un nuage	une orangeade
un sujet	geler	un pigeon
un jouet	une girafe	
une jupe	magique	

9 Comment écrire le son [k] ? (c, qu, k)

Manuel, p. 114

- **Très souvent**, le son [k] s'écrit : c, qu, k.

c	qu	k
devant les voyelles a, o, u : une carte, un conte, une culotte **devant les consonnes l, r :** une boucle, une cravate **à la fin des mots :** un sac, sec	**devant les voyelles e, i :** une question, la musique, un liquide, quitter ! quatre – quoi	un kilomètre **dans des mots d'origine étrangère :** skier, un kimono, un koala, un kayak

! un accordéon – une chorale – un ticket – cinq

10 Comment écrire le son [j] ? (ill, il, y)

Manuel, p. 116

- Le son [j] s'écrit : ill, il, y.

ill	il	y
une citrouille	le fenouil	un yaourt
une oreille	le soleil	un crayon
briller	le travail	joyeux

! On entend le son [j] dans **chien**, **panier**, **piano**, **avion** : la lettre i entre une consonne et une voyelle fait le son [j].

11 Comment trouver la consonne muette à la fin d'un mot ?

Manuel, p. 118

- À la fin de certains mots, il y a **des consonnes que l'on n'entend pas**. On dit qu'elles sont muettes. Ce sont souvent les consonnes t, d, s.
- Pour ne pas oublier d'écrire la consonne muette, tu peux chercher un mot dans lequel elle se prononce :
  - un **mot de la même famille** : le chocolat → un chocolatier ; un tapis → une tapisserie
  - le **mot au féminin** : un marchand → une marchande ; petit → petite

! Parfois la consonne muette n'est pas dans le mot de la même famille. souris → souriceaux

12 Quand écrire et ? Quand écrire ou ?

Manuel, p. 120

- On écrit le mot et quand on **ajoute** quelque chose : et puis, et aussi.
- On écrit le mot ou quand on doit **choisir** : ou bien, ou alors.

et = on ajoute	ou = on doit choisir
un gâteau et des fruits	un gâteau ou des fruits ?
un pull rouge et noir	un pull rouge ou noir ?
Tu lis et tu écoutes de la musique.	Tu lis ou tu écoutes de la musique ?

13 Quand mettre un accent sur à et où ?

Manuel, p. 122

- On écrit le mot à avec un **accent** pour indiquer **un lieu**, **un endroit**, **une heure**, **un moment**.
- On écrit le mot où avec un **accent** pour indiquer **un lieu**, **un endroit**.

à, où = un lieu, un endroit	à = une heure, un moment
Je vais à la cantine.	Je mange à midi.
J'ai mal à la jambe.	Le train part à 9 heures.
Où vont les enfants ?	Elle est à l'heure !
La ville où j'habite.	

14 Quand écrire est ? Quand écrire sont ?

Manuel, p. 124

- Les mots est et sont correspondent au verbe ***être*** conjugué au présent.

Verbe être	
Singulier 3e personne	Pluriel 3e personne
il, elle est	ils, elles sont

- Pour reconnaître le verbe ***être*** au présent dans une phrase, tu peux remplacer :

Passé	Présent	Futur
Il était grand.	Il est grand.	Il sera grand.
Elles étaient grandes.	Elles sont grandes.	Elles seront grandes.

15 Quand écrire a ? Quand écrire ont ?

Manuel, p. 126

- Les mots a et ont correspondent au verbe ***avoir*** conjugué au présent.

Verbe avoir	
Singulier 3e personne	Pluriel 3e personne
il, elle a	ils, elles ont

- Pour reconnaître le verbe ***avoir*** au présent dans une phrase, tu peux changer le temps :

Passé	Présent	Futur
Il avait froid.	Il a froid.	Il aura froid.
Elles avaient froid.	Elles ont froid.	Elles auront froid.

16 Quand écrire son ? Quand écrire ses ?

Manuel, p. 128

- Les mots son et ses servent à savoir **à qui appartient** ce dont on parle.
Ce sont des déterminants possessifs ; on les trouve devant les noms.

Déterminants possessifs	
Singulier	Pluriel
son manteau son vélo son cartable	ses manteaux ses vélos ses cartables

! devant les noms féminins au singulier qui commencent par une voyelle :
son <u>é</u>cole – son <u>a</u>ssiette – son <u>o</u>mbre

- Pour reconnaître les déterminants son et ses, cherche à qui ça appartient :

Louis met son manteau. → le manteau de Louis

Louis met ses chaussettes. → les chaussettes de Louis

17 Comment écrire au féminin les adjectifs en -d, -t, -s ?

Manuel, p. 130

- Pour écrire les adjectifs en -d, -t, -s au féminin, **on ajoute e à la fin**.
- Le féminin **s'entend et se voit** :
  - on entend les consonnes d, t, s ;
  - on voit la lettre e.

Masculin	Féminin
un garçon blond	une fille blonde
un camion vert	une voiture verte
un chat gris	une souris grise

! Certains adjectifs qui se terminent par -s muet, s'écrivent -sse au féminin.

un gros avion → une grosse moto   un meuble bas → une table basse

18 Comment écrire au féminin les adjectifs en -eux, -eur, -er ?

Manuel, p. 132

- Pour écrire les adjectifs en -eux et -eur au féminin, **on transforme la fin des mots en -euse**.
- Le féminin **s'entend et se voit** :
  - on entend : eux → euse   eur → euse
  - on voit la marque du féminin euse.
- Pour écrire les adjectifs en -er au féminin, on transforme la fin des mots en -ère.
- Le féminin **s'entend et se voit** :
  - on entend : er → ère
  - on voit la marque du féminin ère.

Masculin	Féminin
un homme curieux	une fille curieuse
un garçon boudeur	une fille boudeuse
un ballon léger	une plume légère

19 Comment accorder au féminin dans le groupe nominal ?

Manuel, p. 134

- Quand un nom est féminin dans un groupe nominal, **l'adjectif se met au féminin** : il s'accorde avec le nom.
- Le plus souvent, le féminin des adjectifs s'écrit avec la lettre e. On l'ajoute à la fin du mot.
- Parfois, on entend le féminin. Parfois, on ne l'entend pas.

Le féminin qu'on entend

Masculin	Féminin
un bureau rond	une table ronde
un petit camion	une petite voiture
un cheval gris	une jument grise
un monsieur sérieux	une dame sérieuse
un garçon rêveur	une fille rêveuse
un gâteau entier	une tarte entière

Le féminin qu'on n'entend pas

Masculin	Féminin
un joli bâtiment	une jolie maison
le garçon têtu	la fille têtue
un gâteau sucré	une tarte sucrée

! Les adjectifs au masculin qui se terminent déjà par e ne changent pas au féminin.

un coureur rapide → une coureuse rapide

! Quand tu n'entends pas le féminin, **tu risques d'oublier de l'écrire !** C'est une difficulté importante. **Penses-y !**

- Certains adjectifs au masculin **changent beaucoup** quand on les met au féminin. Il faut bien les connaître.

Masculin	Féminin
beau	belle
blanc	blanche
vif	vive
neuf	neuve
roux	rousse
doux	douce
gentil	gentille

20 Comment écrire les noms et les adjectifs au pluriel ?

Manuel, p. 136

- Le plus souvent, pour écrire les noms et les adjectifs au pluriel, **on ajoute s à la fin.**
- Pour les noms et les adjectifs qui se terminent par -eau au singulier, **on ajoute x à la fin.**
- Le pluriel **ne s'entend pas** mais il se voit !

Singulier	Pluriel
le poisson	les poissons
petit	petits
le bateau	les bateaux
beau	beaux

! Comme tu n'entends pas le pluriel, **tu risques d'oublier de l'écrire** !
C'est une difficulté importante. **Penses-y** !

! Sept noms en -ou, s'écrivent avec x au pluriel.

des genoux | des choux | des hiboux | des poux
des bijoux | des cailloux | des joujoux

21 Comment écrire au pluriel les noms et les adjectifs en -al ?

Manuel, p. 138

- Pour écrire les noms et les adjectifs en -al au pluriel, **on transforme la fin des mots en -aux.**
- Le pluriel **s'entend et se voit** :
  – on entend : al → aux
  – on voit la marque du pluriel aux.

Singulier	Pluriel
le cheval	les chevaux
le journal	les journaux
original	originaux
génial	géniaux

! Certains noms et certains adjectifs en -al, s'écrivent avec s au pluriel :

des bals | des carnavals | des chacals | des festivals…
navals | fatals | glacials | banals…

22 Comment accorder au pluriel dans le groupe nominal ?

Manuel, p. 140

- Quand on parle de plusieurs personnes, de plusieurs choses ou de plusieurs animaux, **tous les mots du groupe nominal se mettent au pluriel**.
- Le pluriel des noms et des adjectifs s'écrit de **différentes façons** : s, x, aux.
- Le plus souvent, on n'entend pas le pluriel. Parfois, on l'entend.

Le pluriel qu'on n'entend pas	
Singulier	**Pluriel**
un petit poisson	des petits poissons
le beau bateau	les beaux bateaux

Le pluriel qu'on entend	
Singulier	**Pluriel**
un journal génial	des journaux géniaux

! Les noms et les adjectifs au singulier qui se terminent déjà par s ou x ne changent pas au pluriel.

un tapis gris → des tapis gris

! Quand tu n'entends pas le pluriel, **tu risques d'oublier de l'écrire !** C'est une difficulté importante. **Penses-y !**

- Dans un même groupe nominal au pluriel, il peut y avoir des mots avec s, des mots avec x et des mots en -aux.

un animal méchant → des animaux méchants

le poteau électrique → les poteaux électriques

le nouveau journal → les nouveaux journaux

! AVANT d'écrire un mot au pluriel, tu dois TOUJOURS te demander comment s'écrit le pluriel.

23 Comment faire attention aux accords dans le groupe nominal ?

Manuel, p. 142

- Faire l'accord dans le groupe nominal, c'est mettre **le déterminant, le nom et l'adjectif d'accord entre eux.**
- Pour faire attention à tous les accords, tu dois regarder le déterminant et le nom pour savoir s'ils sont **au singulier**, **au pluriel**, **au masculin**, **au féminin**.
- Si le déterminant et le nom sont au féminin, pense à accorder l'adjectif au féminin.

une grande maison bleue

- Si le déterminant et le nom sont au masculin pluriel, pense à accorder le nom et l'adjectif au pluriel.

des grands bateaux bleus

- Si le déterminant et le nom sont au féminin pluriel, pense à accorder le nom et l'adjectif au féminin pluriel.

des grandes maisons bleues

! Le féminin et le pluriel ne s'entendent pas toujours à l'oral. N'oublie pas le e du féminin et le s ou le x du pluriel !

bleue | bleus | beaux

! Pense au pluriel des mots en -eau et en -al.

Singulier	Pluriel
le bateau	les bateaux
l'hôpital	les hôpitaux

24 Comment accorder le verbe avec le sujet ?

Manuel, p. 144

- Quand **une seule personne** fait l'action, le verbe se met **à la 3e personne du singulier**.
- À la 3e personne du singulier, les verbes se terminent par e ou t.

Une fille saute à la corde. | Un garçon écrit.

→ Si on peut remplacer le sujet par il ou elle, alors le verbe se conjugue à la 3e personne du singulier.

- Quand **plusieurs personnes** font l'action, le verbe se met **à la 3e personne du pluriel**.
- À la 3e personne du pluriel, les verbes se terminent toujours par nt.

Des enfants sautent à la corde. | Des filles écrivent.

→ Si on peut remplacer le sujet par ils ou elles, alors le verbe se conjugue à la 3e personne du pluriel.

- **Parfois, on entend la différence** entre le verbe au singulier et le verbe au pluriel. Parfois, on ne l'entend pas. Mais **on voit toujours la différence**.

25 Comment faire attention à l'accord sujet/verbe lorsqu'ils sont éloignés ?

Manuel, p. 146

- C'est plus **difficile d'accorder le verbe avec le sujet**, quand le verbe est loin du nom sujet.
- Parfois, le nom sujet et le verbe peuvent être **séparés par un complément du nom** ou par **des adjectifs**.

Les vaches noires et blanches mangent.

Les vaches du fermier mangent.

- Pour accorder le verbe avec son sujet quand ils sont loin l'un de l'autre, il faut :

1. repérer le nom sujet et regarder s'il est au singulier ou au pluriel ;

2. repérer le verbe et :

– le mettre au singulier si le sujet est au singulier ;

– le mettre au pluriel si le sujet est au pluriel.

26 Comment faire attention à tous les accords dans la phrase ?

Manuel, p. 148

- Faire l'accord dans la phrase, c'est :

– mettre **le sujet et le verbe d'accord** entre eux ;

– mettre **les mots dans les groupes nominaux d'accord** entre eux.

- Les mots qui s'accordent entre eux sont :

1. le déterminant, le nom et l'adjectif :

	Déterminant	**Nom**	**Adjectif**
Masculin singulier	le	chien	noir
Féminin singulier	la	chienne	noire
Masculin pluriel	les	chiens	noirs
Féminin pluriel	les	chiennes	noires

2. le sujet et le verbe :

	Sujet	**Verbe**
Singulier	le chien la chienne	court
Pluriel	les chiens les chiennes	courent

! Pour vérifier que tu as bien fait tous les accords dans la phrase, tu peux tracer la chaîne des accords.

Les petites chiennes courent.

Les mots invariables sont des mots qui ne changent jamais. Ils s'écrivent toujours de la même façon. Il te suffit d'apprendre à les écrire et tu ne te poseras plus de questions sur leur orthographe !

Les mots qui ne posent pas de problème

avec	entre	presque
autour	encore	que
combien	ici	qui
contre	jusque	quoi
demain	par	selon
en	parmi	sinon
encore	plus (1+1)	sur
ensemble	pour	voici
ensuite	pourquoi	

Les mots avec deux consonnes

Avec deux s -ss-	Avec deux m -mm-
assez	comme
aussi	comment
aussitôt	
dessus	
dessous	

Les mots avec un accent grave ou un accent circonflexe

Avec un accent grave	Avec un accent circonflexe
après	grâce à
près (près de toi)	même
très	aussitôt
là (je suis là)	bientôt
là-bas	tôt

! déjà

Les noms communs qui se terminent par -s, -x ou -z

Avec -s à la fin	Avec -x à la fin	Avec -z à la fin
le bois → les bois	un choix → des choix	le gaz → des gaz
le bras → les bras	la croix → les croix	un nez → des nez
le corps → les corps	une noix → des noix	le riz → les riz
un dos → des dos	le prix → les prix	
une fois → des fois		
un mois → des mois		
un poids → des poids		
un puits → des puits		
le repas → les repas		
la souris → les souris		
le tapis → les tapis		
le tas → des tas		
le temps → les temps		

Les mots avec une consonne muette à la fin

Avec -d à la fin	Avec -p à la fin	Avec -s à la fin	Avec -t à la fin	Avec -x à la fin	Avec -z à la fin
quand	beaucoup	alors	aussitôt	mieux	assez
tard	trop	après	autant		chez
		au-dessus	avant		
		autrefois	bientôt		
		dans	comment		
		dehors	devant		
		depuis	généralement		
		dessous	lentement		
		dessus	maintenant		
		en dessous	partout		
		jamais	pendant		
		là-bas	pourtant		
		longtemps	seulement		
		mais	simplement		
		moins	souvent		
		parfois	sûrement		
		pas	surtout		
		plus (je n'en veux plus !)	tellement		
		plusieurs	tôt		
		près	vraiment		
		puis			
		sans			
		sous			
		toujours			
		très			
		vers			

Les mots avec h muet au début

hier
hélas

Les voyelles	
[a]	un chat – un âne – déjà
[o]	une odeur – une épaule – un bureau – bientôt
[ɔ]	la force – énorme
[y]	une rue – brûler
[u]	une roue – où – le goûter
[e]	l'école – un numéro – un papier – chez
[ɛ]	l'hiver – une maison – une chèvre – la tête – une baleine un objet – un poney – Noël
[ø]	peu – des bœufs
[ə]	un renard – petit
[œ]	la chaleur – un bœuf
[i]	un ami – un cygne – une île
[ɑ̃]	une plante – le vent – une ampoule – une tempête – un faon
[ɔ̃]	donc – un trombone – un pompier
[ɛ̃]	un lapin – un train – la peinture – un un timbre – un imperméable – immangeable un examen – la faim – un parfum

Les consonnes	
[p]	un pont – apprendre
[b]	un bateau
[t]	un toit – une lettre
[d]	donner – une addition
[k]	une carte – la musique – un koala un accordéon – une chorale – un ticket – cinq
[g]	un magasin – une bague – un toboggan
[f]	fort – une phrase – un effet
[v]	une vague – un wagon
[s]	le serpent – le poisson – facile – un glaçon une addition
[z]	une chose – un zèbre
[ʒ]	jaune – magique – une orangeade
[ʃ]	un chemin – un schéma
[l]	une larme – une balle
[ʀ]	un rat – la terre
[m]	une maison – une pomme
[n]	la lune – une année
[ɲ]	la campagne – un signal
[j]	un chien – le travail – une oreille – un crayon
[w]	pourquoi – oui – l'ouest
[ɥi]	puis

Mémo Vocabulaire

1 Comment classer les mots dans l'ordre alphabétique ?

Manuel, p. 164

- L'**ordre alphabétique** est une façon de classer les mots. Il permet de **retrouver rapidement un mot** dans une liste parce qu'on sait où le chercher.

- Pour classer des mots dans l'ordre alphabétique :
  – on regarde **la première lettre** :
  classe est avant table parce que c est avant t dans l'alphabet ;
  – si les mots commencent par la même lettre, on regarde **la deuxième lettre** :
  classe est avant crier parce que l est avant r dans l'alphabet ;
  – si les deux premières lettres des mots sont les mêmes, on regarde **la troisième lettre** :
  écarlate – écho – écrire
  – et ainsi de suite.

2 Qu'y a-t-il sur une page de dictionnaire ?

Manuel, p. 168

- Le dictionnaire regroupe **tous les mots d'une langue**. On l'utilise pour vérifier l'**orthographe** et le **sens des mots**.
- Dans tous les dictionnaires, les mots sont rangés **dans l'ordre alphabétique**.
- Sur une page de dictionnaire, il y a des éléments qui aident à se repérer :
  – **la frise alphabétique** indique la première lettre de tous les mots de la page ;
  – **les mots repères** en haut des pages indiquent le premier et le dernier mot de la page.
- **Les articles de dictionnaire** donnent des informations pour comprendre le sens des mots.

le mot avec sa bonne orthographe

une abréviation qui indique la catégorie grammaticale du mot

console n. f. 1. Petite table appuyée contre un mur. *Il y a un bouquet de fleurs sur la console de l'entrée.* 2. *Une console de jeux,* c'est un terminal d'ordinateur que l'on relie à un téléviseur pour jouer à des jeux électroniques.

un exemple qui utilise le mot dans une phrase pour aider à le comprendre

une définition qui explique le sens du mot

! Les abréviations à connaître sont :

n. f. = nom féminin | n. m.= nom masculin | v. = verbe | adj. = adjectif

! Certains mots ont plusieurs sens : le dictionnaire donne une définition pour chaque sens du mot. Les définitions sont numérotées.

3 Qu'est-ce qu'un mot étiquette ?

Manuel, p. 172

- Un mot étiquette est un mot qui **a un sens général**. Il sert à **regrouper des mots** dans une catégorie et à nommer cette catégorie de mots.

la guêpe
la coccinelle
le moustique
les insectes

la pioche
la scie
le marteau
les outils

le karaté
le tennis
la natation
les sports

- Un mot peut appartenir à plusieurs catégories.
La chouette appartient aux catégories suivantes :

les êtres vivants → les animaux → les oiseaux → les rapaces

4 Qu'est-ce qu'une famille de mots ?

Manuel, p. 176

- Une famille de mots est une série de **mots formés à partir d'un même mot**.
la terre → un terrien | terrestre | enterrer
- Pour former un mot d'une même famille, on ajoute des **éléments avant ou après le mot**.
il enterre | terreux
- Dans une famille de mots, tous les mots renvoient à **une même idée**.
il déterre → il fait sortir de la terre | un terrier → un abri creusé dans la terre

! Certains mots se ressemblent mais ne font pas partie de la même famille !
terrible adj. 1. Qui fait peur, qui remplit de terreur. 2. Insupportable. *Des enfants terribles*.
→ **terrible** n'a pas de lien avec le sens du mot terre. Ce n'est pas un mot de la même famille.

5 Qu'est-ce qu'un mot contraire ?

Manuel, p. 180

- Un mot contraire est un mot qui a **le sens opposé** d'un autre mot.
- Les couples de mots contraires appartiennent toujours à **la même catégorie grammaticale** :
  – le contraire d'un nom est un nom | la joie / la tristesse
  – le contraire d'un verbe est un verbe | grossir / maigrir
  – le contraire d'un adjectif est un adjectif | gros / maigre
- On peut former le contraire de certains mots en ajoutant **un élément avant le mot**.
la patience / l'impatience | habiller / déshabiller | heureux / malheureux

! Dans le dictionnaire, les contraires sont souvent indiqués par l'abréviation contr.

6 Qu'est-ce qu'un synonyme ?

Manuel, p. 184

- Un mot synonyme est un mot qui a **à peu près le même sens** qu'un autre mot.
- Les couples de mots synonymes appartiennent toujours à **la même catégorie grammaticale** :
  – le synonyme d'un nom est un nom | un habit / un vêtement |
  – le synonyme d'un verbe est un verbe | chuchoter / murmurer |
  – le synonyme d'un adjectif est un adjectif | glacé / gelé |
- On utilise les synonymes pour **éviter de répéter un mot** plusieurs fois dans un texte ou pour **employer un vocabulaire plus précis**.
- Un mot peut avoir un seul ou plusieurs synonymes. | drôle / amusant / comique |
  Certains mots n'en ont aucun. | un tigre |

! Dans le dictionnaire, les synonymes sont souvent indiqués par l'abréviation syn.

7 Comment faire quand un mot a plusieurs sens ?

Manuel, p. 188

- Certains mots n'ont qu'un seul sens. | une abeille | coudre | troué |
  Mais beaucoup de mots ont plusieurs sens.
- Pour savoir quel sens du mot est utilisé, il faut faire attention au **contexte**, c'est-à-dire aux autres mots de la phrase.

  | **Éteins** la console ! |

  → Le verbe **éteindre** permet de comprendre que la console est un jeu vidéo.

  | Les clés ont rayé **le bois** de la console. |

  → Le nom **bois** permet de comprendre que la console est une table.
- Selon le sens, le mot a souvent **des contraires et des synonymes différents**.

  | un exercice dur | → synonyme : un exercice difficile | → contraire : un exercice facile |

  | du pain dur | → synonyme : du pain sec | → contraire : du pain frais |

! Dans le dictionnaire, les différents sens d'un mot sont indiqués par des numéros.

8 Comment savoir si l'on doit dire bonjour ou salut ?

Manuel, p. 192

- Pour savoir si on doit dire bonjour ou salut, il faut faire attention à **la personne à qui l'on s'adresse.**
- Salut est en **langage familier** : on utilise souvent le langage familier avec d'autres enfants.

Salut les gars ! | J'ai un truc qui me gêne dans ma godasse.

- Bonjour est en **langage courant** : on utilise plutôt le langage courant avec les adultes, surtout quand on ne les connaît pas.

Bonjour, Monsieur ! | Quelque chose me gêne dans ma chaussure.

! Avec certains adultes que tu connais bien, tu utilises sans doute le langage familier. Mais parfois, ils te demandent de parler « correctement », c'est-à-dire d'utiliser le langage courant.

9 Comment faire pour comprendre le sens d'un mot ?

Manuel, p. 196

- C'est important de comprendre le sens des mots pour **comprendre ce qu'on lit** et **ce qu'on nous dit.**
- C'est important aussi pour bien se faire comprendre quand on parle ou quand on écrit.

- Pour comprendre le sens d'un mot, tu peux utiliser trois méthodes :

1. Aide-toi **du contexte** de la phrase ou du texte.

Un pic aux **plumes** noires et rouges creuse son **nid** dans le sapin !

→ Le contexte t'aide à comprendre qu'un pic est un oiseau.

2. Aide-toi **de la formation** du mot.

La dépollution du terrain a commencé.

dé+pollution = action de retirer la pollution

→ La formation du mot t'aide à comprendre que la dépollution est le fait de retirer la pollution.

3. Aide-toi de **ton dictionnaire**.

Théo a une grande aversion pour les chiens.

→ Quand tu ne peux pas t'aider du contexte ou de la formation d'un mot pour le comprendre, cherche sa définition dans ton dictionnaire.

aversion n. f. Sentiment de dégoût.

10 Comment parler du temps qu'il fait ?

Manuel, p. 200

Êtres vivants	Objets	Phénomènes météorologiques	Actions	Qualités
un baigneur	un anorak	un arc-en-ciel	se baigner	automnal
un marcheur	un bonhomme de neige	l'automne	briller	basse (température)
un météorologue	un bonnet	une averse	bruiner	beau
un nageur	des bottes	une bourrasque	chauffer	brumeux
un promeneur	une casquette	une brise	faire de la luge	caniculaire
	un chapeau	le brouillard	frissonner	chaud
	une écharpe	la bruine	geler	couvert
	des gants	la brume	glisser	découvert
	un imperméable	la canicule	grêler	doux
	des lunettes de soleil	la chaleur	grelotter	emmitouflé
	un maillot de bain	le crachin	nager	enneigé
	un manteau	un éclair	neiger	ensoleillé
	un parapluie	une éclaircie	patiner	estival
	un parasol	l'été	pleuvoir	faible (vent)
	un thermomètre	un flocon	se promener	fort (vent)
		le gel	se rafraîchir	frais
		le givre	se réchauffer	froid
		la glace	se refroidir	glacé
		la grêle	sauter dans les flaques	glacial
		le grêlon	skier	haute (température)
		l'hiver	souffler	hivernal
		la météo		mauvais
		la neige		neigeux
		un nuage		nuageux
		l'orage		orageux
		un ouragan		pluvieux
		la pluie		printanier
		les précipitations		saisonnier
		le printemps		sec
		le réchauffement		variable
		le refroidissement		venteux
		une saison		verglacé
		le soleil		
		la température		
		une tempête		
		le tonnerre		
		le vent		
		le verglas		

11 Comment parler de la ville et de la campagne ?

Manuel, p. 204

Êtres vivants	Objets	Lieux	Actions	Qualités
un agriculteur	une automobile	une allée	acheter	agricole
des animaux de la ferme	un bus	un appartement	circuler	animé
un automobiliste	un éclairage	une avenue	conduire	arboré
un berger	un engin agricole	une bibliothèque	cultiver	bruyant
un boucher	un feu tricolore	une boucherie	déménager	calme
un boulanger	une fontaine	une boulangerie	se divertir	campagnard
un chien de berger	le métro	un boulevard	emménager	commerçant
un citadin	une meule de foin	des bureaux	étudier	commercial
un commerçant	une moto	le centre ville	faire du sport	cultivé
un cultivateur	un panneau de signalisation	un champ	habiter	culturel
un cycliste	un taxi	la chaussée	s'informer	divertissant
un éleveur	un tracteur	un cinéma	loger	ludique
un épicier	le tramway	un commerce	marcher	piétonnier
un fermier	un transport	une école	pédaler	rural
un fleuriste	un vélo	une épicerie	rouler	scolaire
un habitant	une voiture	une étable	soigner	sportif
un pharmacien		une ferme	sortir	urbain
un piéton		une grange	travailler	
un poissonnier		un hôpital	vendre	
un villageois		un immeuble	vivre	
		un jardin		
		un logement		
		un magasin		
		la mairie		
		une maison		
		un musée		
		un parc		
		un pâturage		
		un pavillon		
		une pharmacie		
		une piste cyclable		
		une place		
		une poissonnerie		
		une prairie		
		un pré		
		un quartier		
		un restaurant		
		une rue		
		une ruelle		
		une salle des fêtes		
		un square		
		un stade		
		un supermarché		
		un théâtre		
		le trottoir		

12 Comment parler de la sécurité ?

Manuel, p. 208

Êtres vivants	Objets/Notions	Lieux	Actions	Qualités
un automobiliste	un accident	la chaussée	autoriser	attentif
un bébé	une barrière de sécurité	la cuisine	se blesser	autorisé
un conducteur	une blessure	le passage pour piétons	se brûler	dangereux
un cycliste	une brûlure	la piscine	se couper	fluorescent
un jeune enfant	un casque	la piste cyclable	faire attention	imprudent
un motard	une ceinture de sécurité		se faire mal	inattentif
un passager	un conseil		freiner	interdit
un piéton	une consigne		interdire	nocif
	une coupure		jouer avec le feu	permis
	le danger		se mettre en danger	prudent
	des flotteurs		se mettre en rang	toxique
	le gaz		protéger	tranchant
	un gilet jaune		ralentir	
	l'imprudence		regarder	
	une interdiction		respecter	
	des règles de sécurité		saigner	
	les secours		sécuriser	
	les médicaments		soigner	
	une moto		tomber	
	une prise électrique		traverser	
	un produit ménager			
	la prudence			
	le règlement			
	un risque			
	les rollers			
	un skate board			
	un vélo			

13 Comment parler de la protection de la planète ?

Manuel, p. 212

Êtres vivants	Objets/Notions	Lieux	Actions	Qualités
un éco citoyen le garde forestier	la biodiversité un carburant le climat la couche d'ozone un déchet la déforestation un détritus le développement durable l'écologie l'énergie un engrais l'environnement une éolienne une espèce menacée un gaz polluant une marée noire la nature les ordures un panneau solaire la pollution la protection le réchauffement climatique le recyclage le respect de l'environnement un sac en plastique un sac en toile un sac poubelle la santé	une décharge publique une déchèterie un dépotoir un parc naturel national une réserve naturelle une usine	disparaître économiser gaspiller jeter polluer préserver protéger ramasser récupérer recycler réglementer respecter trier	biodégradable biologique contaminé polluant potable propre recyclable toxique

14 Comment parler de ses sentiments ?

Manuel, p. 216

Êtres vivants	Sentiments	Actions	Qualités
un adulte	l'admiration	adorer	amoureux
des animaux	l'amitié	aimer	apeuré
des copains	l'amour	se battre	boudeur
des copines	le bonheur	bouder	colérique
un couple	un câlin	cajoler	content
un enfant	le chagrin	câliner	contrarié
une famille	la colère	se chamailler	coupable
	la complicité	consoler	effrayé
	la confiance	détester	énervé
	une dispute	se disputer	fier
	la fierté	embrasser	heureux
	la frayeur	s'énerver	inquiet
	la haine	s'isoler	malheureux
	la honte	se mettre à l'écart	mécontent
	l'humeur	se plaindre	peiné
	l'inquiétude	pleurer	seul
	l'isolement	regretter	timide
	la jalousie	ressentir	triste
	la joie	rire	
	les larmes	sangloter	
	la mélancolie	souffrir	
	la peine	sourire	
	la peur		
	les pleurs		
	la souffrance		
	la tendresse		
	la timidité		
	la tristesse		
	la violence		

Terre des mots

CE2

Sous la direction d'**Alain Bentolila**

Paul Benaych
IEN

Patrick Binisti
Formateur ESPE
Adaptation Scolaire et Handicap (ASH)

Martine Descouens
Professeur des écoles

Sophie Snégaroff
Professeur des écoles

Le papier de cet ouvrage est composé de fibres naturelles, renouvelables, fabriquées à partir de bois provenant de forêts gérées de manière responsable.

© Nathan – 25, avenue Pierre de Coubertin, 75013 Paris, 2014.
ISBN 978-2-09-122747-4

MIXTE
Papier issu de sources responsables
FSC® C022030

Avant-propos

Donner du sens aux mécanismes de la langue

On ne doit **jamais séparer l'étude des mécanismes de la langue du sens** que chacun d'eux propose, ou le plus souvent impose, avec pertinence : à quoi bon décrire des mécanismes si l'on ne sait pas à quoi ils servent ? Comment un élève pourrait-il prendre goût à l'analyse grammaticale ou lexicale s'il ne voit pas ce que chaque changement dans l'organisation d'une phrase induit en termes de représentation ?

Un élève comprendra ce qu'est une épithète si, devant ses yeux, la couleur d'un objet change avec le changement d'adjectif ; il comprendra ce qu'est un verbe si, dans la représentation qu'il se fait d'une phrase, un acteur modifie son comportement lorsque le verbe est modifié.

La langue est au service du sens. **Lorsque la langue change, le monde change ; lorsque le monde change, la langue change.** N'ayons pas peur du sens ! N'enseignons pas la grammaire, le vocabulaire ou la conjugaison de manière strictement formelle : faisons savoir à nos élèves que la langue, c'est d'abord **ce plaisir de partager avec l'Autre une vision singulière du monde ;** montrons-leur que les règles et les conventions leur donnent ce pouvoir magique de construire pour cet autre une expérience qu'il interprétera avec autant de liberté que de respect. Si nous les enfermons dans une conception purement mécanique de la langue, ils se hâteront, dès l'exercice terminé, d'effacer de leur mémoire ces procédures d'analyse et d'identification privées de sens et laisseront l'aléatoire remplacer la réflexion.

Disons-le clairement, il faut établir une **programmation précise et rigoureuse** dans l'apprentissage de la grammaire, de la conjugaison, de l'orthographe et du vocabulaire. L'étude réfléchie de la langue répond à une logique interne qui permet de décrire le système en allant du plus simple au plus complexe et du plus fréquent au plus rare.

Attention ! Ce n'est pas parce que nous préconisons de respecter une programmation logique des « leçons de langue » qu'il faudrait pour autant repousser le choix pédagogique de **l'observation**, de **l'expérimentation** (ou **manipulation**) et de la **réflexion**. Loin de nous l'idée qu'une leçon de grammaire ou de vocabulaire se réduirait à assener une règle et à l'appliquer dans des exercices répétitifs, ou à apprendre par cœur des listes de mots. Il faut certes que les élèves apprennent, mais il faut aussi qu'ils découvrent. Dans le cadre d'une progression soigneusement définie, chaque leçon doit ainsi s'articuler sur l'observation de situations choisies en sorte de permettre à l'élève de découvrir le fait linguistique que l'on a décidé d'étudier.

Dans ***Terre des mots***, chaque leçon de grammaire, de conjugaison, d'orthographe et de vocabulaire est conduite dans l'esprit des leçons de science : **on manipule, on se questionne, on propose des explications** provisoires qui, passées au filtre des intentions précises du maître, constituent une **première étape d'analyse**.

Alain Bentolila

Sommaire

Grammaire

Grammi

Conjugaison

Conjuguo

Orthographe

Ortha

Vocabulaire

Voca

Bonjour, je m'appelle **Grammi**. Je suis un castor. Cette année, je vais t'accompagner dans toutes tes leçons de **grammaire**.

Moi, je suis **Conjuguo**, le panda. Je serai avec toi dans chaque leçon de **conjugaison**.

Comment utiliser ton manuel ?

À partir de situations de la vie quotidienne, tu vas observer des changements. Regarde bien les images et lis les textes.

Grammi et les autres mascottes ont toujours quelque chose d'intéressant à te dire !

Grâce à des activités simples et à des petits jeux, tu manipules la langue : tu feras du mime, du dessin, tu écriras sur ton ardoise et tu utiliseras des étiquettes.

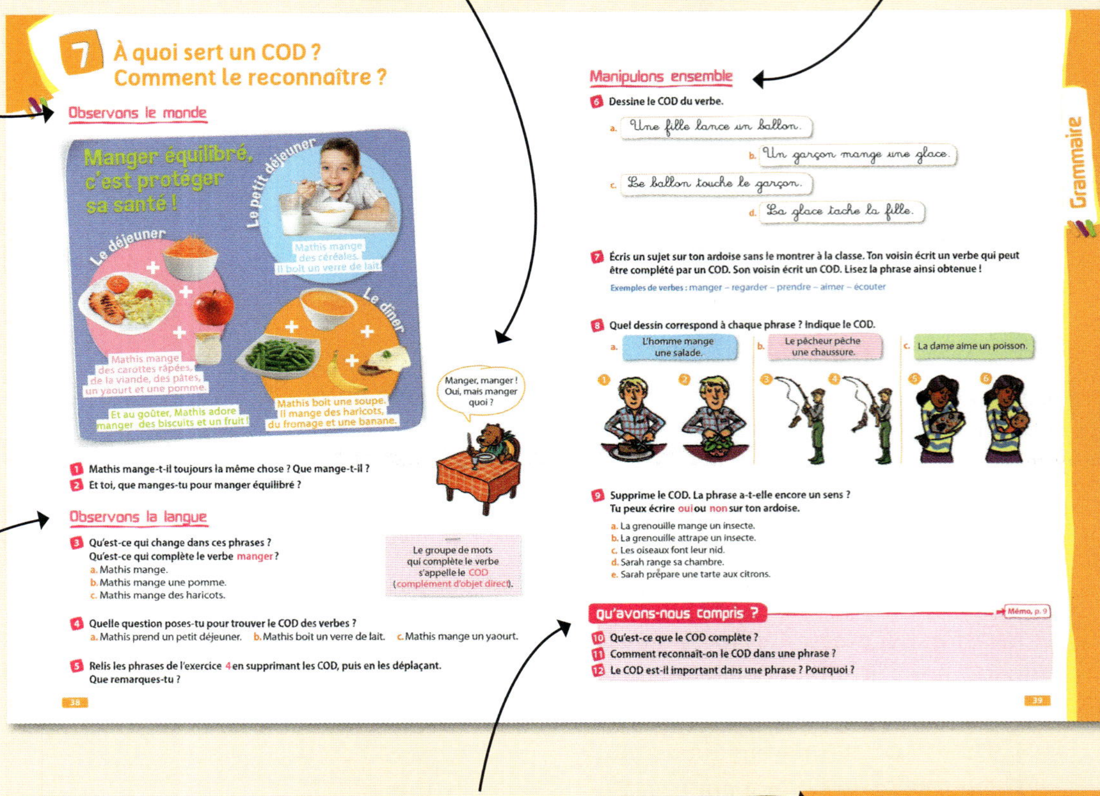

7 À quoi sert un COD ? Comment le reconnaître ?

Observons le monde

1 Mathis mange-t-il toujours la même chose ? Que mange-t-il ?
2 Et toi, que manges-tu pour manger équilibré ?

Observons la langue

3 Qu'est-ce qui change dans ces phrases ? Qu'est-ce qui complète le verbe manger ?
a. Mathis mange.
b. Mathis mange une pomme.
c. Mathis mange des haricots.

Le groupe de mots qui complète le verbe s'appelle le COD (complément d'objet direct).

4 Quelle question poses-tu pour trouver le COD des verbes ?
a. Mathis prend un petit déjeuner. b. Mathis boit un verre de lait. c. Mathis mange un yaourt.

5 Relis les phrases de l'exercice 4 en supprimant les COD, puis en les déplaçant. Que remarques-tu ?

38

Grammaire

Manipulons ensemble

6 Dessine le COD du verbe.
a. Une fille lance un ballon.
b. Un garçon mange une glace.
c. Le ballon touche le garçon.
d. La glace tache la fille.

7 Écris un sujet sur ton ardoise sans le montrer à la classe. Ton voisin écrit un verbe qui peut être complété par un COD. Son voisin écrit un COD. Lisez la phrase ainsi obtenue !
Exemples de verbes : manger – regarder – prendre – aimer – écouter

8 Quel dessin correspond à chaque phrase ? Indique le COD.
a. L'homme mange une salade. b. Le pêcheur pêche une chaussure. c. La dame aime un poisson.
1 2 3 4 5 6

9 Supprime le COD. La phrase a-t-elle encore un sens ? Tu peux écrire oui ou non sur ton ardoise.
a. La grenouille mange un insecte.
b. La grenouille attrape un insecte.
c. Les oiseaux font leur nid.
d. Sarah range sa chambre.
e. Sarah prépare une tarte aux citrons.

Qu'avons-nous compris ? Mémo, p. 9

10 Qu'est-ce que le COD complète ?
11 Comment reconnaît-on le COD dans une phrase ?
12 Le COD est-il important dans une phrase ? Pourquoi ?

39

Retrouve, dans des phrases écrites, les changements que tu as observés sur les images. Essaie de comprendre comment ces phrases fonctionnent et comment elles changent.

En répondant à ces questions, tu verras si tu as tout compris ! Tu peux lire le mémo : il t'aide à te souvenir de la règle.

Mémo Grammaire

7 À quoi sert un COD ? Comment le reconnaître ?

8 À quoi sert un COI ? Comment le reconnaître ?

Je suis **Ortha**, la girafe.
Devine dans quelles leçons je t'accompagnerai ? Bravo !
Tu me retrouveras dans tes leçons d'**orthographe** !

Et moi, je t'accompagnerai en **vocabulaire**. À ton avis, comment je m'appelle ?
Eh oui, je suis **Voca**, la chouette !

Entraîne-toi pour bien retenir ce que tu as appris !
Comme un sportif qui veut rester en forme.
Dans le parcours 1, il y a des exemples et des aides.

Chaque parcours commence par une activité à faire « À deux ».

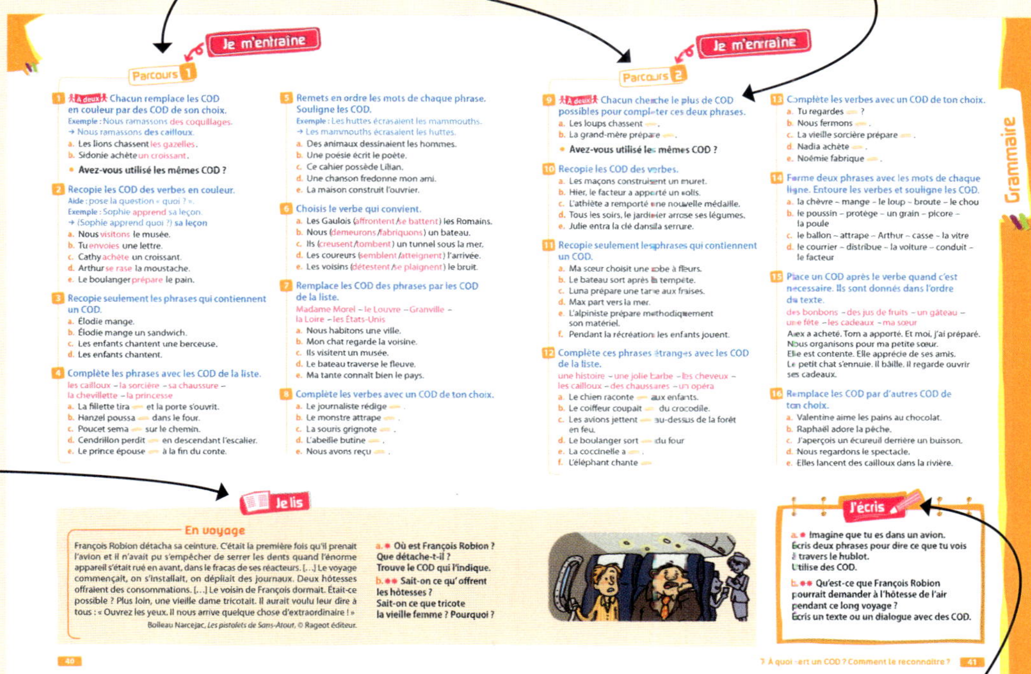

Je m'entraîne

Parcours 1

1 À deux Chacun remplace les COD en couleur par des COD de son choix.
Exemple : Nous ramassons des coquillages.
→ Nous ramassons des cailloux.
a. Les lions chassent les gazelles.
b. Sidonie achète un croissant.
• Avez-vous utilisé les mêmes COD ?

2 Recopie les COD des verbes en couleur.
Aide : pose la question « quoi ? ».
Exemple : Sophie apprend sa leçon.
→ (Sophie apprend quoi ?) sa leçon
a. Nous visitons le musée.
b. Tu envoies une lettre.
c. Cathy achète un croissant.
d. Arthur se rase la moustache.
e. Le boulanger prépare le pain.

3 Recopie seulement les phrases qui contiennent un COD.
a. Élodie mange.
b. Élodie mange un sandwich.
c. Les enfants chantent une berceuse.
d. Les enfants chantent.

4 Complète les phrases avec les COD de la liste.
les cailloux – la sorcière – sa chaussure – la chevillette – la princesse
a. La fillette tira — et la porte s'ouvrit.
b. Hanzel poussa — dans le four.
c. Poucet sema — sur le chemin.
d. Cendrillon perdit — en descendant l'escalier.
e. Le prince épouse — à la fin du conte.

5 Remets en ordre les mots de chaque phrase. Souligne les COD.
Exemple : Les huttes écrasaient les mammouths.
→ Les mammouths écrasaient les huttes.
a. Des animaux dessinaient les hommes.
b. Une poésie écrit le poète.
c. Ce cahier possède Lilian.
d. Une chanson fredonne mon ami.
e. La maison construit l'ouvrier.

6 Choisis le verbe qui convient.
a. Les Gaulois (affrontent / se battent) les Romains.
b. Nous (demeurons / fabriquons) un bateau.
c. Ils (creusent / tombent) un tunnel sous la mer.
d. Les coureurs (semblent / atteignent) l'arrivée.
e. Les voisins (détestent / se plaignent) le bruit.

7 Remplace les COD des phrases par les COD de la liste.
Madame Morel – le Louvre – Granville – la Loire – les États-Unis
a. Nous habitons une ville.
b. Mon chat regarde la voisine.
c. Ils visitent un musée.
d. Le bateau traverse le fleuve.
e. Ma tante connaît bien le pays.

8 Complète les verbes avec un COD de ton choix.
a. Le journaliste rédige — .
b. Le monstre attrape — .
c. La souris grignote — .
d. L'abeille butine — .
e. Nous avons reçu — .

Je m'entraîne

Parcours 2

9 À deux Chacun cherche le plus de COD possibles pour compléter ces deux phrases.
a. Les loups chassent — .
b. La grand-mère prépare — .
• Avez-vous utilisé les mêmes COD ?

10 Recopie les COD des verbes.
a. Les maçons construisent un muret.
b. Hier, le facteur a apporté un colis.
c. L'athlète a remporté une nouvelle médaille.
d. Tous les soirs, le jardinier arrose ses légumes.
e. Julie entra la clé dans la serrure.

11 Recopie seulement les phrases qui contiennent un COD.
a. Ma sœur choisit une robe à fleurs.
b. Le bateau sort après la tempête.
c. Luna prépare une tarte aux fraises.
d. Max part vers la mer.
e. L'alpiniste prépare méthodiquement son matériel.
f. Pendant la récréation les enfants jouent.

12 Complète ces phrases étranges avec les COD de la liste.
une histoire – une jolie barbe – les cheveux – les cailloux – des chaussures – un opéra
a. Le chien raconte — aux enfants.
b. Le coiffeur coupait — du crocodile.
c. Les avions jettent — au-dessus de la forêt en feu.
d. Le boulanger sort — du four
e. La coccinelle a — .
f. L'éléphant chante —

13 Complète les verbes avec un COD de ton choix.
a. Tu regardes — ?
b. Nous fermons — .
c. La vieille sorcière prépare — .
d. Nadia achète — .
e. Noémie fabrique — .

14 Forme deux phrases avec les mots de chaque ligne. Entoure les verbes et souligne les COD.
a. la chèvre – mange – le loup – broute – le chou
b. le poussin – protège – un grain – picore – la poule
c. le ballon – attrape – Arthur – casse – la vitre
d. le courrier – distribue – la voiture – conduit – le facteur

15 Place un COD après le verbe quand c'est nécessaire. Ils sont donnés dans l'ordre du texte.
des bonbons – des jus de fruits – un gâteau – une fête – les cadeaux – ma sœur
Alex a acheté. Tom a apporté. Et moi, j'ai préparé. Nous organisons pour ma petite sœur. Elle est contente. Elle apprécie de ses amis. Le petit chat s'ennuie. Il bâille. Il regarde ouvrir ses cadeaux.

16 Remplace les COD par d'autres COD de ton choix.
a. Valentine aime les pains au chocolat.
b. Raphaël adore la pêche.
c. J'aperçois un écureuil derrière un buisson.
d. Nous regardons le spectacle.
e. Elles lancent des cailloux dans la rivière.

Grammaire

Je lis

En voyage

François Robion détacha sa ceinture. C'était la première fois qu'il prenait l'avion et il n'avait pu s'empêcher de serrer les dents quand l'énorme appareil s'était rué en avant, dans le fracas de ses réacteurs. […] Le voyage commençait, on s'installait, on dépliait des journaux. Deux hôtesses offraient des consommations. […] Le voisin de François dormait. Était-ce possible ? Plus loin, une vieille dame tricotait. Il aurait voulu leur dire à tous : « Ouvrez les yeux. Il nous arrive quelque chose d'extraordinaire ! »

Boileau Narcejac, *Les pistolets de Sans-Atout*, © Rageot éditeur.

a. • Où est François Robion ? Que détache-t-il ? Trouve le COD qui l'indique.
b. •• Sait-on ce qu'offrent les hôtesses ? Sait-on ce que tricote la vieille femme ? Pourquoi ?

J'écris

a. • Imagine que tu es dans un avion. Écris deux phrases pour dire ce que tu vois à travers le hublot. Utilise des COD.
b. •• Qu'est-ce que François Robion pourrait demander à l'hôtesse de l'air pendant ce long voyage ? Écris un texte ou un dialogue avec des COD.

40

7 À quoi sert un COD ? Comment le reconnaître ? 41

Lis des histoires, des textes documentaires, des poèmes, des articles de journaux et réponds aux questions.

À ton tour, écris quelques phrases ou un petit texte pour vérifier que tu utilises correctement la règle que tu viens d'apprendre.

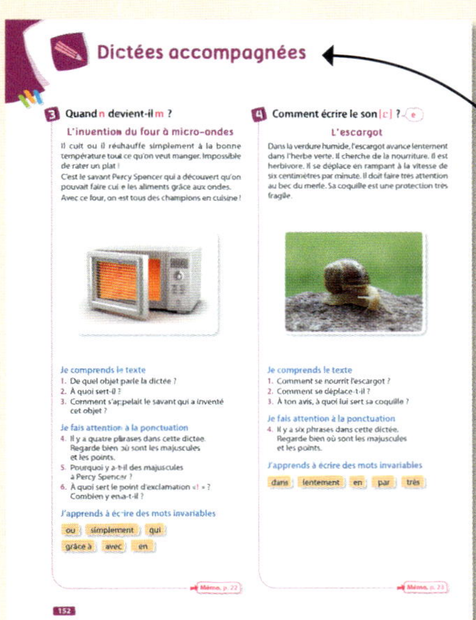

Dictées accompagnées

3 Quand n devient-il m ?

L'invention du four à micro-ondes

Il cuit ou il réchauffe simplement à la bonne température tout ce qu'on veut manger. Impossible de rater un plat !
C'est le savant Percy Spencer qui a découvert qu'on pouvait faire cuire les aliments grâce aux ondes.
Avec ce four, on est tous des champions en cuisine !

Je comprends le texte
1. De quel objet parle la dictée ?
2. À quoi sert-il ?
3. Comment s'appelait le savant qui a inventé cet objet ?

Je fais attention à la ponctuation
4. Il y a quatre phrases dans cette dictée. Regarde bien où sont les majuscules et les points.
5. Pourquoi y a-t-il des majuscules à Percy Spencer ?
6. À quoi sert le point d'exclamation « ! » ? Combien y en a-t-il ?

J'apprends à écrire des mots invariables
ou – simplement – qui – grâce à – avec – en

Mémo, p. 22

4 Comment écrire le son [ɛ] ? e

L'escargot

Dans la verdure humide, l'escargot avance lentement dans l'herbe verte. Il cherche de la nourriture. Il est herbivore. Il se déplace en rampant à la vitesse de six centimètres par minute. Il doit faire très attention au bec du merle. Sa coquille est une protection très fragile.

Je comprends le texte
1. Comment se nourrit l'escargot ?
2. Comment se déplace-t-il ?
3. À ton avis, à quoi lui sert sa coquille ?

Je fais attention à la ponctuation
4. Il y a six phrases dans cette dictée. Regarde bien où sont les majuscules et les points.

J'apprends à écrire des mots invariables
dans – lentement – en – par – très

Mémo, p. 23

152

En orthographe, pour chaque unité, tu prépares en classe une dictée accompagnée.

Les mots des consignes

Trouve…

La réponse est un mot, un groupe de mots ou une phrase entière. Écris la réponse sur ton cahier ou dis-la à l'oral.

Trouve une question pour cette réponse.

Oui, je sais nager.

→ Il faut écrire : Sais-tu nager ?

Trouve l'intrus…

Un mot ou une phrase ne fait pas partie de la liste. Recopie ce mot ou cette phrase sur ton cahier ou dis-les à l'oral.

Trouve l'intrus dans cette catégorie.

les gâteaux une tarte – un éclair – un pruneau – une galette

→ Il faut recopier un pruneau : il ne fait pas partie de la liste car ce n'est pas un gâteau.

Choisis…

Plusieurs réponses sont proposées. Recopie la bonne réponse sur ton cahier ou dis-la à l'oral.

Choisis le pronom sujet qui convient.

(Nous/Il) achète.

→ Il faut recopier : Il

Complète / Ajoute…

Il manque des lettres dans un mot ou il manque des mots dans une phrase. Écris le mot complet ou la phrase complète sur ton cahier ou dis-les à l'oral.

Complète avec s ou ss comme il convient.

la pa… tèque

→ Il faut écrire : la pastèque

Écris / Construis / Forme…

Écris une phrase en suivant les indications de la consigne.

Forme une phrase interrogative.

La fourmi est prêteuse.

→ Il faut écrire : La fourmi est-elle prêteuse ?

Transforme / Mets / Récris / Remplace / Change…

Change un mot ou plusieurs mots et écris la nouvelle phrase sur ton cahier.

Transforme la question en commençant par Est-ce que.

Tu cours vite ?

→ Il faut écrire : Est-ce que tu cours vite ?

Classe dans un tableau…

Trace les colonnes d'un tableau sur ton cahier et recopie les mots dans la bonne colonne.

Classe les groupes de mots en couleur dans un tableau.

Le chat de la voisine aime la bonne cuisine.

Les sujets	Les autres mots
…	…

→ Il faut tracer le tableau et recopier les mots :

Les sujets	Les autres mots
le chat	la bonne cuisine

Indique / Précise…

Tu dois donner une information précise sur des mots ou sur une phrase : écris cette information sur ton cahier ou dis-la à l'oral.

Indique ce que représente le pronom en couleur.

Le chat dort. Il ronronne.

→ Il faut écrire :
il représente **le chat**

Supprime…

Enlève un mot ou un groupe de mots. Recopie la phrase sans les mots que tu as enlevés.

Supprime les adjectifs.

Il achète des fruits frais.

→ Il faut écrire : Il achète des fruits.

Regroupe / Associe…

Des mots ou des phrases vont ensemble. Trouve-les et recopie-les côte à côte sur ton cahier.

Associe chaque adjectif de la liste a à son contraire de la liste b.

liste a : vide – fragile

liste b : solide – plein

→ Il faut recopier ensemble : vide/plein
fragile/solide

Recopie seulement…

Certains groupes de mots correspondent à la réponse et d'autres n'y correspondent pas. Recopie les groupes de mots qui correspondent à la réponse sur ton cahier ou dis-les à l'oral.

Recopie seulement les groupes nominaux.

une carafe – vous marchez – la sorcière

→ Il faut recopier une carafe et la sorcière car ce sont des groupes nominaux. Il ne faut pas recopier *vous marchez* car ce n'est pas un groupe nominal.

Recopie et souligne…

Écris sur ton cahier la même phrase ou le même mot que dans l'exercice, puis souligne avec ta règle et ton crayon une seule partie de la phrase ou du mot.

Recopie la phrase et souligne le sujet.

La pluie tombe sur les carreaux.

→ Il faut recopier toute la phrase et il faut souligner La pluie :
<u>La pluie</u> tombe sur les carreaux.

Recopie et entoure…

Écris sur ton cahier la même phrase ou le même mot que dans l'exercice, puis entoure avec ton crayon une seule partie de la phrase ou du mot.

Recopie la phrase et entoure les mots de la négation.

Thomas ne croit pas aux fantômes.

→ Il faut recopier toute la phrase et il faut entourer ne et pas :
Thomas [ne] croit [pas] aux fantômes.

Qu'est-ce que la grammaire ?

1 **Quelles phrases pourrais-tu dire à partir de ces images pour qu'il se passe quelque chose ?**

2 **Qu'est-ce qui te permet de donner vie à ces images ?**

- Autour de toi, il y a **des objets** et **des êtres vivants** qui sont dans **des lieux**.
- Tu peux dire : *un chou, une chèvre*. Mais s'ils sont chacun de leur côté, il ne se passe rien. Ils restent immobiles.
- C'est seulement quand **tu formes une phrase** que le monde prend vie : *La chèvre mange le chou.*
- Faire de la grammaire, c'est **donner vie aux mots** en les mettant ensemble.

3 **Quelle phrase dirais-tu si on inversait les rôles entre le lion et le dompteur ?**

4 **Les mots sont-ils les mêmes que dans la phrase sous la photo ?**

5 **Qu'est-ce qui change entre les deux phrases ?**

6 **L'image que tu as dans la tête correspond-elle à la réalité ?**

Le dompteur dresse le lion.

- Faire de la grammaire, c'est comprendre que **chaque mot a un rôle et une place** particulière dans la phrase.
- Si l'image que tu as dans la tête change, la phrase change. Si la phrase change, l'image que tu as dans la tête change.
- Les mots et les phrases permettent de **décrire le monde** qui nous entoure. Mais ils permettent aussi d'**imaginer un monde** qui n'existe pas.

Qu'est-ce que la conjugaison ?

1 **Quelle phrase dirais-tu pour indiquer que cette scène s'est passée hier ?**

Et pour indiquer qu'elle se passe en ce moment ?

Et pour indiquer qu'elle se passera demain ?

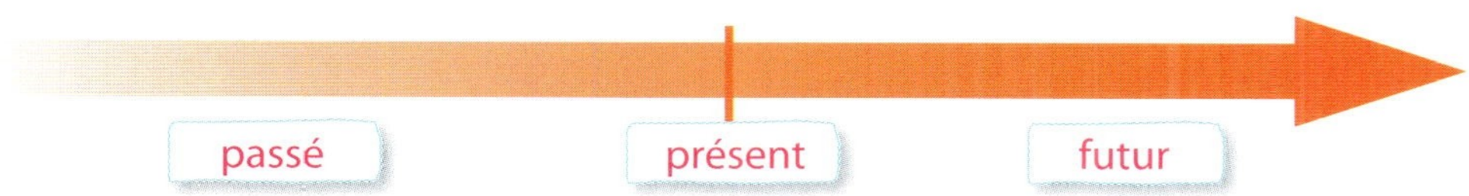

2 **Qu'est-ce qui change à chaque fois ?**

3 **Qu'est-ce qui permet d'indiquer le moment où se passe la scène ?**

- Quand tu changes **le moment** d'un événement, tu fais de la conjugaison : tu conjugues le verbe !
- La conjugaison, c'est **changer le verbe** pour indiquer **quand** se passe un événement.

4 **Que vas-tu changer dans les phrases de l'exercice 1 pour indiquer que plusieurs personnes font l'action ?**

- Quand tu changes **la personne** qui fait l'action, tu fais aussi de la conjugaison car **le verbe change**. Tu le conjugues pour indiquer **qui** fait l'action.

Qu'est-ce que l'orthographe ?

Menu

- Ça la deux tôt ma te
- Homme lait te oh paume d'eux ter
- Frais œufs as là craie me

Menu

- Salade de tomates
- Omelette aux pommes de terre
- Fraises à la crème

1 **Quel menu est plus facile à lire et à comprendre ? Pourquoi ?**

- L'orthographe, c'est **la façon d'écrire les mots.**
- Si un mot pouvait s'écrire de plusieurs façons, tu aurais beaucoup de mal à comprendre ce que tu lis.
- L'orthographe est **un code**, comme le code de la route, par exemple. Une fois que tu le connais, **tu comprends mieux ce que tu lis.** Et les autres comprennent ce que tu écris.

a. Miki est très joli.

b. Aponi est très jolie.

2 **Comment fais-tu pour retrouver la légende de chaque photo ?**

- Grâce à l'orthographe, tu peux parfois résoudre des difficultés de compréhension. Il est donc important de **bien accorder les mots** dans une phrase !

Qu'est-ce que le vocabulaire ?

Cirque ZIMBA

Un numéro exceptionnel !
Vous verrez un gros truc qui roule !

1. **L'affiche de cirque permet-elle de savoir quel sera ce numéro exceptionnel ? Pourquoi ?**
2. **Quelle phrase pourrais-tu dire pour décrire chaque numéro qu'imagine Voca ?**
3. **Quel mot plus précis que celui de l'affiche peux-tu utiliser pour que l'on comprenne bien ?**

- Quand tu parles et quand tu écris, tu utilises des mots de vocabulaire !
- Le vocabulaire, c'est **tous les mots de la langue**.
- Pour bien te faire comprendre, il faut utiliser **un vocabulaire précis**.

Lentilles blondes en promotion !

4. **Connais-tu les deux sens du mot lentilles auxquels pense Voca ?**
5. **Peux-tu savoir de quelles lentilles il s'agit ? Qu'est-ce qui t'aide ?**

- Certains mots ont plusieurs sens : si tu ne connais pas les différents sens, tu peux mal comprendre ce qu'on te dit ou ce que tu lis.
- En comprenant bien **le sens des mots**, tu comprendras mieux certains textes et certaines conversations.

1 Dans la phrase : qui ? quoi ? où ? quand ?

Observons le monde

1. **Qui a emporté le trésor ?**
2. **Qu'est-ce qui a été emporté ?**
3. **Quand cela s'est-il passé ?**
4. **Où cache-t-il son trésor ?**

Observons la langue

5. **Chaque phrase raconte-t-elle la même chose ? Qu'est-ce qui change dans chaque couple ?**

a. Ali Baba a emporté un trésor.
Maxime a emporté un trésor.

b. Ali Baba a emporté un trésor.
Ali Baba a emporté des tapis.

c. Au matin, Ali Baba a emporté un trésor.
Pendant la nuit, Ali Baba a emporté un trésor.

d. Ali Baba cache son trésor dans la cave.
Ali Baba cache son trésor dans le jardin.

6. **À quelle question répond chaque information : qui ? quoi ? où ? quand ?**

a. Maxime
b. Ali Baba
c. emporter un trésor
d. emporter des tapis
e. au matin
f. la nuit
g. dans la cave
h. dans le jardin

Manipulons ensemble

7 **Raconte une histoire en utilisant une information de chaque colonne.**

Qui ?	Quoi ?	Où ?	Quand ?
un chien	se brosse les dents	dans son lit	le matin
le prince	mange un os	dans les montagnes magiques	au lever du soleil
une petite fille	dévore un loup	dans la salle de bains	la nuit
un ogre	part sur son cheval	dans le jardin public	chaque jour

8 **Choisis une information dans la colonne Qui et écris-la sans la montrer à la classe. Ton voisin choisit une information dans la colonne Quoi, et ainsi de suite. Lisez la phrase ainsi obtenue !**

9 **À partir du tableau de l'activité 7, forme une phrase qui correspond à chaque dessin.**

a.

b.

c.

d.

e.

f.

10 **À l'oral, change une information de ton choix dans cette phrase.**
Tes camarades écrivent sur leur ardoise ce que tu as changé : qui ? quoi ? où ? quand ?

Cette semaine, Sarah et ses amis construisent une soucoupe volante au fond du jardin.

Qu'avons-nous compris ?

Mémo, p. 4

11 **Dans une phrase, les mots sont comme des acteurs. Quels rôles ont-ils ?**

12 **Si on change les mots dans la phrase, l'histoire est-elle toujours la même ?**

Je m'entraîne

Parcours 1

1 À deux **Chacun remplace le groupe de mots en couleur par un groupe de mots de son choix.**

a. Max lit des BD tous les soirs.
→ Max lit des BD ___.

b. Le papillon se pose sur une fleur.
→ Le papillon se pose ___.

- **Avez-vous utilisé les mêmes groupes de mots ?**

2 **Qu'y a-t-il d'étrange dans ces phrases ?**

Exemple : Le scarabée chante une mélodie.
→ **Un scarabée** qui chante ! C'est étrange.

a. Le chat fait du surf.
b. Nicolas a vu un requin dans la rivière.
c. La fusée s'est posée sur un arbre.
d. Nadia va faire ses courses la nuit.

3 **Quelle information change dans chaque couple de phrases ?**

a. Le chat fait du surf.
Arthur fait du surf.

b. Nicolas a vu un requin dans la rivière.
Nicolas a vu un requin dans la mer.

c. Nadia fait ses courses le soir.
Nadia fait ses courses la nuit.

4 **Trouve les mots qui répondent à la question qui ?.**

Exemple : L'oiseau gazouille.
→ **Qui** gazouille ? **L'oiseau**.

a. Le rossignol chante une mélodie.
b. Les abeilles butinent les fleurs.
c. Le coq se couche sur la paille.

5 **Trouve les mots qui répondent à la question quoi ?.**

Exemple : L'oiseau attrape un moucheron.
→ L'oiseau attrape **quoi** ? **Un moucheron**.

a. Le coureur met ses chaussures.
b. Le clown lance des ballons.
c. Les enfants chantent une comptine.

6 **Trouve les mots qui répondent à la question quand ?.**

Exemple : Nadia fait du karaté le mercredi.
→ Nadia fait du karaté **quand** ? **Le mercredi**.

a. Le spectacle commence à 20 heures.
b. Chaque matin, le livreur apporte le journal.
c. En hiver, les ours hibernent.

7 **Trouve les mots qui répondent à la question où ?.**

Exemple : La fusée s'est posée sur la Lune.
→ La fusée s'est posée **où** ? **Sur la Lune.**

a. Le bateau navigue sur l'océan.
b. L'avion se pose sur la piste.
c. Le train arrive dans la gare.

8 **Choisis le groupe de mots qui convient.**

Exemple : L'avion est arrivé (une valise/ sur la piste).

a. Nous apercevons (un chamois/vers un chamois).
b. L'élève soupire (un exercice/devant son exercice).
c. Le voilier entre (dans le port/le port).

9 **Complète les phrases avec ces groupes de mots.**

Les deux garçons – à la plage –
Après le goûter – sur un toit

a. Pablo et son cousin Émilio sont (où ?).
b. (Qui ?) regardent les cerfs-volants.
c. (Quand ?), ils sortent leur dragon volant.
d. Mais le cerf-volant termine son vol (où ?).

Je lis

Une fillette en Inde

En Inde, 120 millions d'enfants, surtout des filles, ne vont pas à l'école. Geetha est l'une d'entre elles. Elle sait à peine lire et écrire. C'est une jolie petite fille de onze ans, elle vit à la campagne dans une famille pauvre. Elle a quitté l'école il y a deux ans : son père veut qu'elle garde les chèvres de la famille.

D'après le site Internet de l'ONU.

Je m'entraîne

Parcours 2

10 À deux **Chacun complète les phrases en indiquant où et quand ça se passe.**
a. Le chien attrape la balle.
b. Le petit poulpe plonge.
- **Avez-vous utilisé les mêmes groupes de mots ?**

11 Qu'y a-t-il d'étrange dans ces phrases ?
a. L'éléphant lit sur le canapé.
b. Le train arrive dans l'écluse.
c. Le zèbre broute des mouches dans la savane.
d. En été, les enfants font des bonshommes de neige.

12 Quelle information change d'une phrase à l'autre ?
a. Le zèbre broute des feuilles dans la savane.
b. Le zèbre broute de l'herbe dans la savane.
c. Le zèbre broute de l'herbe dans le pré.
d. La vache broute de l'herbe dans le pré.

13 Recopie les mots qui répondent à la question qui ?.
a. Après le repas, Obélix soulève un menhir.
b. Les chevaux galopent dans la plaine.
c. Souvent, Lola et son petit frère jouent ensemble.
d. Raphaël pêche des truites dans la rivière.
e. Avec sa langue, la grenouille attrape un moustique.

14 Recopie les mots qui répondent à la question quoi ?.
a. Les chèvres broutent de l'herbe dans le pré.
b. Au milieu du lac, le pêcheur lance sa canne.
c. Le voyageur composte son billet sur le quai.
d. Le plongeur met son masque avant de plonger.
e. À minuit, les brigands attaquent la diligence.

15 Recopie dans deux colonnes les mots qui répondent à la question où ? et quand ?.
a. Ce soir, les villageois organisent un grand bal sur la place.
b. La petite fourmi se réveille à 4 heures du matin.
c. En 1492, Christophe Colomb a débarqué en Amérique.
d. La limace dévore une feuille de salade dans le potager.
e. Dans le parc, les enfants jouent à cache-cache derrière les arbres.

16 Remplace un groupe de mots dans chaque phrase par un groupe de mots de la liste.
la fusée – le matin – le poussin – sur le chemin
a. Le renard attrape la poule dans le poulailler.
b. Le loup attrape le renard dans son terrier.
c. L'avion décolle à 8 heures.
d. L'avion décolle en pleine nuit.

17 Remplace les mots en couleur par des mots de ton choix. Ils doivent apporter le même type d'information.
a. La libellule vole au-dessus de l'étang.
b. La boulangerie ferme à 19 heures.
c. Mon cousin est arrivé dimanche dernier.
d. J'ai rangé mon CD hier soir dans la boîte.
e. Les cyclistes montent sur leurs vélos.

18 Complète ce texte avec des groupes de mots de ton choix.
Nous préparons (quoi ?) sur la vie des cachalots. (Qui ?) a regardé sur Internet. Lilou a regardé (où ?). (Qui ?) a trouvé des photos et des (quoi ?). Gabriel rédige (quoi ?) pour chaque photo. Nous présenterons cet exposé (quand ?).

a. ✱ Qui ne va pas à l'école ?
Où cela se passe-t-il ?
b. ✱✱ Où vit Geetha ?
Quand a-t-elle quitté l'école ?

J'écris

a. ✱ Écris une phrase pour dire où et quand tu as appris à lire et à écrire. Écris une phrase pour dire ce que tu apprends d'autre à l'école.
b. ✱✱ Rappelle-toi ou invente une histoire qui s'est passée à l'école. Écris un petit texte en précisant qui a fait quoi, où et quand.

2 Comment former des phrases interrogatives ?

Observons le monde

Une interview de Tania par un journaliste de « Sport Junior ».

— Vous venez de gagner votre première médaille de karaté. Est-ce que vous êtes contente ?
Oui, bien sûr ! J'en rêvais.
Avez-vous beaucoup travaillé ?
— Oui, grâce à mon entraîneur.
Est-ce que vous vous entraînez souvent ?
— Il faut s'entraîner tous les jours.
Il faut s'entraîner tous les jours ?
— Ce n'est pas trop difficile ?
Vous savez, j'ai l'habitude, j'ai commencé à cinq ans.
Où vous entraînez-vous ?
— Je m'entraîne dans le gymnase à côté de chez moi.

Tiens, deux personnes parlent dans cette interview. Mais ont-elles le même rôle ?

1 Que fait le journaliste ?

2 Que fait Tania ?

Observons la langue

3 **Ces phrases veulent-elles dire la même chose ? Qu'est-ce qui change ?**
a. Il faut s'entraîner tous les jours.
b. Il faut s'entraîner tous les jours ?

Une phrase qui pose une question s'appelle une phrase interrogative.

4 **Quelles sont les phrases de l'interview où l'on pose une question ?**

5 **À quelle phrase interrogative de l'interview ne peut-on pas répondre par oui ou par non ? Quels mots, dans la réponse, donnent le renseignement demandé ?**

6 **Ces phrases interrogatives veulent-elles dire la même chose ? Qu'est-ce qui change ?**
a. Est-ce que vous êtes contente ? b. Êtes-vous contente ? c. Vous êtes contente ?

Manipulons ensemble

7 Réfléchis à ton aliment ou à ton plat préféré. Tes camarades te posent des questions pour le deviner.

Exemple : Est-ce salé ? **non** – Est-ce un fruit ? **oui** – Faut-il l'éplucher ? **oui**
De quelle couleur est-il ? **orange** (réponse : **une orange**).

8 Le jeu du ni oui ni non. Choisis un animal dans ta tête. Tes camarades te posent des questions pour deviner de quel animal il s'agit. Demande-leur de poser une autre question si la réponse est oui ou non !

Exemple : Combien de pattes a-t-il ? **Il a deux pattes.** – Vit-il sur l'eau ? **Il faut poser une autre question.**
→ Où vit-il ? **Sur l'eau.**

un tigre

un requin

un zèbre

une chenille

9 Peux-tu répondre à ces questions par oui ou non ? Par quel mot commence chaque question ? Tu peux l'écrire sur ton ardoise.

a. Qui vous a donné envie de faire du karaté ?
b. Quand avez-vous commencé ?
c. Où avez-vous grandi ?
d. Pourquoi avez-vous choisi ce sport ?
e. Combien de fois vous entraînez-vous tpar semaine ?

10 Pour chaque phrase, choisis le point qui convient. Tu peux l'écrire sur ton ardoise.

a. Le téléphone est un appareil qui transmet la voix à distance
b. Le téléphone portable a-t-il toujours existé
c. Tes grands-parents avaient-ils un téléphone portable dans leur jeunesse
d. Aujourd'hui, le téléphone portable est très répandu
e. As-tu un téléphone portable
f. Qui a inventé le téléphone
g. C'est Graham Bell qui a inventé le téléphone

?

.

Qu'avons-nous compris ?

→ Mémo, p. 5

11 À quoi sert une phrase interrogative ?
12 Quelles sont les trois manières de former une phrase interrogative ?
13 Quels mots peux-tu trouver au début d'une phrase interrogative ?

Je m'entraîne

Parcours 1

1 À deux **L'un pose une question sur cette image. L'autre y répond.**

Exemple : Combien y a-t-il d'enfants ?
→ Il y a trois enfants.

- Inversez les rôles.

2 Retrouve les questions et les réponses qui vont ensemble.

Questions :

a. Sur quel continent se trouve la France ?
b. Quel est le sommet le plus élevé du monde ?
c. Est-ce que les marins utilisent une boussole ?

Réponses :

d. Oui, les marins utilisent une boussole.
e. La France se trouve en Europe.
f. C'est l'Everest, qui culmine à 8 848 mètres.

3 Recopie seulement les phrases interrogatives.

Aide : observe bien la fin des phrases.

a. Savez-vous où poussent les oranges ?
b. Elles poussent dans les pays chauds.
c. Où presse-t-on les oranges ?
d. Les oranges sont pressées sur place.

4 Réponds aux questions.

Aide : n'oublie pas le point à la fin de tes réponses.
Exemple : En quelle classe es-tu ? → Je suis en CE2.

a. Quel âge as-tu ?
b. Tu aimes la tarte aux fraises ?
c. Comment s'appellent tes meilleurs amis ?
d. Est-ce que tu pratiques un sport ?

5 Complète ces questions avec les mots interrogatifs de la liste.

Où – Combien – Qui

a. ... de cahiers utilises-tu ?
b. ... a caché le trésor ?
c. ... se cachent les brigands ?

6 Transforme ces questions en commençant par Est-ce que.

Exemple : Tu cours vite ? → Est-ce que tu cours vite ?

a. Tu as tes affaires de piscine ?
b. Vous aimez les fraises ?
c. Il vient ce soir ?

7 Trouve deux autres façons de poser ces questions.

Exemple : Tu cours vite ?
→ Est-ce que tu cours vite ? – Cours-tu vite ?

a. Est-ce que les poissons dorment ?
b. Les serpents sont dangereux ?
c. Les ours aiment-ils le froid ?

8 Transforme ces phrases interrogatives en phrases déclaratives.

Exemple : Blanche-Neige mange-t-elle la pomme ?
→ Blanche-Neige mange la pomme.

a. Astérix boit-il de la potion magique ?
b. La sorcière est-elle réveillée ?
c. Hansel pousse-t-il la sorcière dans le four ?

9 Forme des phrases interrogatives.

a. La fourmi est prêteuse.
b. Maître Corbeau est un malin.
c. Maître Renard est affamé.

Je lis

Des questions pour comprendre

Il y a tellement de mystères autour de nous. Et tout ce que les parents savent nous dire, c'est : « Tu es trop petite pour comprendre. » Trop petite pour comprendre !
Mais eux, qui sont grands, est-ce qu'ils y comprennent quelque chose ?
Est-ce qu'ils savent, eux, comment fonctionne un aspirateur ?
Est-ce qu'ils savent d'où vient le froid du congélateur ?
À quoi ressemble l'intérieur d'une télécommande ?
Pourquoi l'eau coule vers le bas et pas vers le haut ? [...]
C'est pour ça que Lola Sparadrap démonte tout : pour comprendre !

Lola Sparadrap, Zidrou, illustré par T. Lamouche, © éd. Rouge et Or.

Je m'entraîne

Parcours 2

10 À deux **L'un pose une question. L'autre transforme la question de deux autres manières.**

- **Inversez les rôles.**

11 **Retrouve les questions et les réponses qui vont ensemble.**

a. Pourquoi les sacs plastique sont-ils dangereux pour les tortues de mer ?
b. On les fabrique avec des fibres naturelles comme le maïs.
c. Est-ce que les sacs plastique polluent ?
d. Avec quoi fabrique-t-on des sacs biodégradables ?
e. Parce qu'elles s'étouffent en avalant les sacs plastique.
f. Oui, les sacs plastique polluent la nature.

12 **Recopie seulement les phrases interrogatives.**

Où peut-on voir les menhirs de Carnac ? Les menhirs de Carnac sont dans le Morbihan. De quelle époque datent ces constructions ? Les menhirs ont été construits entre 3 000 et 5 000 ans avant J.-C. Est-ce qu'on sait à quoi ces menhirs servaient ? On ne sait pas vraiment. Sont-ils en lien avec un culte du soleil ?

13 **Trouve une question pour chaque réponse.**

a. Oui, je sais nager.
b. Non, je n'ai jamais fait de plongée.
c. Oui, j'ai déjà vu des poissons en nageant.
d. Non, je n'ai jamais vu la Méditerranée.
e. Non, je n'ai pas peur de l'eau.
f. Oui, j'ai peur des requins.

14 **À partir des mots en couleur, trouve les questions qui correspondent à ces réponses.**

a. Nous irons bientôt en forêt.
b. Nous irons bientôt en forêt.
c. Héloïse croit encore au Père Noël.
d. Héloïse veut encore jouer aux cartes.
e. Je suis tombé en faisant du vélo.

15 **Trouve deux autres façons de poser ces questions.**

a. Est-ce que les menhirs servaient à quelque chose ?
b. On a retrouvé des squelettes dans les dolmens ?
c. Les Gaulois sont-ils nos ancêtres ?
d. Les premières monnaies étaient-elles en or ?
e. Est-ce que les Gaulois sont tous celtes ?

16 **Transforme ces phrases interrogatives en phrases déclaratives.**

a. Le prince est amoureux de Cendrillon ?
b. Cendrillon est-elle rentrée à l'heure ?
c. Est-ce que la sorcière mange la pomme ?
d. Est-ce que le loup mange le Petit Chaperon rouge ?
e. Avez-vous lu ces contes ?

17 **Transforme ces phrases déclaratives en phrases interrogatives de trois manières différentes.**

a. Le lièvre est plus rapide que la tortue.
b. La grenouille est plus grosse que le bœuf.
c. La cigogne est plus fine que le renard.
d. Le roi des animaux est orgueilleux.

Grammaire

a. ✱ Pourquoi Lola Sparadrap pose-t-elle des questions ? Combien de questions pose-t-elle ?

b. ✱✱ Trouve les mots interrogatifs dans certaines des phrases interrogatives.

J'écris

a. ✱ À la manière de Lola Sparadrap, écris une phrase interrogative sur un de ces objets.

b. ✱✱ Et toi, quelles questions te poses-tu ? Écris des phrases interrogatives en variant la manière de poser les questions. Tu peux aussi écrire les réponses, vraies ou inventées !

3 Comment former des phrases négatives ?

Observons le monde

La peinture de la Préhistoire à nos jours

La grotte de Lascaux

Paris 13e

Matériel utilisé par les hommes préhistoriques :
- des feuilles d'arbres
- les mains
- du charbon de bois
- des pierres

Matériel utilisé par les artistes d'aujourd'hui :
- des rouleaux
- des bombes
- des pinceaux
- des marqueurs

1 **Qu'utilisaient les hommes préhistoriques pour peindre ?**

2 **Qu'est-ce qu'ils n'utilisaient pas ?**

Observons la langue

3 **Ces phrases veulent-elles dire la même chose ? Qu'est-ce qui change ?**

a. Ils dessinent avec du charbon de bois.
b. Ils ne dessinent pas avec du charbon de bois.

4 **Quelles sont les phrases où l'on n'est pas d'accord ? Quels sont les mots qui le montrent ?**

a. Les artistes d'aujourd'hui dessinent avec des pierres.
Non, ils ne dessinent plus avec des pierres.
b. Les hommes préhistoriques peignaient sur du papier.
Non, ils ne peignaient jamais sur du papier.
c. Les hommes préhistoriques écrivaient leurs noms sur les murs.
Non, ils n'écrivaient rien sur les murs.

> Une phrase qui dit qu'on n'est pas d'accord s'appelle une phrase négative.

5 **Observe les mots de la négation. Que remarques-tu dans les phrases a et b ?**

a. Ils n'écrivent pas.
b. Ils n'utilisent pas de pinceaux.
c. Ils ne peignent pas.
d. Ils ne dessinent pas.

Manipulons ensemble

6 Observe ces étranges dessins. Forme des phrases négatives pour rétablir la vérité !

a. 

b. 

c. 

d. 

7 Transforme les phrases affirmatives en phrases négatives avec ces mots de négation.

ne | n' | pas | jamais | rien | plus

a. L'oiseau | chante.

b. Les enfants | jouent | dans la cour.

c. Le chien | aboie | toute la nuit.

d. Le robinet | fuit | encore.

e. Le vieil homme | entend | tout.

8 Continue la chaîne de dominos. Toutes les phrases doivent avoir un sens !

ne sautent pas. | Les oiseaux — volent. | Les chiens

a. ne volent pas. | Les chats

b. ont des écailles. | Les fourmis

c. n'ont pas de bec. | Les serpents

d. miaulent. | Les poissons

Qu'avons-nous compris ?

Mémo, p. 5

9 À quoi sert une phrase négative ?

10 Quels mots utilise-t-on pour former une phrase négative ?

11 Quand écrit-on ne ? Quand écrit-on n' ?

Je m'entraîne

Parcours 1

1 À deux **L'un pose une question. L'autre répond par une phrase négative.**
Exemple : Aimes-tu les endives ?
→ Non, je n'aime pas les endives.

- **Inversez les rôles.**

2 **Retrouve la phrase négative dans chaque couple de phrases.**

a. La grotte de Lascaux est ouverte au public.
b. La grotte de Lascaux n'est pas ouverte au public.

c. Les hommes n'allument plus le feu avec des silex.
d. Les hommes allument le feu avec des silex.

e. Les hommes peignaient avec des rouleaux.
f. Les hommes ne peignaient jamais avec des rouleaux.

3 **Recopie ces phrases et entoure les mots de la négation.**
Exemple : Thomas [ne] croit [pas] aux fantômes.
a. Les sorcières ne volent pas sur des balais.
b. Blanche-Neige n'existe pas.
c. Les sept nains ne font jamais le ménage.

4 **Complète ces phrases avec les mots de la négation ne … pas ou n' … pas.**
Aide : observe la première lettre des verbes.
a. Il … pleut … .
b. Papa … oubliera … le pain.
c. Tous les chats … sont … gris.
d. Léo … aime … le lait.
e. Le bébé … imite … sa grande sœur.

5 **Mets ces phrases à la forme affirmative.**
Exemple : Les clés ne sont pas perdues.
→ Les clés sont perdues.
a. Je ne veux pas boire ce jus.
b. Nous n'irons plus au bois.
c. Cet enfant ne mange rien.
d. Mon pneu n'est pas crevé.

6 **Mets ces phrases à la forme négative. Utilise ne/n' … pas ou ne/n' … plus ou ne/n' … jamais.**
Exemple : La pie chante. → La pie ne chante pas.
a. Mon chat miaule.
b. Mon frère oublie toujours ses clés.
c. Avec ces lunettes, je vois bien.

7 **Complète ces phrases avec un verbe de ton choix.**
Exemple : Le vent ne … plus.
→ Le vent ne **souffle** plus.
a. La pluie ne … pas.
b. Notre voiture ne … plus.
c. La fourmi n'… pas prêteuse.

8 **Réponds aux questions par une phrase négative.**
Exemple : Les poissons ont-ils des plumes ?
→ Non, les poissons n'ont pas de plumes.
a. Les vaches boivent-elles du lait ?
b. Les perroquets parlent-ils vraiment ?
c. Les mammouths existent-ils encore ?

9 **Recopie seulement les phrases négatives correctement construites.**
a. J'y peux rien.
b. C'est pas nous !
c. Ce n'est pas nous !
d. Je n'y peux rien !
e. Tu veux pas ?
f. Tu ne veux pas ?

Je lis

Un royaume sans enfants

Le roi Léon, voulant rester le plus beau du royaume, les habitants durent s'enlaidir. Ils étaient devenus si laids qu'ils ne voulurent plus faire d'enfants ensemble. Il n'y eut donc plus d'enfants du tout…
Pour les habitants du royaume c'était affreux.
Personne ne pouvait plus raconter d'histoires à personne avant de s'endormir, personne n'avait plus de petits bisous, personne ne pouvait plus jouer avec personne aux billes, à l'élastique, aux cubes. Et surtout, personne ne pouvait plus expliquer les mystères de la vie à personne.
C'était lugubre.

Le roi des bons, Henriette Bichonnier, © éd. Gallimard.

a. * **Les habitants de ce royaume racontent-ils des histoires avant de s'endormir ? Quels sont les mots qui le montrent ?**

b. ** **Pourquoi la vie dans le royaume est-elle lugubre ? Quelles sont les expressions qui indiquent la négation ?**

Je m'entraîne

Parcours 2

10 À deux **L'un dit ce qu'on n'a pas le droit de faire dans la classe. L'autre dit ce qu'on a le droit de faire.**

Exemple : On ne peut pas crier… mais on peut chuchoter.

- **Inversez les rôles.**

11 Retrouve les phrases négatives.

a. La porte de la maison est ouverte.
b. Le portail n'est pas fermé.
c. Il est interdit de manger dans cette salle.
d. Le pique-nique n'est pas autorisé ici.
e. Je n'ai plus faim.

12 Recopie ces phrases et entoure les mots de la négation.

a. Le pélican n'aime guère la pluie.
b. Les coureurs ne sont pas encore partis.
c. Il n'y a plus de poissons dans la rivière.
d. Je n'oublie jamais l'anniversaire de ma maman.
e. Il ne manque rien.

13 Mets ces phrases à la forme négative. Utilise ne/n' … pas ou ne/n' … jamais.

a. Aujourd'hui, il pleut.
b. Le bébé pleure tout le temps.
c. Les feuilles tombent tôt cette année.
d. Nous allons toujours à la même boulangerie.

14 Mets ces phrases à la forme affirmative.

a. Il ne pleut jamais dans cette région.
b. La lionne ne nourrit pas ses petits.
c. Tu n'as guère travaillé aujourd'hui.

15 Mets ces phrases à la forme négative. Varie les mots de la négation à chaque fois.

a. Dans cette ville, il fait toujours beau.
b. Le ciel se couvre.
c. Ton frère a encore des dents de lait.
d. Au zoo, les visiteurs peuvent tout donner aux animaux.
e. Manon regarde souvent la télévision.
f. La bibliothèque ferme le dimanche.

16 Forme des phrases négatives avec des mots de ton choix.

a. Les poissons …
b. Cette année, le rossignol …
c. Les dinosaures …
d. Hier, la fusée …
e. Dans le pré, les vaches …

17 Mets ces phrases à la forme négative ou affirmative pour rétablir la vérité.

a. Il pleut beaucoup dans les déserts.
b. Les Schtroumpfs ne sont pas bleus.
c. On peut boire de l'eau non potable.
d. Il ne faut jamais écouter ses parents.
e. Les dinosaures existent encore.
f. L'eau n'est pas essentielle pour vivre.

18 Réponds à chaque question par une phrase négative et par une phrase affirmative.

a. Aimes-tu faire de la grammaire ?
b. Le spectacle commence-t-il à 20 heures ?
c. Viendrez-vous à mon anniversaire ?
d. As-tu les cheveux longs ?
e. Ranges-tu souvent ta chambre ?

J'écris

a. ✱ Écris une phrase négative pour dire ce qu'on ne peut plus faire dans le royaume sans enfants du roi Léon.

b. ✱✱ Imagine un royaume sans amis… Écris un petit texte à la manière d'*Un royaume sans enfants* pour dire ce que tu ne peux plus faire sans amis. Utilise différents mots de négation.

Grammaire

4 Qu'est-ce que le verbe dans une phrase ?

Observons le monde

Qu'est-ce que **le triathlon** ?

Éric pratique le triathlon depuis plusieurs années. Cette discipline sportive consiste à enchaîner trois épreuves : la natation, le cyclisme et la course à pied.

Éric, champion de triathlon.

L'épreuve de natation.

L'épreuve de cyclisme.

L'épreuve de course à pied.

1 **Éric fait-il la même chose sur chaque photo ? Que fait-il ?**

2 **Quelle photo ne montre aucune action ?**

Observons la langue

3 **Qu'est-ce qui change dans ces phrases ? Quelle est l'action dans chaque phrase ?**
a. Le sportif nage. b. Le sportif pédale. c. Le sportif court.

> Le mot qui indique l'action s'appelle le verbe.

4 **Quel verbe indique l'action dans chaque phrase ? Pourquoi change-t-il de forme ?**
a. Ayman court. b. Ayman et Mona courent. c. Ayman et Mona sautent.

5 **Pourquoi le verbe change-t-il de forme ? De quel verbe s'agit-il ? Donne son infinitif.**
a. Le sportif pédale vite. b. Le sportif pédalera vite. c. Le sportif pédalait vite.

6 **Quel verbe n'indique pas une action ?**
a. Le sportif est souriant. b. Le sportif court vite.
c. Le sportif s'entraîne beaucoup.

> Quelques verbes n'indiquent pas d'action : ce sont des verbes d'état.

Manipulons ensemble

7 **Fais les mêmes actions que l'enfant. Dis ce que tu fais.**

a

b

c

d

8 **Choisis une action et demande à un ou une camarade de la mimer.**
S'il fait correctement l'action, il prend ta place.

tu cours | tu danses | tu chantes | tu sautes

tu fermes la main | tu ouvres la main

tu te grattes la tête | tu te caresses la tête

9 **Choisis la forme verbale qui convient. Tu peux l'écrire sur ton ardoise.**

a. Quand il était petit, Axel … les cheveux bouclés. — a / avait

b. Demain, le cirque … devant l'école. — s'installera / s'installait

c. Aujourd'hui, nous … en forêt. — allons / iront

10 **Le loto des phrases. Place les étiquettes des verbes aux bons endroits dans la grille.**

est | mange

La chèvre … le chou.	Le lionceau … affamé.	Laetitia … joyeuse.
La chèvre … courageuse.	Le loup … la chèvre.	Le lion … la gazelle.
Obélix … des sangliers.	Obélix … amoureux.	Le lion … endormi.

Qu'avons-nous compris ?

Mémo, p. 6

11 **À quoi sert le verbe dans la phrase ?**

12 **Pourquoi un verbe change-t-il de forme ?**

13 **Qu'utilise-t-on pour nommer un verbe ?**

14 **Tous les verbes indiquent-ils une action ? Donne un exemple.**

Je m'entraîne

Parcours 1

1 À deux **Chacun remplace le verbe en couleur par un verbe de son choix.**

Grammi mange beaucoup.
→ Grammi ___ beaucoup.

- **Avez-vous utilisé le même verbe ?**

2 **Recopie ces phrases et entoure les verbes.**

Exemple : La chouette hulule dans le bois.

a. Le vent souffle fort.
b. Les cyclistes arrivent l'un après l'autre.
c. Le skieur descend la piste à toute vitesse.
d. Nous prenons le train de 7 heures.

3 **Associe les phrases qui contiennent le même verbe.**

Liste 1 :
a. Je fais un dessin.
b. Le chat saute sur le merle.
c. Il finit son repas.
d. Tu veux un dessert.

Liste 2 :
1. Nous finissons les travaux.
2. Éva sautera à la corde.
3. Vous faites un gâteau.
4. Il veut ce manteau.

4 **Recopie seulement les verbes de chaque liste. Attention à l'intrus !**

Exemple : grandir – devenir – partir – ~~soupir~~

a. rougir – sortir – plaisir – finir
b. vouloir – pleuvoir – miroir – voir
c. conduire – lire – dire – navire
d. nettoyer – effacer – pâtissier – s'envoler

5 **Recopie seulement les phrases dans lesquelles le mot en couleur est un verbe.**

Exemple : Léa joue bien au tennis. → verbe **jouer**
Une guêpe m'a piqué sur la joue. → nom **joue**
→ Il faut recopier : Léa joue bien au tennis.

a. Le jardinier cultive ses tomates dans une serre.
b. Le papa serre son enfant dans ses bras.
c. Louis a une montre bleue.
d. La guide montre les remparts aux visiteurs.

6 **Complète avec le verbe qui convient.**

prennent – partons – ont – tient – arrive

a. Le joueur ___ sa raquette à deux mains.
b. Mes voisins ___ le train à 6 heures.
c. Nous ___ en promenade.
d. Le dernier coureur ___ une heure après le premier.
e. Les canards ___ les pattes palmées.

7 **Place le verbe au bon endroit dans la phrase.**

a. Pendant la matinée, les enfants dans la piscine. (plongent)
b. Tu le melon ? (adores)
c. Le robinet de la salle de bains. (fuit)
d. Vous la deuxième route à gauche. (prendrez)

8 **Choisis la forme verbale qui convient.**

Aide : regarde bien les mots soulignés.

a. Hier, les enfants (jouent/ont joué) à la pétanque.
b. Le menuisier (a raboté/rabotera) la porte bientôt.
c. En ce moment, la chenille (se transformera/se transforme) en papillon.
d. La semaine prochaine, il (allait/ira) à la piscine.

Je lis

Pierrot et la lune

Pierrot est boulanger et travaille la nuit.

Le soleil se couche et Pierrot se lève. On voit le soupirail de la boulangerie s'allumer et rougeoyer de chauds reflets. Une lune énorme flotte comme un ballon laiteux dans le ciel phosphorescent. Bientôt, Pierrot sort de son fournil. Il ne voit d'abord que la lune. [...] Il court vers elle avec de grands gestes d'adoration. Il lui sourit, et la lune lui rend son sourire.

En vérité, ils sont comme frère et sœur, avec leurs visages ronds et leurs vêtements vaporeux.

Michel Tournier, *Pierrot ou les secrets de la nuit*,
illustré par Danièle Bour, © éd. Gallimard.

Je m'entraîne

Parcours 2

9 À deux **Chacun cherche le plus de verbes possible pour compléter ces deux phrases.**

a. Grammi … beaucoup.
b. Nous … des fraises.

- **Avez-vous utilisé les mêmes verbes ?**

10 **Recopie ces phrases et entoure les verbes.**

a. La nuit, je fais des rêves merveilleux.
b. Je rêve d'un endroit paradisiaque.
c. Tu viens à la maison ?
d. Les tigres vivent-ils en Asie ?
e. Obélix est amoureux.
f. La chouette hulule au fond des bois.

11 **Recopie ensemble les phrases qui contiennent le même verbe.**

a. Mario joue du piano.
b. Nous prenons l'avion.
c. J'ai mal aux dents.
d. Les enfants jouaient dehors.
e. Tania aura bientôt 9 ans.
f. Le bébé prendra son bain.

12 **Place le verbe qui convient au bon endroit.**

partent – coule – illuminaient – illuminent – partiront – coulait

a. En ce moment, les guirlandes les magasins.
b. Dans la vallée, le torrent en cascades.
c. Les bateaux demain en croisière.
d. Les randonneurs ce matin.
e. Hier, des éclairs toute la ville.
f. Ton nez beaucoup la semaine dernière.

13 **Classe les verbes dans un tableau.**

a. Tu ouvres la porte du garage.
b. Le Petit Chaperon rouge porte une galette.
c. Peux-tu porter cette lettre à la Poste ?
d. Je descends les marches de l'escalier.
e. Nous irons marcher en forêt.
f. Les randonneurs marchent d'un pas décidé.

Verbes conjugués	Verbes à l'infinitif
…	…

14 **Complète ces phrases avec des verbes de ton choix.**

a. Les enfants … dans la rivière.
b. Le sportif … tous les jours.
c. Nous … le chat sur le canapé.
d. Le clown … les ballons sous sa veste.
e. Les clowns … les papiers en mille morceaux.

15 **Remplace les verbes du texte par des verbes de ton choix.**

Samir lance le ballon. Lilou attrape le ballon et le renvoie à Kim. Kim bute sur une pierre. Elle hurle de douleur. La maîtresse apporte de la glace.

16 **Classe les verbes dans un tableau.**

a. Après sa course, le sportif est épuisé.
b. Les sept nains sifflent en travaillant.
c. La belette discute avec le petit lapin.
d. Le lézard semble endormi.

Verbes d'action	Verbes d'état
…	…

a. ✱ Que fait Pierrot dans la deuxième phrase ? Trouve le verbe qui l'indique.

b. ✱✱ Que font Pierrot et la lune ? Trouve les verbes et classe-les dans deux colonnes : les actions de Pierrot / les actions de la lune.

J'écris

a. ✱ Imagine la suite du texte *Pierrot et la lune*. Raconte ce que fait Pierrot pour montrer sa joie à la lune. Écris deux phrases. Tu peux utiliser ces verbes : danser – sauter – tourner – chanter.

b. ✱✱ Imagine que Pierrot ait envie d'aller sur la lune. Raconte ce qu'il fait. Tu peux utiliser ces verbes : construire – voler – décoller – voyager – arriver.

5 Qu'est-ce que le sujet dans une phrase ?

Observons le monde

1 **Quelle action se reproduit plusieurs fois dans ce conte ?**

2 **Qu'est-ce qui est différent à chaque fois ?**

Observons la langue

3 **Qu'est-ce qui change dans ces phrases ?**
Qui fait l'action dans chaque phrase ?
a. Le loup toque à la porte.
b. Le Petit Chaperon rouge toque à la porte.
c. Le chasseur toque à la porte.

Les mots qui indiquent qui fait l'action s'appellent le sujet.

4 **Quelle question poses-tu pour trouver le sujet de chaque phrase ?**
Qu'est-ce qui change dans les phrases ?
a. Le chasseur dévore le loup.
b. Les chasseurs dévorent le loup.
c. Le chasseur et la grand-mère dévorent le loup.

5 **Qui s'enfuit ? Que remarques-tu dans ces phrases ?**
a. Le loup s'enfuit. b. Ysengrin s'enfuit. c. Il s'enfuit.

Manipulons ensemble

6 Dessine le sujet qui fait l'action.

a. *Le poisson nage dans le bocal.*

b. *La souris regarde le poisson.*

c. *Le chat poursuit la souris.*

d. *Une petite fille caresse le chat.*

7 Forme une phrase pour chaque dessin avec les étiquettes. Indique le sujet.

le chat | la souris | le chien | poursuit

8 Les mots en couleur sont-ils des sujets ? Tu peux écrire oui ou non sur ton ardoise.

a. Le cuisinier prépare un plat.
b. Le plat cuit dans le four.
c. Le four chauffe à 210 °C.
d. Le cuisinier ouvre le four.

9 Le loto des phrases. Remplace chaque sujet de la grille par une étiquette.

La grand-mère | Elle | Le chasseur | Il | Le Petit Chaperon rouge | La petite fille | Le loup

Elle se promène.	Il se déguise en grand-mère.	Il assomme le loup.
Il toque à la porte.	La fille arrive chez sa mamie.	Le loup dévore la petite fille.
Mamie ouvre la porte.	Elle toque à la porte.	Il sauve l'enfant.

Qu'avons-nous compris ?

Mémo, p. 6

10 Qu'indique le sujet dans la phrase ?

11 Comment reconnaît-on le sujet dans une phrase ?

12 Le sujet est-il toujours un nom ? Donne des exemples.

Je m'entraîne

Parcours 1

1 À deux **Chacun remplace le sujet en couleur par un sujet de son choix.**

Le garçon se promène à vélo.
→ … se promène à vélo.

- **Avez-vous utilisé le même sujet ?**

2 **Recopie les sujets des verbes en couleur.**

Aide : pose la question « qui ? ».
Exemple : Louis va au marché.
→ (Qui va au marché ?) C'est **Louis**.

a. Lucie va à la plage.
b. Les filles nagent dans la rivière.
c. Nous allons à l'école.
d. Lucie et Jules partent en vacances.

3 **Complète chaque phrase avec le sujet qui convient.**

Un chat	Un chien	Un singe	Un lion

a. … ronge un os.
b. … mange une banane.
c. … dort sur le canapé.
d. … court dans la savane.

4 **Recopie chaque sujet avec le verbe qui convient.**

a. Nous
b. Les chèvres
c. Elle

1. broute.
2. gambadent.
3. chantons.

5 **Complète chaque phrase avec le sujet qui convient.**

Le fermier – La poule – Les poussins

a. … regarde le fermier.
b. … donne à manger aux poussins.
c. … courent vers le fermier.

6 **Recopie le sujet des verbes en couleur.**

Exemple : Victor distribue les cartes. → Victor

a. À chaque partie, le joueur distribuait les cartes.
b. La dame regarde le spectacle.
c. Tous les soirs, ma Mamie regardait un film.
d. Ludovic écrit un texte sur les abeilles.

7 **Remplace chaque sujet en couleur par un sujet de la liste.**

Elles – Les garçons – Le bus

a. Éva et Julie jouent à la marelle.
b. La voiture se gare.
c. Ils lancent le ballon.

8 **Classe les groupes de mots en couleur dans un tableau.**

Le chat de la voisine aime la bonne cuisine.
Il adore le poisson en sauce. Ce chat, gourmand, rôde près de la cuisinière.

Les sujets	Les autres mots
…	…

Je lis

Histoire à l'endroit

Une antilope, bonne cuisinière, dévora le tigre en pot-au-feu.
Un ouistiti avec cravate et chapeau melon grignota l'antilope rôtie à la broche.
Un rat acrobate engloutit le ouistiti à la croque-au-sel.
Un scarabée mal réveillé dégusta le rat en brochettes avec du riz.
Mais la mouche, écœurée, fit la grimace :
« Du scarabée, pouah, ça me donne mal au foie ! »

Bernard Friot, *Histoires pressées*, © 2007, éd. Milan.

a. ✱ **Qui dévore le tigre ? Qui grignote l'antilope ? Trouve les sujets des verbes pour le savoir.**

b. ✱✱ **Quels sont les animaux du texte qui font des actions ? Trouve les sujets qui l'indiquent.**

Je m'entraîne

Parcours 2

9 À deux **Chacun cherche le plus de sujets possible pour compléter ces deux phrases.**

a. … joue du violon.
b. … avale un rôti.

- **Avez-vous utilisé les mêmes sujets ?**

10 **Recopie chaque phrase et souligne le sujet.**

a. La pluie tombe sur les carreaux.
b. Souvent, Élodie écoute de la musique.
c. Soudain, Fabrice et Mélina arrivent.
d. Ils s'assoient sur le canapé.

11 **Complète chaque phrase avec le sujet qui convient.**

Le chevalier – Le dragon – Il – elle – Le jeune homme – Il

… arriva sur son cheval blanc. … vit la jeune fille : … était entre les griffes du dragon. … prit son épée. … s'avança. … recula.

12 **Recopie le sujet de ces phrases étranges.**

a. Le tigre saute à la corde.
b. Blanche-Neige dévore le loup.
c. Dans la montagne, la chèvre attaque l'ogre.
d. Le prince charmant épouse la sorcière.
e. À minuit, Cendrillon rencontre une citrouille.

13 **Place les sujets entre parenthèses comme il convient.**

a. avaient une fille. (Le roi et la reine)
b. s'appelle Léo. (Le petit garçon)
c. Parfois, se promène dans la forêt. (Manon)
d. En chemin, rencontre un bûcheron. (elle)

14 **Remplace chaque sujet par un sujet de la liste.**

elle – la gazelle – le guépard – Louis – il

a. Baptiste ouvrit la bouche.
b. Lentement, le dentiste prit la roulette.
c. À pas de velours, la panthère grimpa sur l'arbre.
d. Soudain, l'antilope détala.

15 **Complète chaque phrase avec un sujet de ton choix.**

a. … prend une douche.
b. Parfois, … saute dans l'eau froide.
c. … avale des cacahuètes.
d. … sautille sur la pelouse.

16 **Écris une phrase avec chaque sujet de la liste.**

le serpent – nous – le canari – le crocodile

17 **Classe les mots en couleur dans un tableau.**

a. Charles invite ses amis pour son anniversaire.
b. Ma petite sœur prépare une surprise.
c. Parfois, Mélina lit des histoires à son frère.
d. Le lit est près de la fenêtre.
e. Le bois abrite des sangliers.
f. Je bois du lait.

Les sujets	Les verbes
…	…

18 **Remplace les sujets par des sujets de ton choix.**

Au printemps, les merles picorent les cerises dans les arbres. Le jardinier place l'épouvantail dans le verger. Théo fait des confitures avec les cerises mûres.

J'écris

a. ✱ **Imagine la suite d'*Histoire à l'endroit*. Écris deux phrases avec les sujets suivants :** **le scarabée – la mouche.**

b. ✱✱ **Écris un petit texte sur le modèle d'*Histoire à l'endroit* avec des animaux de ton choix.**

Grammaire

6 Comment utiliser les pronoms personnels sujets ?

Observons le monde

Les élèves préparent une pièce de théâtre. Fred prend la parole.

1 **Qui joue le loup ? Qui joue la sorcière ? Qui joue les enfants perdus ?**

2 **Qui est il dans la première bulle de Fred ?**

Observons la langue

Les mots je, tu, nous, vous, il, ils, elle et elles s'appellent des pronoms personnels sujets.

3 **Qui dit je ? Qui est je ?**
Qui dit tu ? Qui est tu ?

a.  Je joue le loup.

b.  Tu joues le loup.

4 **Qui dit nous ? Qui est nous ?**
Qui dit vous ? Qui est vous ?

a.  Nous ferons les enfants.

b.  Vous ferez les enfants.

5 **Qui est représenté par chaque pronom personnel sujet ?**

a. Ils préparent une pièce de théâtre.
b. Il joue le loup.
c. Elle joue la sorcière.
d. Elles jouent les arbres.

Manipulons ensemble

6 **Joue ce petit dialogue avec des camarades. Puis inventez un autre dialogue sur le même modèle.**

7 **Dans le dialogue de l'activité 6, remplace les pronoms personnels par les prénoms des élèves qui ont joué la scène.**

8 **Choisis un pronom et écris-le sur ton ardoise. Lève ton ardoise quand tu as le pronom qui permet de remplacer le sujet en couleur.**

il — elle — ils — elles

a. Les Gaulois construisent des villes fortifiées.
b. Le soleil se lève à l'est.
c. Élodie chante.
d. Les gazelles entendent le lion rugir.
e. La pluie coule sur les carreaux.
f. Les enfants se promènent dans la forêt.
g. L'orage gronde.
h. Éva et Chloé jouent du piano.

9 **Continue la chaîne de dominos.**

La sorcière	il	Léo	nous

a. | les deux enfants | elles |

b. | Léo et toi | elle |

c. | Léo et moi | ils |

d. | les trois fées | vous |

Qu'avons-nous compris ?

Mémo, p. 7

10 **Quels sont les pronoms personnels sujets ?**
11 **Que remplacent les pronoms ?**
12 **Dans un dialogue, qui est je ? tu ? nous ? vous ?**

Je m'entraîne

Parcours 1

1 À deux **L'un propose un pronom personnel sujet. L'autre construit une phrase avec ce pronom. Inverser les rôles.**

Exemple : je → Je suis en classe.

- **As-tu correctement utilisé le pronom proposé par ton camarade ?**

2 Recopie les pronoms sujets avec leur verbe en couleur.

Exemple : Nous faisons du canoë. → Nous faisons

a. Il arrive au train de 17 heures.
b. Nous pouvons rentrer.
c. Je révise mes leçons.
d. Tu achètes du pain ?
e. Vous venez de loin.

3 Choisis le pronom sujet qui convient.

Exemple : (Nous/Il) achète le journal.
→ **Il** achète le journal.

a. (Nous/Vous) êtes les premiers arrivés.
b. (Nous/Vous) avons très chaud.
c. (Nous/Elle) fait des gâteaux.
d. (Vous/Je) prends le métro.
e. (Tu/Ils) pars à l'étranger.

4 Remplace les sujets en couleur par le pronom sujet qui convient : Il, Elle, Ils ou Elles.

Exemple : Sélim joue au foot. → **Il** joue au foot.

a. Karine écrit à sa grand-mère.
b. Le petit âne trottine sur la colline.
c. Les cigales chantaient dans les pins.
d. Les bateaux sortent du port.
e. Sélim et Léo rentrent de l'école.

5 Complète avec les pronoms sujets de la liste.

Ils – Nous – Vous – Elle

a. ... chante dans son bain.
b. ... entendons une belle chanson.
c. ... sentez l'odeur de la lavande ?
d. ... aperçoivent un oiseau dans le ciel.

6 Remplace chaque pronom sujet en couleur par un sujet de la liste.

Le chat – Léa et Garance – Le prince et la princesse – La fée

a. Elle transforme le crapaud en prince charmant.
b. Il ronronne sur le canapé.
c. Ils se marièrent et eurent beaucoup d'enfants.
d. Elles jouent à la balançoire.

7 Indique ce que représente chaque pronom en couleur.

Exemple : Le chat dort. Il ronronne.
→ **il** représente **le chat**

a. Eugénie discute avec Léo. Elle parle doucement.
b. Léo dit à Eugénie : « Tu peux parler plus fort ? »
c. Les enfants vont à la cantine. Ils se rangent.
d. Tessa demande aux enfants : « Vous allez à la cantine ? »

8 Indique ce que représente chaque pronom sujet en couleur.

Mon chat joue souvent avec une pelote. Parfois, il attrape un oiseau dans le jardin. Les jeunes oiseaux sont des proies faciles pour lui. Au printemps, ils sont dans les nids. Les mères protègent leurs petits. Elles piaillent pour faire fuir mon chat.

Je lis

L'Ajax d'Alexandre

Les garçons de la bande se faisaient appeler l'Ajax d'Alexandre. Bruno les trouvait formidables. [...] Il mourait d'envie de se joindre à eux.

« Pourquoi ne veux-tu pas jouer avec eux ? lui demanda sa mère.

– Je ne les connais pas. Ils ne m'accepteront pas, répliqua Bruno.

– C'est idiot, lui dit sa mère. Tu es un très bon footballeur. Allez ! Cours leur demander ! »

Colin Mac Naughton, *Fou de football*, © éd. Gallimard.

a. ✱ **Qui est ils dans « ils ne m'accepteront pas » ?**

b. ✱✱ **Quels sont les trois pronoms personnels sujets qui désignent Bruno ?**

Je m'entraîne

Parcours 2

9 À deux **Choisissez le pronom sujet qui convient. Avez-vous toujours le même avis ?**
a. (Tu/Je) regarde un papillon s'envoler.
b. (Tu/Je) peux préparer des crêpes.
c. (Nous/Ils) voyons un criquet traverser le couloir.
d. (Nous/Ils) peignent un joli tableau.
e. (Tu/Je) veux aller au zoo.

10 **Recopie les pronoms sujets avec leur verbe.**
a. Avec maman, nous préparons des confitures.
b. Le matin, vous cueillez des fleurs.
c. Après le match, je nettoie mon short.
d. Tu es fort, tu cours vite.
e. Elles arrosent leur jardin.

11 **Choisis le pronom sujet qui convient.**
a. (Je/Tu) viens avec vous.
b. (Je/Tu) viens avec nous.
c. (Il/Je) marche derrière moi.
d. (Je/Tu) marches devant moi.

12 **Complète avec les pronoms sujets qui conviennent.**
a. … ramassons des coquillages.
b. … attrapez des papillons.
c. … choisissent des pâtisseries.
d. … regardes un film ?
e. … recopie un exercice.

13 **Remplace chaque pronom sujet par un nom de ton choix.**
a. Il nage dans la mer.
b. Ils courent sur le sable.
c. Elles descendent à la cave.
d. Elle monte au grenier.

14 **Indique ce que représente chaque pronom sujet en couleur.**
« Je suis contente, dit Léa, nous partons bientôt en vacances avec mes parents. Et toi, tu pars chez tes grands-parents ? Ils habitent où ?
– En Provence, répond Lucie.
– Et ton frère, il part aussi ? »

15 **Remplace les sujets en couleur par les pronoms sujets qui conviennent.**
Ulysse et ses compagnons sont faits prisonniers par des cyclopes. Les cyclopes sont des géants. Les cyclopes ont un œil unique au milieu du front. Mais Ulysse est malin. Ulysse décide d'enivrer l'un des géants. Ses compagnons ont peur mais ses compagnons lui font confiance.
« Je m'appelle Polyphème, dit le cyclope. Et toi, comment t'appelles-tu ?
– Je m'appelle Personne.
– Eh bien, pour te remercier, je mangerai Personne en dernier, dit le cyclope. »
Et le cyclope tombe à la renverse, le vin lui étant monté à la tête.

D'après Homère, *L'Odyssée*.

16 **Complète avec les pronoms sujets qui conviennent.**
Ulysse fait rougir un bâton au feu. … le plante dans l'œil du cyclope.
Le cyclope pousse un hurlement de fauve.
… appelle les autres cyclopes.
– Pourquoi cries-… ainsi, disent-… ?
– Personne m'attaque. … me tue.
Les autres cyclopes ne comprennent pas.
… pensent que le cyclope a perdu la tête.

D'après Homère, *L'Odyssée*.

J'écris

a. ✱ **Écris deux nouvelles répliques entre Bruno et sa mère. Utilise les pronoms personnels sujets je, tu, ils.**

b. ✱✱ **Écris un dialogue entre Bruno et la bande d'Alexandre. Varie les pronoms personnels sujets.**

Grammaire

7 À quoi sert un COD ? Comment le reconnaître ?

Observons le monde

1 Mathis mange-t-il toujours la même chose ? Que mange-t-il ?

2 Et toi, que manges-tu pour manger équilibré ?

Observons la langue

3 Qu'est-ce qui change dans ces phrases ?
Qu'est-ce qui complète le verbe manger ?
a. Mathis mange.
b. Mathis mange une pomme.
c. Mathis mange des haricots.

> Le groupe de mots qui complète le verbe s'appelle le COD (complément d'objet direct).

4 Quelle question poses-tu pour trouver le COD des verbes ?
a. Mathis prend un petit déjeuner. b. Mathis boit un verre de lait. c. Mathis mange un yaourt.

5 Relis les phrases de l'exercice 4 en supprimant les COD, puis en les déplaçant.
Que remarques-tu ?

Manipulons ensemble

6 **Dessine le COD du verbe.**

a. *Une fille lance un ballon.*

b. *Un garçon mange une glace.*

c. *Le ballon touche le garçon.*

d. *La glace tache la fille.*

7 **Écris un sujet sur ton ardoise sans le montrer à la classe. Ton voisin écrit un verbe qui peut être complété par un COD. Son voisin écrit un COD. Lisez la phrase ainsi obtenue !**

Exemples de verbes : manger – regarder – prendre – aimer – écouter

8 **Quel dessin correspond à chaque phrase ? Indique le COD.**

a. L'homme mange une salade.

b. Le pêcheur pêche une chaussure.

c. La dame aime un poisson.

1

2

3

4

5

6

9 **Supprime le COD. La phrase a-t-elle encore un sens ?**
Tu peux écrire oui ou non sur ton ardoise.

a. La grenouille mange un insecte.
b. La grenouille attrape un insecte.
c. Les oiseaux font leur nid.
d. Sarah range sa chambre.
e. Sarah prépare une tarte aux citrons.

Qu'avons-nous compris ?

Mémo, p. 8

10 **Qu'est-ce que le COD complète ?**

11 **Comment reconnaît-on le COD dans une phrase ?**

12 **Le COD est-il important dans une phrase ? Pourquoi ?**

Je m'entraîne

Parcours 1

1 À deux **Chacun remplace les COD en couleur par des COD de son choix.**

Exemple : Nous ramassons des coquillages.
→ Nous ramassons **des cailloux**.

a. Les lions chassent les gazelles.
b. Sidonie achète un croissant.

- **Avez-vous utilisé les mêmes COD ?**

2 Recopie les COD des verbes en couleur.

Aide : pose la question « quoi ? ».
Exemple : Sophie apprend sa leçon.
→ (Sophie apprend quoi ?) **sa leçon**

a. Nous visitons le musée.
b. Tu envoies une lettre.
c. Cathy achète un croissant.
d. Arthur se rase la moustache.
e. Le boulanger prépare le pain.

3 Recopie seulement les phrases qui contiennent un COD.

a. Élodie mange.
b. Élodie mange un sandwich.
c. Les enfants chantent une berceuse.
d. Les enfants chantent.

4 Complète les phrases avec les COD de la liste.

les cailloux – la sorcière – sa chaussure – la chevillette – la princesse

a. La fillette tira ... et la porte s'ouvrit.
b. Hanzel poussa ... dans le four.
c. Poucet sema ... sur le chemin.
d. Cendrillon perdit ... en descendant l'escalier.
e. Le prince épouse ... à la fin du conte.

5 Remets en ordre les mots de chaque phrase. Souligne les COD.

Exemple : Les huttes écrasaient les mammouths.
→ Les mammouths écrasaient les huttes.

a. Des animaux dessinaient les hommes.
b. Une poésie écrit le poète.
c. Ce cahier possède Lilian.
d. Une chanson fredonne mon ami.
e. La maison construit l'ouvrier.

6 Choisis le verbe qui convient.

a. Les Gaulois (affrontent/se battent) les Romains.
b. Nous (demeurons/fabriquons) un bateau.
c. Ils (creusent/tombent) un tunnel sous la mer.
d. Les coureurs (semblent/atteignent) l'arrivée.
e. Les voisins (détestent/se plaignent) le bruit.

7 Remplace les COD des phrases par les COD de la liste.

Madame Morel – le Louvre – Granville – la Loire – les États-Unis

a. Nous habitons une ville.
b. Mon chat regarde la voisine.
c. Ils visitent un musée.
d. Le bateau traverse le fleuve.
e. Ma tante connaît bien le pays.

8 Complète les verbes avec un COD de ton choix.

a. Le journaliste rédige ... .
b. Le monstre attrape ... .
c. La souris grignote ... .
d. L'abeille butine ... .
e. Nous avons reçu ... .

Je lis

En voyage

François Robion détacha sa ceinture. C'était la première fois qu'il prenait l'avion et il n'avait pu s'empêcher de serrer les dents quand l'énorme appareil s'était rué en avant, dans le fracas de ses réacteurs. […] Le voyage commençait, on s'installait, on dépliait des journaux. Deux hôtesses offraient des consommations. […] Le voisin de François dormait. Était-ce possible ? Plus loin, une vieille dame tricotait. Il aurait voulu leur dire à tous : « Ouvrez les yeux. Il nous arrive quelque chose d'extraordinaire ! »

Boileau-Narcejac, *Les pistolets de Sans-Atout*, © Rageot éditeur.

a. * **Où est François Robion ? Que détache-t-il ? Trouve le COD qui l'indique.**

b. ** **Sait-on ce qu'offrent les hôtesses ? Sait-on ce que tricote la vieille femme ? Pourquoi ?**

Je m'entraîne

Parcours 2

9 À deux **Chacun cherche le plus de COD possible pour compléter ces deux phrases.**

a. Les loups chassent ▭.
b. La grand-mère prépare ▭.

- **Avez-vous utilisé les mêmes COD ?**

10 **Recopie les COD des verbes.**

a. Les maçons construisent un muret.
b. Hier, le facteur a apporté un colis.
c. L'athlète a remporté une nouvelle médaille.
d. Tous les soirs, le jardinier arrose ses légumes.
e. Julie entra la clé dans la serrure.

11 **Recopie seulement les phrases qui contiennent un COD.**

a. Ma sœur choisit une robe à fleurs.
b. Le bateau sort après la tempête.
c. Luna prépare une tarte aux fraises.
d. Max part vers la mer.
e. L'alpiniste prépare méthodiquement son matériel.
f. Pendant la récréation, les enfants jouent.

12 **Complète ces phrases étranges avec les COD de la liste.**

une histoire – une jolie barbe – les cheveux – les cailloux – des chaussures – un opéra

a. Le chien raconte ▭ aux enfants.
b. Le coiffeur coupait ▭ du crocodile.
c. Les avions jettent ▭ au-dessus de la forêt en feu.
d. Le boulanger sort ▭ du four.
e. La coccinelle a ▭.
f. L'éléphant chante ▭.

13 **Complète les verbes avec un COD de ton choix.**

a. Tu regardes ▭ ?
b. Nous fermons ▭.
c. La vieille sorcière prépare ▭.
d. Nadia achète ▭.
e. Noémie fabrique ▭.

14 **Forme deux phrases avec les mots de chaque ligne. Entoure les verbes et souligne les COD.**

a. la chèvre – mange – le loup – broute – le chou
b. le poussin – protège – un grain – picore – la poule
c. le ballon – attrape – Arthur – casse – la vitre
d. le courrier – distribue – la voiture – conduit – le facteur

15 **Place un COD après le verbe quand c'est nécessaire. Ils sont donnés dans l'ordre du texte.**

des bonbons – des jus de fruits – un gâteau – une fête – les cadeaux – ma sœur

Alex a acheté. Tom a apporté. Et moi, j'ai préparé. Nous organisons pour ma petite sœur. Elle est contente. Elle apprécie de ses amis. Le petit chat s'ennuie. Il bâille. Il regarde ouvrir ses cadeaux.

16 **Remplace les COD par d'autres COD de ton choix.**

a. Valentine aime les pains au chocolat.
b. Raphaël adore la pêche.
c. J'aperçois un écureuil derrière un buisson.
d. Nous regardons le spectacle.
e. Elles lancent des cailloux dans la rivière.

J'écris

a. * **Imagine que tu es dans un avion. Écris deux phrases pour dire ce que tu vois à travers le hublot. Utilise des COD.**

b. ** **Qu'est-ce que François Robion pourrait demander à l'hôtesse de l'air pendant ce long voyage ? Écris un texte ou un dialogue avec des COD.**

Grammaire

8 À quoi sert un COI ? Comment le reconnaître ?

Observons le monde

www.asterix.com © 2013 LES ÉDITIONS ALBERT RENÉ / GOSCINNY - UDERZO

1 **Trois personnes parlent dans cette vignette. Pour chacune d'elles, dis à qui, de qui ou de quoi elle parle.**

2 **Quelle langue parle Obélix ?**

Mais qui parle à qui ? Et de quoi ?

Observons la langue

3 **Qu'est-ce qui complète le verbe parler ?**
Quel petit mot relie le verbe au complément dans la phrase b ?
a. Obélix parle une langue bizarre.
b. Obélix parle à Falbala.

4 **Quelle question poses-tu pour trouver le COI des verbes ?**
a. Falbala se souvient d'Obélix.
b. Astérix s'adresse à Falbala.
c. Falbala parle de la potion.

5 **Relis les phrases de l'exercice 5 en supprimant les COI, puis en les déplaçant. Que remarques-tu ?**

Le groupe de mots qui est relié au verbe par un petit mot s'appelle le COI (complément d'objet indirect).

Manipulons ensemble

6 **Forme une phrase pour chaque dessin avec les étiquettes. Indique le COI.**

le maître | la mère | le chiot | obéit | à

son maître | sa mère | son chiot

a. b. c.

7 **Continue la chaîne de dominos.**

| un film. | Il pense | à son grand-père. | Il écrit |

a. | de sa journée. | Elle regarde |

b. | sa sœur. | Elle parle |

c. | une lettre. | Il se souvient |

d. | de son enfance. | Il surveille |

8 **Les mots en couleur sont-ils des COI ? Tu peux écrire oui ou non sur ton ardoise.**

a. Jérémie pense à ses grands-parents.
b. Les grands-parents pensent à Jérémie.
c. Ce livre appartient à Émilie.
d. Émilie appelle Jérémie.
e. Émilie se souvient de sa leçon.

9 **Quelles étiquettes ne peut-on pas supprimer ?**

a. Ce soir, vous assistez à un beau spectacle.
b. Chaque année, je me souviens de mes vacances.
c. Mélina se rappelle souvent de ses rêves.
d. Depuis plusieurs années, Jules correspond avec un garçon anglais.

Qu'avons-nous compris ?

Mémo, p. 8

10 **Comment le COI est-il relié au verbe ?**

11 **Comment reconnaît-on le COI dans une phrase ?**

12 **Le COI est-il important dans une phrase ? Pourquoi ?**

Je m'entraîne

Parcours 1

1 À deux **Chacun remplace les COI en couleur par des COI de son choix.**

Exemple : Les enfants jouent à la balle.
→ Les enfants jouent **à la marelle**.

a. Je me souviens de ma leçon.
b. Ce jouet appartient à mon frère.

- **Avez-vous utilisé les mêmes COI ?**

2 **Recopie les COI des verbes en couleur.**

Aide : pose la question « à qui ? » ou « de qui ? ».
Exemple : Sophie écrit à sa tante.
→ (Sophie écrit à qui ?) **à sa tante**

a. Vous parlez à la boulangère.
b. Je pense à ma sœur.
c. Manon téléphone à sa copine.
d. Le médecin s'occupe de ses malades.
e. Enzo se souvient de son rêve.

3 **Recopie seulement les phrases qui contiennent un COI.**

a. Clara mange un gâteau.
b. Clara offre un gâteau à Juliette.
c. Clara tient à Juliette.
d. Clara tient son gâteau.

4 **Complète les phrases avec les COI de la liste.**

à un spectacle – de la nourriture – au roi – de la cigale – de plancton

a. Le prisonnier se plaint ….
b. Ce navire appartient ….
c. Nous assistons ….
d. La fourmi se moque ….
e. La baleine se nourrit ….

5 **Choisis le verbe qui convient.**

a. L'écureuil (prépare/se régale) ses provisions pour l'hiver.
b. L'écureuil (prépare/se régale) de noisettes.
c. L'écureuil (se prépare/régale) à l'hiver.
d. L'écureuil (se prépare/régale) ses petits.

6 **Recopie chaque phrase. Souligne le COI et entoure le petit mot qui le relie au verbe.**

Exemple : Le loup s'attaque [à] la chèvre.

a. La fourmi se moque de la cigale.
b. La fourmi se nourrit de ses réserves.
c. Le lion s'attaque à la gazelle.
d. Le chien obéit à son maître.

7 **Classe les groupes en couleur dans deux colonnes : COD / COI.**

Aide : pose la question « qui ? » ou « quoi ? » après le verbe pour reconnaître le COD.
Pose la question « de qui ?/de quoi ? » ou « à qui ?/à quoi ? » pour reconnaître le COI.

a. Lucas et Daniel mangent une glace.
b. La taupe se nourrit d'insectes.
c. J'aperçois un avion.
d. Théo appelle son copain.
e. Je me souviens de ma maîtresse.
f. Elle joue à la marelle.

8 **Complète les verbes avec un COI de ton choix.**

a. Ce cartable appartient ….
b. Nous discutons ….
c. Vous parlez ….
d. Ils écrivent ….
e. Elle pense ….

Je lis

À quel jeu jouer ?

Robin somnolait dans sa chambre. Il pensait à la fête de l'école. Il bâillait. Soudain, sa mère ouvrit la porte. Marcel entra.
« Et si on jouait ? demanda Marcel.
– D'accord ! répondit Robin.
– On joue aux billes ? On joue dans le jardin ? On joue à la console ?… Et si on jouait notre sketch devant ta mère ? proposa Marcel.
– Je ne me souviens pas de mon texte…
– Bon, alors, viens, on joue dehors. »

Gaël Le Floch, *Robin de Plougastel*, © éd. Nathan.

a. ✱ **À quoi pense Robin ? Trouve le COI qui l'indique.**

b. ✱✱ **À quoi Marcel propose-t-il de jouer ? Trouve les COI qui l'indiquent.**

Je m'entraîne

Parcours 2

9 À deux **Chacun cherche le plus de COI possible pour compléter ces deux phrases.**
a. Samia pense … .
b. Nolan s'occupe … .
- **Avez-vous utilisé les mêmes COI ?**

10 Recopie les COI des verbes.
a. Je m'occupe de mon chat.
b. Léo me parle de son exercice.
c. Cette raquette appartient à mon frère.
d. Tu t'aperçois de ton erreur ?
e. Aline se moque toujours de moi.
f. Le bébé a besoin de sommeil.

11 Recopie seulement les phrases qui contiennent un COI.
a. Le candidat répond à toutes les questions.
b. Alice regarde le lapin.
c. Le Petit Prince songe à sa planète.
d. Le Petit Prince parle de sa rose.
e. Les enfants écrivent une poésie.
f. Les enfants écrivent à leur grand-mère.

12 Complète ces phrases avec les COI de la liste.
de nourriture – de l'ogre – à ses parents – au fermier – du renard – à la vache
a. La cigale manque … .
b. Tom manque … .
c. Poucet se méfie … .
d. La poule se méfie … .
e. La cloche appartient … .
f. La vache appartient … .

13 Remets en ordre les mots de chaque phrase pour qu'elle corresponde à la réalité. Souligne les COI.
a. La pluie a besoin de la plante.
b. Le renard se protège de la poule.
c. Le questionnaire répond à Léa.
d. Lilian appartient à ce cahier.
e. Le lionceau s'occupe de la lionne.

14 Recopie ces phrases étranges. Puis entoure les COD et souligne les COI.
a. Le guépard demande l'heure à Thomas.
b. Le guépard raconte des histoires à la gazelle.
c. Thomas envoie un cadeau à la baleine.
d. Thomas envoie la baleine à ses copains.

15 Complète chaque verbe avec un complément. Précise si c'est un COD ou un COI.
a. Frank joue … .
b. Clara apprend … .
c. Nadia écrit … .
d. Léa pense … .
e. Max rêve … .
f. Manon dévore … .

16 Remplace le verbe de chaque phrase par le verbe entre parenthèses et transforme les COI en COD.
a. Ce village dispose de trois magasins. (posséder)
b. Les touristes assistent à un défilé. (regarder)
c. Les sportifs participent à la finale. (préparer)
d. Les moutons se nourrissent d'herbe. (brouter)
e. Thomas se régale d'une glace. (déguster)
f. David triomphe de Goliath. (terrasser)

J'écris

a. ✱ **Et toi ? À quoi joues-tu le plus souvent ? Écris deux phrases sur ce modèle :**
Je joue + COI.

b. ✱✱ **Raconte ce que Robin et Marcel font dehors. Écris quatre phrases avec des COI. Tu peux utiliser ces verbes :**
jouer – discuter – s'occuper – penser.

9 Ça se passe où et quand ?

Observons le monde

1 Le spectacle a-t-il toujours lieu au même endroit ? Où a-t-il lieu ?

2 Le spectacle se passe-t-il toujours au même moment ? Quand se passe-t-il ?

Observons la langue

3 **Qu'est-ce qui change dans ces phrases ? Où se passe l'action ?**
a. Le cirque s'installe.
b. Le cirque s'installe sur la place de la Mairie.
c. Le cirque s'installe devant la salle des fêtes.

> Les mots qui précisent le lieu s'appellent des compléments circonstanciels de lieu (CCL).

4 **Qu'est-ce qui change dans ces phrases ? Quand se passe l'action ?**
a. Le cirque s'installe.
b. Le cirque s'installe dimanche.
c. Le cirque s'installe mercredi.

> Les mots qui précisent le moment s'appellent des compléments circonstanciels de temps (CCT).

5 **Quelles questions poses-tu pour trouver les compléments circonstanciels ?**
a. Hier, Grammi a vu des tigres.
b. Au cirque, Grammi a vu des tigres.

6 **Relis les phrases de l'exercice 5 en supprimant les compléments circonstanciels, puis en les déplaçant. Que remarques-tu ?**

Manipulons ensemble

7 **Choisis un paquet mystère sur ce dessin.**
Tes camarades posent des questions sur l'endroit où il se trouve.

8 **Choisis une phrase parmi ces étiquettes sans la dire à la classe. Ton voisin choisit un moment. Et son voisin choisit un lieu. Dites la phrase complète à voix haute.**

Des champignons poussent. | au fond du jardin | à l'automne

Une araignée tisse sa toile. | Le voisin fait son tas de feuilles. | en septembre

près du cabanon | chaque année | au pied du vieux chêne

9 **Les groupes de mots en couleur indiquent-ils le temps ou le lieu ?**
Tu peux utiliser ton ardoise pour répondre.

a. Les Touaregs vivent dans le désert.
b. Pendant la journée, ils souffrent de la chaleur.
c. Le soir, ils installent le campement.
d. Les hommes discutent autour d'un feu.
e. Ils dorment dans des tentes.

10 **Quelles étiquettes peut-on supprimer ?**
Lesquelles sont indispensables pour que les phrases aient un sens ?

a. [Hier], nous avons fait [une randonnée] [autour du lac].
b. [En été], le chat poursuit [les souris] [dans le grenier].
c. [Dans la savane], [pendant la sécheresse], les autruches protègent [leurs autruchons].

Qu'avons-nous compris ?

Mémo, p. 9

11 **À quoi servent les compléments circonstanciels ?**

12 **Comment reconnaît-on un CCL dans une phrase ? Et un CCT ?**

Je m'entraîne

Parcours 1

1 À deux **Chacun remplace les CC en couleur par des compléments de son choix.**

Exemple : Les enfants jouent dans la cour.
→ Les enfants jouent **dans le jardin.**

a. CCL : Éva nage dans la mer.
b. CCT : Hier, Éva a trouvé une étoile de mer.

- **Avez-vous utilisé les mêmes compléments ?**

2 **Recopie les groupes de mots qui répondent à la question quand ?.**

Exemple : Tous les matins, les éboueurs passent.
→ Les éboueurs passent **quand ? Tous les matins.**

a. L'année prochaine, nous irons en Italie.
b. En décembre, nous visiterons le marché aux santons.
c. Nous finirons l'exercice plus tard.

3 **Recopie les groupes de mots qui répondent à la question où ?.**

Exemple : Elle se baigne dans une crique.
→ Elle se baigne **où ? Dans une crique.**

a. Le jardinier taille la haie autour du potager.
b. Nicolas va se cacher sous l'escalier.
c. Il a trouvé un oisillon dans l'allée du jardin.

4 **Complète les phrases avec ces CCL.**

au château – dans la salle de bal – dans l'escalier – dans tout le royaume

a. Cendrillon danse avec le prince ….
b. Cendrillon perd sa chaussure ….
c. Le prince cherche Cendrillon ….
d. Cendrillon et le prince retournent ensemble ….

5 **Complète les phrases avec ces CCT.**

jusqu'au matin – À minuit – Toute la soirée – Le lendemain

a. …, Cendrillon danse avec le prince.
b. …, le carrosse redevient une citrouille.
c. Le prince cherche Cendrillon ….
d. …, les serviteurs partent chercher Cendrillon.

6 **Classe les compléments en couleur dans deux colonnes : CCT / CCL.**

Aide : le CCT répond à la question « quand ? ».
Le CCL répond à la question « où ? ».

a. J'achète mes savons à Marseille.
b. Il range ses cahiers dans son cartable.
c. Hier après-midi, nous avons pêché.
d. Nous fêterons mon anniversaire ce soir.

7 **Complète chaque phrase en répondant à la question entre parenthèses.**

a. On pêche le poisson … (où ?).
b. Nous prendrons le train … (quand ?).
c. Les travaux se terminent … (quand ?).
d. Pierre court … (où ?).

8 **Récris les phrases en supprimant les CCL et les CCT.**

Exemple : Alice poursuit le lapin dans son terrier.
→ Alice poursuit le lapin.

a. Alice trouve la clé sur une petite table.
b. Le chapelier rencontre Alice au moment du goûter.
c. Alice aperçoit la reine pendant la partie de croquet.
d. Alice se réveille à côté de sa sœur.

Je lis

Les grands dauphins de France

Des centaines de grands dauphins vivent au large de la Normandie et de la Bretagne.

Joueur

Le grand dauphin bondit hors de l'eau et nage souvent devant les bateaux pour profiter de la vague formée par l'étrave*. Il se laisse parfois prendre au piège dans les filets de pêche…

*L'étrave : partie de la coque à l'avant d'un bateau.

Le bébé

La femelle porte son petit 12 mois. Elle est entourée d'autres femelles quand elle le met au monde. À la naissance, le petit mesure 1 mètre. Sa maman l'allaite pendant 16 mois.

© *Le Petit Quotidien*, n° 3353, 12 janvier 2011, le quotidien d'actualité des 7 ans, www.playbac.fr

Je m'entraîne

Parcours 2

9 À deux **Chacun cherche le plus de CCT et de CCL possible pour compléter chaque phrase.**

a. Max a retrouvé sa voiture.

b. Célia se promène avec son chat.

- **Avez-vous utilisé les mêmes CCT et les mêmes CCL ?**

10 **Recopie seulement les phrases qui contiennent un CCT. Souligne le CCT.**

a. Le voisin a retrouvé sa voiture hier matin.

b. La lionne nourrit son lionceau.

c. Nous nous promenons dans la forêt.

d. Les moustiques piquent à la tombée de la nuit.

e. On a ramassé des coquillages après la grande marée.

11 **Recopie seulement les phrases qui contiennent un CCL. Souligne le CCL.**

a. Le voisin a retrouvé sa voiture derrière chez lui.

b. Ils sont montés au 3e étage de la tour Eiffel.

c. L'orage gronde depuis une heure.

d. Le chien passe l'après-midi sur le fauteuil.

e. En Provence, on entend les cigales chanter.

12 **Complète les phrases avec les CC de la liste.**

soudain – au milieu du chemin – ce matin – aux prochaines vacances – au fond de la vallée

a. …, les canards sont allés à la mare.

b. Nous irons à la montagne … .

c. La chèvre aperçoit le loup … .

d. …, l'orage éclata.

e. Alex a trouvé un petit hérisson … .

13 **Trouve les CC et classe-les dans deux colonnes : CCL / CCT.**

a. Les voiliers sont arrivés à La Rochelle la semaine dernière.

b. Le dimanche, ma voisine fait ses courses au marché.

c. Tous les mardis, la péniche de M. Schulz franchit l'écluse à Chartrettes.

d. Deux minutes avant la fin du match, le footballeur a envoyé le ballon dans la lucarne.

14 **Récris chaque phrase en supprimant les CC.**

a. L'an dernier, on a découvert une ville gallo-romaine à Glanum.

b. Dans les maisons des citoyens riches, on trouve des mosaïques et des peintures.

c. Autour de la cour, on trouve les différentes pièces d'habitation.

d. L'été, les touristes visitent le site.

15 **Remplace chaque CC de ces phrases étranges par un autre de ton choix. Il doit apporter le même type d'information.**

a. La coccinelle repeint ses ailes devant la glace.

b. Hier, mon chat s'est acheté une paire de bottes.

c. Tous les soirs, le zèbre se met en pyjama.

d. L'hippopotame bronze au bord de la rivière.

16 **Ajoute un CCL et un CCT à chaque phrase.**

a. Les touristes se promènent.

b. Les enfants se baignent.

c. Les dauphins suivent les bateaux.

d. Thomas plonge.

a. ✱ **Où vivent les grands dauphins de France ? Trouve le CCL qui l'indique.**

b. ✱✱ **Quand le bébé dauphin mesure-t-il un mètre ? Pendant combien de temps est-il allaité ? Trouve le CCT qui l'indique.**

J'écris

a. ✱ **As-tu déjà vu des animaux marins ? Écris deux phrases pour dire où et quand. Utilise un CCL et un CCT.**

Exemples d'animaux marins : une tortue – un dauphin – une baleine – un requin – une raie – une pieuvre…

b. ✱✱ **À partir des informations de l'article *Les grands dauphins de France*, écris un petit texte sur la journée d'un dauphin ou d'un bébé dauphin. Utilise des compléments circonstanciels.**

10 Comment reconnaître le nom et le groupe nominal ?

Observons le monde

À Grammiville

Le maire était présent du début à la fin de la course !

a Monsieur Jovial coupe le ruban de la ligne de départ.

b Il remet la coupe au vainqueur.

1 **Qui voit-on sur les deux dessins ?**

2 **Que fait-il sur le dessin a ? Et sur le dessin b ?**

3 **Quel objet voit-on sur le dessin a ? Et sur le dessin b ?**

Observons la langue

4 **Quel mot s'écrit de la même façon dans les deux phrases ? Dans quelle phrase ce mot désigne-t-il un objet ? Quel petit mot trouves-tu devant ?**

a. Le maire coupe le ruban.

b. Il remet la coupe.

> Les mots qui servent à nommer s'appellent des noms. Avec le déterminant, ils forment le groupe nominal.

5 **Quel est le nom du maire ? Quel est le nom de la ville ? Que remarques-tu dans ces noms ?**

6 **Cherche d'autres noms dans l'article de journal et classe-les dans un tableau. Qu'est-ce qui te permet de les classer ?**

Noms féminins	Noms masculins
…	…

Manipulons ensemble

7 **Le jeu du petit bac. Quelqu'un choisit une lettre de l'alphabet. Puis chacun cherche le plus vite possible des noms qui commencent par cette lettre pour remplir chaque colonne !**

Exemple avec la lettre r.	une personne	un animal	un lieu	un objet
	un roi	un renard	la rue	une règle

8 **Le loto des phrases. Place les étiquettes des mots aux bons endroits dans la grille.**

porte — plante — plantent — portent — marches — marche

La … pousse bien.	Il … vite.	La … est ouverte.
Elles … des paniers.	Les … sont hautes.	Ils … des fleurs.

9 **Quel mot inventé convient le mieux pour chaque phrase ? Explique pourquoi.**

a. Sur la plage, les … s'amusent.

b. Certains font un … .

c. D'autres encore ramassent des … .

d. Les enfants … de cette belle journée.

tropiots — envelourpent — adorantez — castellin — coccinules — étaluirent — gredinets — arcopent

10 **Cherche un nom propre pour chaque nom commun.**
Puis classe les noms propres dans les boîtes.

une ville — un homme — un monument — une fille — un garçon — un chien — une femme — une vache — un personnage de conte — un cheval — un pays

des personnes — des animaux — des lieux

Qu'avons-nous compris ?

Mémo, p. 10

11 **À quoi sert un nom ?**

12 **Que trouve-t-on en général devant un nom pour former un groupe nominal ?**

13 **Comment reconnaît-on un nom propre ?**

Je m'entraîne

Parcours 1

1 À deux **Choisissez ensemble un nom. Chacun forme une phrase avec ce nom.**
un touriste – le cheval – le cahier – la rivière

- **Comparez vos phrases.**

2 **Recopie seulement les noms.**
une carafe – vous marchez – la sorcière – ils arrivent – tu commences – la poule – elle court – une table – le village – nous dansons – le feu – un oiseau

3 **Recopie les GN en couleur et souligne les noms.**
Exemple : À l'école, on a un vivarium.
a. Ma grand-mère fait des crêpes.
b. Une voiture passe dans la rue.
c. Le dauphin reste auprès de sa mère.
d. Le voisin promène son chien.

4 **Trouve l'intrus dans chaque liste de mots.**
Exemple : un verre – une tasse – il boit (ce n'est pas un GN)
a. un village – un lac – un champ – les
b. une abeille – une maison – avec – une table
c. un château – après – une sorcière – un miroir
d. un crayon – un stylo – une craie – il écrit

5 **Mets une majuscule aux noms propres.**
a. On a construit un tramway à paris.
b. La capitale de l'allemagne est berlin.
c. Le basketteur tony parker joue aux états-unis.
d. Le chien d'obélix s'appelle idéfix.

6 **Complète les phrases avec le nom et les GN de la liste.**
les maisons – l'église – la place – habitants – la campagne – des magasins
a. Un village compte moins de 2 000 … .
b. La mairie est souvent sur … du village.
c. En général, … sont regroupées autour de … .
d. Dans certains villages, il y a … .
e. Autour du village, c'est … .

7 **Associe chaque nom propre de la liste a au nom commun qui convient de la liste b.**
liste a : Zorro – Gaël Monfils – la Garonne – l'Amérique – le Brésil – Jean de La Fontaine
liste b : un fleuve – un héros – un sportif – un continent – un pays – un écrivain

8 **Choisis les mots qui conviennent.**
a. Le flamant rose a un (plumera/plumage) rose.
b. Sa (flèche/flèchera) atteint la cible.
c. Il y a beaucoup de monde sur la (place/placer).
d. Les enfants entrent dans la (classe/classons).
e. J'aime bien faire la (cuisine/cuisinez).
f. Les touristes (marche/marcheront) demain.

9 **Choisis les mots qui conviennent.**
Le flamant rose a un (plume/plumage) rose. Il a un (bec/tête) long et recourbé et des (lèvres/yeux) orangés. Le flamant rose mange de gros (vers/larves) et des petites (crevettes/crustacés). La (femelle/mâle) pond un œuf par an.

Je lis

Une expérience en sciences : l'eau peut-elle disparaître ?

1. Verse la même quantité d'eau dans deux verres identiques. Trace un trait au marqueur pour repérer le niveau sur chacun d'eux.
2. Place ces verres sur un radiateur.
3. Recouvre l'un de ces verres avec une soucoupe.
4. Repère le niveau de l'eau dans les verres toutes les heures.

a. Que constates-tu ?
b. Qu'est devenue l'eau du verre recouvert par la soucoupe ?
c. Qu'est devenue l'eau du verre ouvert à l'air libre ?
d. Comment expliques-tu les différences observées ?

a. Le niveau de l'eau dans les deux verres a baissé. b. Une partie de l'eau s'est transformée en gouttes sous la soucoupe. c. Une partie de l'eau s'est évaporée. d. L'eau ne disparaît jamais. Elle se transforme en vapeur (verre à l'air libre). Mais elle redevient de l'eau sous forme de gouttes quand elle ne peut pas s'échapper dans l'air (verre recouvert par la soucoupe).

Toutes les sciences, cycle 3, © éd. Nathan.

Je m'entraîne

Parcours 2

10 À deux **Choisissez ensemble quatre noms. Chacun écrit une phrase avec chaque nom.**
- **Comparez vos phrases.**

11 **Recopie seulement les noms.**

a. Je vais à la pêche.
b. Le bébé pleure.
c. Les pirates arrivent.
d. Je pêche.
e. Il boit son biberon.
f. Ils attaquent.

12 **Recopie les GN et souligne les noms.**

a. Nous observons une étoile avec un télescope.
b. Dans l'Antiquité, le soleil était considéré comme un dieu.
c. Sur l'île de La Réunion, on fête Noël sur la plage.
d. En France, la durée du jour varie selon les saisons.

13 **Supprime les mots en trop dans les groupes nominaux.**

Au détour d'un petit chemin jardin, on entend une votre cigale. Elle est sur la avec branche d'un pin portail. Nous nous approchons, son leur chant s'arrête.

14 **Remplace les noms propres par des GN de la liste. N'oublie pas la majuscule en début de phrase !**

la boulangère – la fée – la ville – mon copain – le garçon volant – au village – le fleuve

a. Arthur a emprunté mon vélo.
b. La Garonne traverse Toulouse.
c. Peter Pan est l'ami de Clochette.
d. Léa Michu vend de bons croissants à Locronan.

15 **Classe les noms dans un tableau.**

Les Romains ont construit de nombreux bâtiments en Gaule. Au 1er siècle avant Jésus-Christ, ils ont construit un temple à Nîmes en l'honneur de deux petits-fils de l'empereur Auguste.

Noms propres	Noms communs

16 **Trouve un nom commun pour chaque nom propre.**

Exemple : Lyon → une ville

a. le Rhône
b. l'Italie
c. Nice
d. la Bretagne
e. Louis XIV
f. Jules César
g. Mozart
h. Cendrillon

17 **Trouve le nom commun qui correspond au verbe. Ajoute un déterminant.**

a. marcher
b. courir
c. monter
d. prendre
e. vendre
f. fêter
g. descendre
h. habiter

18 **Classe les noms dans un tableau.**

Un village est constitué de plusieurs maisons. Il est entouré par la campagne. Un village est plus petit qu'une ville. On y trouve une mairie, parfois une école, une boulangerie et un restaurant.

Noms féminins	Noms masculins

a. ✱ **Quels objets utilisés pour l'expérience voit-on sur le dessin ?**

b. ✱✱ **Quel objet utilisé pour l'expérience n'est pas présent sur le dessin ? Trouve le nom dans le texte.**

J'écris

a. ✱ **Écris trois groupes nominaux désignant des personnes, des fruits ou des légumes présents sur la photo.**

b. ✱✱ **Écris plusieurs phrases pour décrire la photo. Utilise des noms féminins et des noms masculins.**

11 Comment utiliser les déterminants ?

Observons le monde

Histoire drôle

Julien a une idée pour ne pas aller à l'école.
– Allô, c'est la directrice ? Je vous téléphone pour vous dire que Julien est malade.
– Qui est à l'appareil ?
– C'est mon père !

1 **La directrice va-t-elle croire que Julien est malade ? Pourquoi ? Quel est le mot qui t'aide à répondre ?**

2 **Qu'aurait dû dire Julien pour que la directrice puisse le croire ?**

Observons la langue

3 **Quels sont les mots placés devant le nom père ?**
a. C'est un père.
b. C'est le père de Julien.
c. C'est son père.

Le petit mot placé devant le nom s'appelle le déterminant.

4 **Classe les déterminants de l'*Histoire drôle* et ceux de l'exercice 3 dans un tableau.**

Articles indéfinis : on ne sait pas précisément de qui ou de quoi il s'agit	Articles définis : on sait précisément de qui ou de quoi il s'agit	Déterminants possessifs : on dit à qui appartient ce dont on parle

5 **Mets tous les déterminants au pluriel et complète le tableau.**

6 **Y a-t-il un déterminant devant le nom Julien ? Pourquoi ?**

Manipulons ensemble

7 **Joue ce petit dialogue avec des camarades.**

8 **Avec des camarades, inventez d'autres dialogues sur le modèle de l'activité 7 en remplaçant le nom montre par d'autres noms.**

un stylo — des lunettes — des ciseaux — un effaceur

9 **Pour chaque phrase, choisis le déterminant qui convient. Tu peux l'écrire sur ton ardoise.**

mes	mon	sa	ses	votre
vos	notre	nos	leur	leurs

a. Théo complète … collection de timbres.
b. Théo complète … exercices à trous.
c. Je range … courrier.
d. Je range … vêtements dans l'armoire.
e. Ils ont retrouvé … copains à la piscine.
f. Ils ont retrouvé … chien.
g. Nous envoyons une lettre à … parents.
h. Nous envoyons une lettre à … grand-père.
i. Vous nous prêtez … livres ?
j. Vous nous prêtez … voiture ?

Qu'avons-nous compris ?

Mémo, p. 10

10 **Où sont placés les déterminants ?**

11 **Quand utilise-t-on un, une, des ? Et le, la, les ?**

12 **Quels déterminants montrent à qui appartient ce dont on parle ?**

Je m'entraîne

Parcours 1

1 À deux **L'un choisit un nom avec un déterminant au singulier. L'autre met le nom au pluriel.**

Exemple : un jouet → des jouets

2 **Recopie les déterminants de ces GN.**

Exemple : des croissants → des

a. les couleurs
b. le tissu
c. des animaux
d. l'étoile
e. mes photos
f. mon grand-père
g. nos parents
h. ton livre
i. vos affaires
j. la table

3 **Recopie le GN de chaque phrase. Souligne le déterminant.**

Exemple : Je regarde le paysage. → le paysage

a. Il regarde un film.
b. La voiture roule vite.
c. Nous ramassons des champignons.
d. Il connaît bien son poème.

4 **Remplace l' par un ou une.**

a. l'étoile
b. l'école
c. l'exercice
d. l'accident
e. l'orange
f. l'ordinateur

5 **Ajoute un nom de ton choix après les articles indéfinis.**

Exemple : des … → des chats

a. un … b. une … c. des …

6 **Ajoute un nom de ton choix après les articles définis.**

a. le … b. la … c. les … d. l' …

7 **Ajoute un nom de ton choix après les déterminants possessifs.**

a. mon …
b. ma …
c. ta …
d. tes …
e. votre …
f. ses …
g. leur …
h. son …

8 **Complète les affirmations comme il convient. Souligne l'adjectif possessif.**

Exemple : Ce livre est à toi. → C'est ton livre.

a. Ce téléphone est à moi. → C'est … téléphone.
b. Cette gomme est à moi. → C'est … gomme.
c. Ce jouet est à toi. → C'est … jouet.
d. Cette règle est à toi. → C'est … règle.
e. Ce crayon est à elle. → C'est … crayon.
f. Cette poupée est à nous. → C'est … poupée.
g. Cette place est à vous. → C'est … place.

9 **Choisis le nom qui convient.**

a. les (chaussures/chaussure)
b. l'(arbres/arbre)
c. notre (bouteille/bouteilles)
d. les (affiches/affiche)
e. des (galet/galets)
f. ta (sœur/sœurs)
g. un (amis/ami)
h. le (lit/lits)

10 **Change le déterminant devant chaque nom.**

Exemple : une poule → **la** poule

a. une fourmi
b. des livres
c. ma voiture
d. notre chambre
e. les montagnes
f. le château
g. l'exercice
h. un cahier

Je lis

Histoire policière

Une puce se promenait sur le bras d'un fauteuil. Elle rencontra un long cheveu blond qui se regardait dans un miroir de poche.

– Hé ! fit le cheveu, faites donc attention où vous marchez. Surtout ne me touchez pas, ne me déplacez pas : je suis un indice !

– Un indice, qu'est-ce que c'est que ça ?

– Figurez-vous qu'un crime a été commis ici, dans cette pièce. On a découvert la victime sur le fauteuil d'en face, une balle en plein cœur. L'enquête a prouvé que l'assassin était assis sur le fauteuil où nous nous trouvons. Alors, voyez-vous, je suis extrêmement important.

Bernard Friot, *Histoires pressées*, © 2007, éd. Milan.

a. ✱ **Combien de cheveux y a-t-il sur le fauteuil ? Comment le sais-tu ?**

b. ✱✱ **Pourquoi le déterminant change-t-il devant le nom cheveu ? Et devant le nom fauteuil ?**

Je m'entraîne

Parcours 2

11 À deux **L'un choisit un nom avec un article indéfini. L'autre utilise le même nom avec un déterminant possessif.**
Exemple : un jouet → mon jouet

12 Recopie les déterminants de ces phrases.
a. Mes parents m'ont offert une trottinette.
b. Les fleurs sous ta fenêtre s'appellent des œillets.
c. Ton vélo a un pneu crevé.
d. L'oiseau chante sous la treille.
e. Vos nouveaux voisins ont un chien.

13 Recopie les GN de chaque phrase. Souligne les déterminants.
a. Les enfants ont ramassé des coquillages sur le bord de la plage.
b. Mon frère fait sa sieste dans le jardin à l'ombre d'un parasol.
c. Les jardins resteront ouverts à la visite durant l'été.
d. Les ananas sont des fruits tropicaux qui ont une saveur exquise.
e. La touriste range son appareil photo dans sa sacoche.

14 Complète les GN en variant les déterminants. Précise le genre (masculin/féminin) et le nombre (singulier/pluriel) du GN.
a. … ordinateur
b. … pantalon
c. … jupe
d. … cartable
e. … livres
f. … brindilles
g. … marché
h. … yeux
i. … cailloux
j. … lunettes

15 Choisis le déterminant qui convient.
a. (ses/son) stylo
b. (ses/son) jouets
c. (ma/mes) casquette
d. (nos/notre) maîtresse
e. (votre/vos) foulards
f. (leurs/leur) voiture

16 Complète le texte avec ces déterminants.
des – des – son – des – un – le – une – ses

… appétit gargantuesque

… régime alimentaire du cachalot est principalement constitué de calmars. … appétit gargantuesque nécessite environ … tonne de nourriture par jour. Il complète … repas avec … pieuvres, … crustacés et … poissons.

17 Complète les affirmations comme il convient. Souligne l'adjectif possessif.
a. Ce livre est à lui. → C'est … livre.
b. Ces livres sont à eux. → Ce sont … livres.
c. Ce livre est à eux. → C'est … livre.
d. Ces livres sont à elle. → Ce sont … livres.
e. Ce livre est à elle. → C'est … livre.

18 Construis des GN en associant un déterminant et un nom selon les indications.
Exemple : article indéfini + nom masculin singulier → un arbre
a. article indéfini + nom masculin pluriel
b. article indéfini + nom féminin pluriel
c. article défini + nom masculin singulier
d. article défini + nom féminin singulier
e. déterminant possessif + nom féminin singulier
f. déterminant possessif + nom masculin singulier

J'écris

a. * **Imagine le début d'une histoire comme *Histoire policière*. Écris les deux premières phrases qui présentent les personnages. Utilise des déterminants.**

b. ** **Imagine que tu es le cheveu blond d'*Histoire policière*. Raconte à la puce comment le crime a pu se passer. Varie les déterminants.**

Grammaire

12 Comment donner des précisions sur le nom ? (Les adjectifs qualificatifs)

Observons le monde

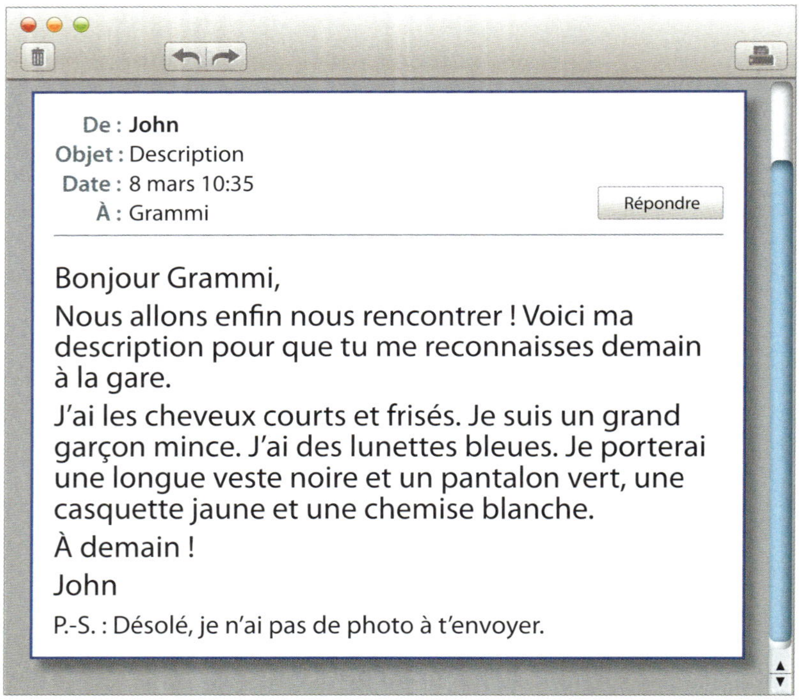

De : **John**
Objet : Description
Date : 8 mars 10:35
À : Grammi

Répondre

Bonjour Grammi,

Nous allons enfin nous rencontrer ! Voici ma description pour que tu me reconnaisses demain à la gare.

J'ai les cheveux courts et frisés. Je suis un grand garçon mince. J'ai des lunettes bleues. Je porterai une longue veste noire et un pantalon vert, une casquette jaune et une chemise blanche.

À demain !

John

P.-S. : Désolé, je n'ai pas de photo à t'envoyer.

1 **Qu'est-ce qui est semblable entre les garçons ? Qu'est-ce qui est différent ?**

2 **Comment savoir qui est John ?**

Observons la langue

3 **Qu'est-ce qui change dans ces phrases ? Quels mots donnent des précisions sur les cheveux de John ?**

a. John a des cheveux.
b. John a des cheveux courts.
c. John a des cheveux frisés.

> Les mots qui donnent des précisions sur un nom sont des adjectifs qualificatifs.

4 **Quel est l'adjectif qualificatif dans chaque GN ? Pourquoi change-t-il de forme ?**

a. des lunettes bleues   b. une casquette bleue   c. un sac à dos bleu

5 **Classe les adjectifs du message de John dans deux colonnes : ceux qui sont placés avant le nom/après le nom.**

Manipulons ensemble

6 Choisis un chien dans ta tête.
Décris-le à tes camarades en utilisant des adjectifs qualificatifs.

7 Quel dessin correspond à chaque expression ?

- un visage boudeur
- un visage rieur
- un visage furieux
- un visage triste
- un visage moqueur

8 Cherche un nom pour aller avec chaque adjectif. Attention aux accords !

poilu – piquante – mou – mouillée – acide – sucrés – tiède

jaune – mélodieuses – aigu – enivrant – parfumés – obscure

9 Classe les adjectifs qualificatifs de l'activité 8 dans les boîtes.
Certains adjectifs peuvent aller dans plusieurs boîtes !

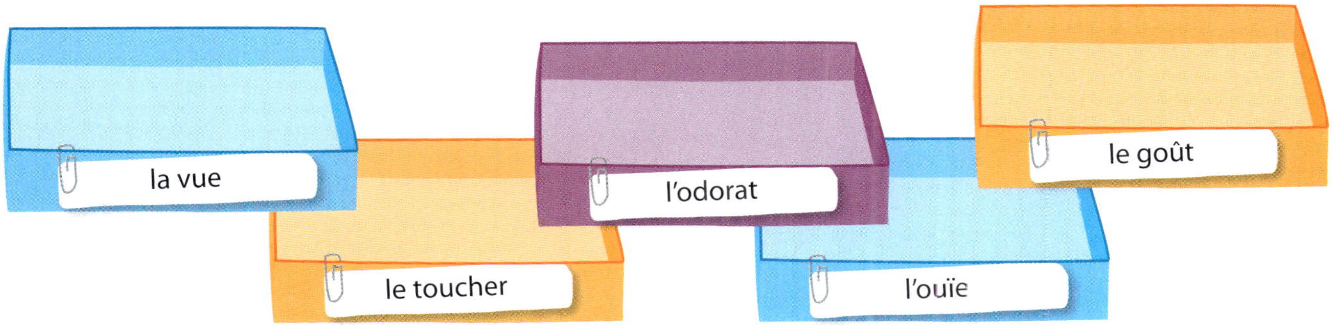

Qu'avons-nous compris ?

Mémo, p. 11

10 À quoi sert un adjectif qualificatif ?

11 Avec quoi s'accorde l'adjectif qualificatif ?

12 Où se trouve l'adjectif qualificatif ?

Je m'entraîne

Parcours 1

1 À deux **Chacun remplace chaque adjectif en couleur par un adjectif de son choix.**

Le courageux prince délivre la belle princesse.
→ Le … prince délivre la … princesse.

- **Avez-vous utilisé les mêmes adjectifs ?**

2 Recopie les adjectifs qualificatifs.

Exemple : un livre passionnant → passionnant

a. un ciel orageux
b. des routes sinueuses
c. une forêt touffue
d. un adorable bébé
e. du lait chaud
f. un beau paysage
g. un énorme rhinocéros
h. des eaux vives

3 Choisis l'adjectif qualificatif qui convient.

dur – blanc – grise – jolie – petits

a. J'ai attrapé une souris … .
b. La poule picote du pain … .
c. Dessine-moi un mouton … .
d. Ah ! la … chèvre de M. Seguin !
e. Les … bateaux ont-ils des jambes ?

4 Supprime tous les adjectifs des GN en couleur.

Exemple : Il achète des fruits frais. → Il achète des fruits.

a. Aimes-tu l'eau pétillante ?
b. L'animal sauvage tourne dans sa cage.
c. J'aime la soupe chaude.
d. Ce village ancien attire les touristes.
e. Il faut faire attention à la peinture fraîche !

5 Choisis l'adjectif qualificatif qui convient.

a. Dans un verger, on trouve des arbres (timides/fruitiers).
b. Les gens (timides/fruitiers) rougissent.
c. Pendant les vacances (scolaires/laitières), les trains sont pleins.
d. Les vaches (scolaires/laitières) rentrent à l'étable.

6 Ajoute un adjectif qualificatif de ton choix. Attention à l'accord avec le nom !

Exemple : un mur → un mur **solide**

a. des chaussettes …
b. des oiseaux …
c. la mer …
d. les vagues …
e. la crème …
f. des fruits …
g. un chapeau …
h. un cahier …
i. une voiture …
j. un jeu …

7 Recopie seulement les phrases dans lesquelles le mot en couleur est un adjectif.

a. La lionne protège son petit.
b. Le chat a attrapé un petit oiseau.
c. Papi aime le thé froid.
d. Le froid s'installe dans le pays.
e. J'ai tracé un carré de 3 cm de côté.
f. Le voisin a un champ carré.

8 Place l'adjectif au bon endroit dans la phrase.

Exemple : (noir) Le clown porte un chapeau.
→ Le clown porte un chapeau **noir**.

a. (rayé) Le clown a un pantalon.
b. (blancs) Il porte des gants.
c. (rouge) Son nez est drôle.
d. (triste) Il a un sourire.
e. (grosses) Ses chaussures l'empêchent de marcher.

Je lis

Le petit coq noir

C'était un petit coq noir aux plumes lustrées et au jabot luisant. Il portait sa crête avec arrogance et possédait la voix la plus stridente des coqs alentour.

Il appartenait à une très pauvre femme et ils vivaient tous deux, tout seuls, au bout du village, dans une vieille masure…

Toute la journée, le petit coq grattait la terre ou le fumier devant la maison et piquait du bec les vers, les grains, les miettes.

Natha Caputo, *Contes des quatre vents*, D. R.

a. * **Quels adjectifs qualificatifs servent à décrire le coq ?**

b. ** **Trouve tous les adjectifs qualificatifs de ce texte. Indique les noms qu'ils précisent.**

Je m'entraîne

Parcours 2

9 **À deux** **Chacun cherche le plus d'adjectifs qualificatifs possible pour préciser les noms en couleur.**

a. Les touristes vont sur une île.
b. Ils regardent les étoiles.

- **Avez-vous utilisé les mêmes adjectifs ?**

10 **Recopie les adjectifs qualificatifs.**

a. Le petit éléphanteau attrape la branche feuillue avec sa trompe agile.
b. Ma charmante sœur nous attend pour un repas familial.
c. Les prochaines rencontres sportives se dérouleront en juin.
d. Le vieux vigneron accueille les nombreux touristes dans sa cave voûtée.

11 **Complète les phrases avec un adjectif qualificatif de la liste.**

délicieuse – chaleureux – grand – belle – précieux

a. Nos amis nous ont fait un accueil ... .
b. Il a fait preuve d'un ... courage.
c. Dans notre équipe, Erwan est un joueur ... .
d. Papa a préparé une ... salade.
e. Tu as une ... collection de timbres.

12 **Supprime tous les adjectifs qualificatifs. Les phrases ont-elles encore un sens ?**

a. J'ai les yeux verts et les cheveux roux.
b. Grâce au soleil, elle a la peau bronzée.
c. L'air marin lui donnait le teint frais.
d. Préfères-tu les fruits frais ou les fruits secs ?
e. Aimes-tu l'eau plate ou l'eau pétillante ?

13 **Choisis le nom qui convient.**

a. Dans le champ paissent des (libellules/vaches) laitières.
b. Des (libellules/vaches) délicates survolent l'étang.
c. Les (guirlandes/barques) silencieuses glissent sous les (boulevards/saules) pleureurs.
d. Les (guirlandes/barques) électriques éclairent les (boulevards/saules) arborés.

14 **Complète chaque phrase avec un adjectif qualificatif de ton choix. Attention à l'accord avec le nom !**

a. On a cueilli des olives ... .
b. Le chat dort sur un fauteuil ... .
c. Maeva a un cahier ... .
d. J'aime les gâteaux ... .

15 **Complète les noms de ces phrases avec des adjectifs qualificatifs de ton choix.**

a. Nous fabriquons une cabane avec des branches.
b. Notre grand-mère cuisine des plats.
c. Le lion court après la gazelle.
d. Les fourmis portent des charges.

16 **Place chaque adjectif au bon endroit dans la phrase.**

a. blancs – rose – bleue
La maison a un toit et des volets.
b. petite – sinueux – marron
Un chemin mène à une porte.
c. fleuri – charmante – grand
Un jardin entoure cette demeure.

J'écris

a. ✱ Écris deux phrases pour décrire la maison du petit coq noir. Utilise des adjectifs qualificatifs. Tu peux décrire : les volets – le toit – les fenêtres – la porte.

b. ✱✱ À la manière du texte *Le petit coq noir*, présente un animal de ton choix. Décris son physique et son caractère en utilisant des adjectifs qualificatifs.

Grammaire

13 Comment donner des précisions sur le nom ? (Les compléments du nom)

Observons le monde

1 **Qu'est-ce qui est différent entre les deux messages de Simon ?**

2 **Lequel permet d'aller chez Simon ? Pourquoi ?**

Observons la langue

3 **Quels groupes de mots donnent des précisions sur le nom banc ? Comment sont-ils formés ?**
a. Tu verras un banc.
b. Tu verras un banc de pierre.
c. Tu verras un banc de bois.

> Le groupe de mots qui donne des précisions sur un nom s'appelle le complément du nom.

4 **Repère les compléments du nom dans le message b de Simon. Indique :**
a. le nom qui est complété par chaque complément ;
b. le petit mot qui introduit le complément.

Manipulons ensemble

5 **Quelle photo correspond à chaque expression ?**

une carte de jeu | une carte d'anniversaire | une carte de France | une carte d'identité

a. 

b. 

c. 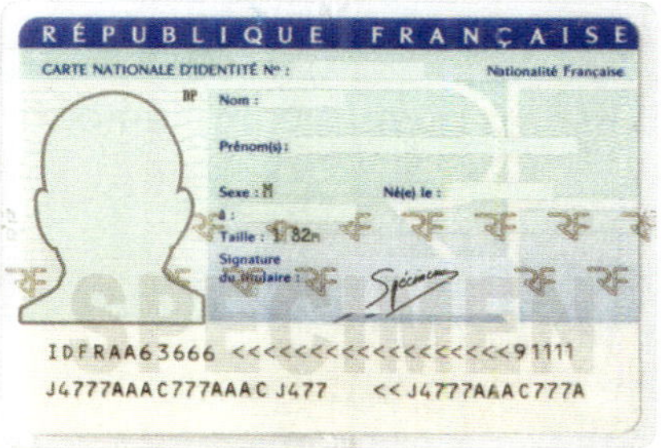

d. 

6 **Pour chaque expression, choisis le mot qui convient. Tu peux l'écrire sur ton ardoise.**

à | en | au | de

a. une boîte … lettres
b. une boîte … fer
c. le bac … sable
d. un bac … plastique
e. le sandwich … fromage
f. le sandwich … Léa

7 **Continue la chaîne de dominos.**

de voyage | une table — de salon | un chapeau

a. en or | un éclair
b. au chocolat | un sac
c. de paille | une cuillère
d. à dessert | un bijou

8 **Adjectif ou complément du nom ? Tu peux écrire A ou C sur ton ardoise.**

un ciel de nuages — un ciel nuageux — une journée de pluie
une journée pluvieuse — un temps de printemps — un temps printanier

Qu'avons-nous compris ?

Mémo, p. 11

9 **À quoi sert le complément du nom ?**
10 **Où se trouve le complément du nom ?**
11 **Comment est-il formé ?**

Grammaire

Je m'entraîne

Parcours 1

1 À deux **Chacun remplace chaque complément du nom en couleur par un complément du nom de son choix.**

a. une table de ping-pong

b. un sac à main

- **Avez-vous utilisé les mêmes compléments du nom ?**

2 **Recopie chaque complément du nom. Entoure le mot qui l'introduit.**

Exemple : une paire de gants → [de] gants

a. un bac à glaçons

b. la plage de galets

c. le panier en osier

d. des œufs au plat

3 **Recopie seulement les expressions qui contiennent un complément du nom.**

Exemple : une feuille de papier / une feuille blanche → une feuille de papier

a. une boîte à chaussures

b. des chaussures neuves

c. des fruits frais

d. une boîte bleue

e. des chaussures de sport

f. des fruits de saison

4 **Supprime les compléments du nom dans les groupes de mots en couleur.**

Exemple : Il achète des fruits de saison. → Il achète des fruits.

a. J'aime la soupe de potiron.

b. Les animaux de compagnie sont appréciés.

c. Ce village de pêcheurs attire les touristes.

d. Il boit un verre d'eau.

5 **Associe chaque nom de la liste a aux compléments du nom de la liste b qui conviennent.**

liste a : un ballon – une paire

liste b : de volley – de lunettes – de skis – de rugby – de chaussures – de football

6 **Choisis le complément du nom qui convient.**

a. Sur la plage, on a construit un château (de sable/de paille).

b. Clara prépare un clafoutis (aux pierres/aux cerises).

c. Luc a une collection (de timbres/en tissu).

d. Préfères-tu ce pull (en laine/en fer) ?

7 **Complète les noms avec les compléments du nom de la liste.**

d'oiseau – au citron – en bois – de clown

a. une plume …

b. un jouet …

c. un bonbon …

d. un nez …

8 **Ajoute les noms de la liste devant les compléments du nom qui conviennent.**

un sac – une balle – un ours – une paire

a. … de tennis

b. … de voyage

c. … en peluche

d. … de gants

9 **Remplace chaque complément du nom en couleur par un autre de ton choix.**

a. Cet athlète a remporté la médaille d'or.

b. Maman a acheté des glaces à la menthe.

c. Nous avons préparé un cake aux olives.

d. La lampe de poche est cassée.

Je lis

Le vol des poissons

Trottant, flairant, quêtant, Renard arrive au bord d'un chemin quand un roulement lui fait dresser l'oreille. Attention ! Qui vient là ? Le vent lui apporte, avec le bruit lointain d'une voiture, une exquise odeur de poisson. Aucun doute, c'est la charrette des poissonniers.

Des poissons ! Des anguilles ! Renard en bave d'envie. Il se couche au milieu du chemin, ferme les yeux, fait le mort.

Les marchands de poissons arrivent, voient Renard et le jettent sur les paniers d'anguilles.

D'après Paul François, *Trois tours de Renard*, d'après le *Roman de Renart*, © éd. Flammarion, Père Castor.

Je m'entraîne

Parcours 2

10 À deux **Chacun cherche le plus de compléments du nom possible pour préciser les noms.**

a. une table … b. un jus …

- **Avez-vous utilisé les mêmes compléments du nom ?**

11 Recopie chaque complément du nom. Entoure le mot qui l'introduit.

a. Le moulin à vent ne fonctionne plus.
b. Maillol a créé des sculptures en bronze.
c. Il a acheté une machine à café.
d. La peau de la grenouille est visqueuse.
e. Cette eau de source est pétillante.
f. Gabriel adore les pains aux raisins.

12 Recopie le complément du nom et l'adjectif de chaque nom en couleur.

a. Le bûcheron abat les vieux arbres de la forêt.
b. Le boulanger a un nouveau four à bois.
c. Le téléphone portable de ma mère ne fonctionne plus.
d. Les enfants ont bu un bon verre de jus de fruits.
e. Les pulls tricotés en laine piquent le cou.

13 Ajoute un nom ou un complément du nom comme il convient.

de loup – un maillot – une boîte – une carte – à bois – en cuir – un terrain – de jeux – de bus

a. une faim d. de vœux g. un fauteuil
b. une console e. à musique h. de football
c. de bain f. un four i. un abri

14 Remplace chaque complément du nom par un complément du nom de ton choix.

a. J'ai choisi une glace au citron.
b. Nous avons vu un troupeau de moutons.
c. J'ai rangé les bouteilles de limonade.
d. Cette tarte à la rhubarbe est délicieuse.
e. Papa a préparé une soupe aux champignons.

15 Recopie le nom avec son complément du nom de chaque phrase.

Sur une carte de restaurant :
Le pain est cuit dans un four à bois.
Notre agneau est élevé sur les hauteurs d'Octon.
Notre fromage de chèvre est un Pélardon.
Notre huile d'olive est parfumée au thym.
Nos plats sont servis dans des assiettes en terre cuite.

16 Complète le texte avec les adjectifs qualificatifs et les compléments du nom de la liste.

incroyable – des athlètes – du stade – de saut – formidable – ravie

Le public … était prêt à applaudir les exploits … . Oscar se préparait pour le concours … . Il prit un élan … et passa la barre à 5,80 m. Une … ovation s'éleva de la foule … .

17 Transforme chaque adjectif en complément du nom, ou inversement.

a. Chloé adore les statuettes de Chine.
b. Il faut prendre ce chemin caillouteux.
c. Il faut goûter les spécialités de la région.
d. Mahé adore la crème à la vanille.
e. Ces plaques métalliques sont très lourdes.

a. * Que sait-on sur les marchands ? Qu'y a-t-il dans les paniers ? Trouve le complément du nom qui l'indique.

b. ** D'où vient le bruit que Renard entend ? Comment est l'odeur qu'il sent ? Trouve tous les mots qui donnent des précisions. Indique si ce sont des adjectifs ou des compléments du nom.

J'écris

a. * Transforme le texte *Le vol des poissons* en *Le vol des gâteaux*. Récris la dernière phrase en changeant les compléments du nom. Tu peux choisir un autre titre si tu préfères : *Le vol des légumes* – *Le vol des viandes*.

b. ** Raconte ce que fait Renard dans la charrette au milieu des poissons. Utilise des compléments du nom et des adjectifs qualificatifs.

14 Comment distinguer les noms, les verbes et les adjectifs ?

Observons le monde

a

b

c

d

e

f

1 **Le chat fait-il la même chose sur les images a et d ? Que fait-il ?**

2 **Comment est le chat sur l'image b ? Sur l'image e ?**

3 **Le chat attrape-t-il la même chose sur les images c et f ? Qu'attrape-t-il ?**

Observons la langue

La nature d'un mot, c'est la catégorie grammaticale à laquelle il appartient.

4 **Dans quelles phrases le mot en couleur est-il une action ? Une qualité ? Un objet ? Indique sa nature : verbe, adjectif, nom.**

a. Le chat dort.
Le chat mange.

b. C'est un chat gentil.
C'est un chat méchant.

c. Le chat attrape la balle.
Le chat attrape la souris.

5 **Quelle est la nature de chaque mot en couleur ? Comment fais-tu pour le savoir ?**

a. Elle joue avec le chat.
Elle jouait avec le chat.

b. Le chat griffe sa joue.
Le chat griffe ses joues.

c. C'est un chat calme.
Ce sont des chats calmes.

d. Tu te calmes !
Vous vous calmez !

Manipulons ensemble

6 **Utilise un groupe de mots ou un mot de chaque colonne pour former une phrase.**

a. Qui est-il ? nom	b. Comment est-il ? adjectif	c. Que fait-il ? verbe	d. Sur quoi agit-il ? nom
un aviateur	féroce	sauve	une gazelle
un lion	peureux	effraie	la princesse
un fantôme	courageux	fuit	les enfants
un prince	blanc	survole	l'océan

7 **Dans l'activité 6, choisis un nom dans la colonne a et écris-le sans le montrer à la classe. Ton voisin choisit un adjectif dans la colonne b, et ainsi de suite. Lisez la phrase ainsi obtenue !**

8 **À partir du tableau de l'activité 6, forme une phrase qui correspond à chaque dessin.**

a. 

b. 

c. 

9 **Chacun de ces mots a deux natures. Utilise un mot dans une phrase. Tes camarades doivent donner sa nature. Celui ou celle qui a trouvé forme une nouvelle phrase en changeant la nature de ce mot.**

Exemple : Le rouge est une couleur. (nom) → Il porte un pull rouge. (adjectif)

trace — prisonnier — bleu — pêche — recherche

sourire — menteur — trouble — rond — droite

10 **Les mots en couleur sont-ils des noms, des verbes ou des adjectifs ? Tu peux écrire la réponse sur ton ardoise.**

a. Jérémie rêve d'aller sur la lune.
b. Jérémie est un rêveur.
c. C'est un beau tableau.
d. Ce tableau est d'une grande beauté.
e. Tom rit souvent.
f. Tom est un garçon rieur.

Qu'avons-nous compris ?

→ Mémo, p. 12

11 **Quelles catégories grammaticales connais-tu ?**

12 **Que dirais-tu si l'on te demandait : qu'est-ce qu'un nom ? Qu'est-ce qu'un verbe ? Qu'est-ce qu'un adjectif ?**

Je m'entraîne

Parcours 1

1 À deux **L'un ajoute un adjectif à un nom de la liste, l'autre utilise le nom et l'adjectif dans une phrase avec un verbe.**
un singe – un jardinier – une grenouille – un bébé
- **Inversez les rôles avec un autre nom.**

2 **Retrouve tous les noms.**
Exemple : Zorro est un justicier. → Zorro, justicier
a. Zorro monte sur son cheval.
b. Le cheval s'appelle Tornado.
c. Zorro porte une cape et un masque.
d. Son serviteur s'appelle Bernardo.

3 **Retrouve les adjectifs qualificatifs.**
Exemple : Zorro appelle son fidèle cheval. → fidèle
a. Tu as pêché de magnifiques poissons.
b. J'ai pris une superbe photo !
c. Mon vieux chien saute comme un jeune cabri.
d. Une petite fleur bleue pousse sous ma fenêtre.

4 **Retrouve les verbes conjugués.**
Exemple : Zorro appelle son cheval. → appelle
a. Le cheval mange de l'avoine.
b. Le petit garçon dessine une maison.
c. Papa coupe le steak de son enfant.

5 **Complète les phrases avec les noms de la liste.**
bise – cigale – vermisseau – été – morceau
La … ayant chanté tout l'…
Se trouva fort dépourvue
Quand la … fut venue.
Pas un seul petit …
De mouche ou de …
Jean de La Fontaine, *Fables*.

6 **Complète les phrases avec les verbes de la liste.**
êtes – tenait – semblez – tint
Maître Corbeau, sur un arbre perché,
… en son bec un fromage.
Maître Renard, par l'odeur alléché,
Lui … à peu près ce langage.
Eh ! Bonjour, Monsieur du Corbeau,
Que vous … joli,
Que vous me … beau.
Jean de La Fontaine, *Fables*.

7 **Complète les phrases avec les adjectifs qualificatifs de la liste.**
anciens – grise – régional – rocailleux
a. Nous avons visité un parc … .
b. Léo se promène sur un chemin … .
c. La merlette … s'envole vers son nid.
d. L'antiquaire vend des meubles … .

8 **Ajoute des noms qui conviennent quand c'est nécessaire.**
a. Ma mère a invité tous mes pour mon.
b. Mon a voulu couper la aux fraises.
c. Il est allé chercher un dans le de la cuisine.

9 **Indique la nature du mot en couleur : nom, verbe ou adjectif.**
a. Il y a une abeille près de ta bouche !
b. Des cheveux bouchent le lavabo.
c. Les bébés aiment les caresses.
d. Vous caressez le chat.
e. Je tenterai ce saut la prochaine fois.
f. On dort sous la tente.

Je lis

Petit-Féroce

Bonjour !
Moi, je m'appelle Petit-Féroce mais bientôt je serai un GRAND guerrier. J'habite une belle clairière, tout près du lac de la Lune, avec mes parents et mes petits frères. J'ai les cheveux noirs et un très bon caractère, sauf les jours où je suis de mauvaise humeur. Heureusement, je ne suis furieux que quand je ne suis pas content. Justement, ce matin, tout va de travers dans notre grotte. Pour commencer, Roûmm, mon ronronge apprivoisé, et Floup, le renifflou farceur de mon frère Sifflotin, se disputent des graines de tournesucette et des feuilles de saladouce. Ils chahutent joyeusement sur mon ventre, pendant que je dors encore.

Paul Thiès, *Petit-Féroce contre les Marmicreux*, © éd. Rageot.

a. * **Comment s'appelle celui qui raconte l'histoire ? Comment s'appelle son frère ? Qui sont Roûmm et Floup ?**

b. ** **Comment est Petit-Féroce ? Trouve les noms et les adjectifs qui le décrivent.**

Je m'entraîne

Parcours 2

10 À deux **L'un cherche un nom pendant que l'autre cherche un adjectif. Ensemble, formez une phrase avec un verbe et le nom et l'adjectif trouvés.**

11 Retrouve les noms et les verbes. Classe-les dans deux colonnes.
a. Sandra et Marc marchent en tête de la marche.
b. Nicolas lit sur son lit.
c. Zorro masque son visage avec un masque.
d. Les guides guident les touristes.

12 Retrouve les adjectifs et les noms auxquels ils se rapportent.
a. Renard est un animal malin.
b. Ysengrin est un loup naïf.
c. Renard vole des anguilles grasses et fraîches.
d. Le rusé renard se faufile dans le petit poulailler.

13 Quel mot manque-t-il : un nom ou un verbe ?
a. La voiture le camion sur l'autoroute.
b. Ryan a le de ton âge.
c. Le chat sautille sur les noires et blanches du piano.
d. La flèche la cible en plein milieu.
e. Je mets la lettre dans une blanche.
f. Louis le cadeau de Léa dans du papier rouge.

14 Indique la nature des mots en couleur.
a. Il porte la coupe.
b. Il coupe une porte en deux.
c. Elle marche vers la ferme.
d. Elle ferme la marche.

15 Indique la nature du mot en couleur : nom, verbe ou adjectif.
a. Servez-vous avec la louche.
b. Martin est un enfant modèle.
c. Le clown louche.
d. Cet individu est louche.
e. Recopiez le modèle.
f. Le sculpteur modèle une statue en terre.

16 Remplace certains noms de ces phrases étranges par des noms de ton choix.
a. Le bateau double l'avion sur l'autoroute.
b. Ma sœur met son nez pour aller à la pêche.
c. Des pigeons montent dans le train avec leurs lits.
d. La vache aboie après le boulanger.

17 Remplace les verbes de ces phrases étranges par des verbes de ton choix.
a. Le bateau roule sur l'eau.
b. Le voisin mange les volets de sa maison.
c. Nicolas renifle son livre.
d. Le coiffeur tire les cheveux de sa cliente.

18 Remplace les adjectifs de ces phrases étranges par des adjectifs de ton choix.
a. On s'allonge sur l'herbe rose du jardin salé.
b. Le chat pointu ronronne sur un coussin rugueux.
c. Sur la plage cartonnée, Lucas s'est allongé sur une gentille serviette.
d. L'éléphant maigrichon boit de l'eau citronnée à la rivière.

J'écris

a. * Décris Roûmm, l'animal de Petit-Féroce. Utilise des noms et des adjectifs.

b. ** Décris la grotte où vit Petit-Féroce : qui vit dans cette grotte ? Comment sont les habitants de la grotte ? Que font-ils dans cette grotte ? Comment est la grotte ? Utilise des noms, des verbes et des adjectifs.

Grammaire

15 Quelles fonctions le nom peut-il avoir ?

Observons le monde

a

b

c

d

1 **Qui est présent sur les quatre images ?**

2 **Quel rôle a-t-il sur chaque image ?**

Observons la langue

3 **Quel nom est présent dans toutes les phrases ? Quelle fonction a-t-il dans chaque phrase : sujet ? COD ? COI ? CCL ? Complément du nom ? Qu'est-ce qui change à chaque fois ?**

a. Le chat attrape la balle.
b. Le chien attrape le chat.
c. Le papillon se pose sur le chat.
d. Louis donne du lait au chat.
e. Le papillon se pose sur le museau du chat.

La fonction d'un mot, c'est son rôle dans la phrase.

Manipulons ensemble

4 Mime une phrase avec un ou une camarade : l'un joue le chat, l'autre joue la souris. Les autres élèves doivent trouver les étiquettes qui correspondent au rôle de chacun.

a. Le chat attrape la souris.

b. Le chat se cache derrière la souris.

c. Le chat caresse le museau de la souris.

d. La souris attrape le chat.

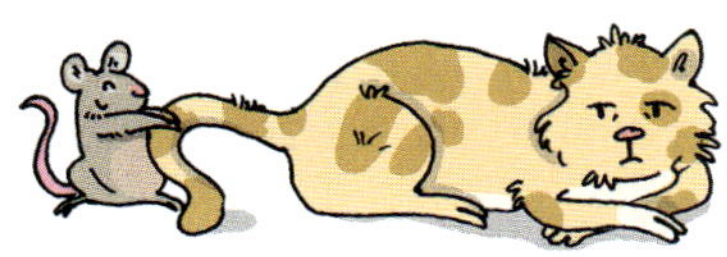

e. La souris gratte l'oreille du chat.

f. La souris passe devant le chat.

Le chat est le sujet.

Le chat est un complément du nom.

Le chat est un COD.

Le chat est un CCL.

La souris est le sujet.

La souris est un CCL.

La souris est un COD.

La souris est un complément du nom.

5 Quelles phrases correspondent au dessin ? Tu peux écrire les lettres des phrases sur ton ardoise.

a. Le chat craint l'orage.

b. Le chat fait peur à l'orage.

c. Le chat est sous l'orage.

d. L'orage craint le chat.

e. L'orage fait peur au chat.

f. L'orage est sous le chat.

6 Le nom livre est-il sujet, COD, COI ou CCL ? Tu peux écrire la réponse sur ton ardoise.

a. Je cache ma lettre sous le livre.
b. Ce livre me passionne.
c. J'ai cherché mon livre tout l'après-midi.
d. J'ai parlé de mon livre à mon ami.

Qu'avons-nous compris ?

Mémo, p. 13

7 Pourquoi dit-on qu'un nom peut avoir plusieurs fonctions ?

8 Comment sait-on la fonction qu'occupe un nom dans une phrase ?

Je m'entraîne

Parcours 1

1 À deux **L'un utilise un nom de la liste comme sujet, l'autre comme COD.**
un éléphant – une souris – le voisin – l'écolier
- **Inversez les rôles avec un autre nom.**

2 **Trouve les phrases où le nom baleine est sujet du verbe.**
a. La baleine aperçoit le souriceau.
b. Le souriceau voit la baleine.
c. La baleine raconte une histoire au souriceau.
d. Le souriceau écoute la baleine.

3 **Trouve les phrases où le nom autruchon est COD.**
a. Je photographie un autruchon.
b. L'autruchon se cache.
c. J'ai vu un autruchon au zoo.
d. L'autruchon a un plumage gris.

4 **Donne la fonction du GN en couleur.**
Aide : regarde le mot placé avant le GN.
a. Kim glisse sur le pont.
b. La rivière s'enfonce sous la roche.
c. Papa escalade les rochers.
d. La pendule du beffroi indique 15 heures.
e. Graziella a écrit à ses amis.

5 **Trouve les phrases où il y a un complément circonstanciel.**
a. Nous avons vu un petit hérisson dans le jardin.
b. La coccinelle se pose sur la balançoire.
c. Dans le ciel, on a aperçu une étoile filante.
d. Le Chat botté accueille le marquis de Carabas.

6 **Trouve les phrases où il y a un complément du nom.**
a. Les palmes du petit garçon sont bleues.
b. Les lunettes de Noa sont dans la piscine.
c. Le Chat botté ôte son chapeau pour saluer le marquis.
d. Les avions à réaction sillonnent le ciel bleu.

7 **Trouve les phrases étranges où il y a un COD.**
a. La petite coccinelle a chaussé ses baskets.
b. Le Chat botté parle au roi et aux paysans.
c. Le petit hérisson met ses palmes.
d. La cigale bâille devant la fourmi.
e. Le criquet a acheté un nouveau chapeau.

8 **Complète les phrases avec un GN sujet de ton choix.**
a. … sautent dans la mare à la première alerte.
b. Tous les jours, … arrivent à 5 heures.
c. … a reçu un nouvel ordinateur.
d. … imprime l'itinéraire de son voyage.

9 **Complète les phrases avec un GN COD de ton choix.**
a. Manon offre … à Pauline.
b. Vivian a trouvé … dans la rivière.
c. Silencieux, nous écoutons … dans la nuit.
d. Julie repeint … en chantant gaiement.

Je lis

NOM DU PAQUEBOT : *Le Normandie*
ANNÉES DE CONSTRUCTION : de 1931 à 1935
LIEU DE CONSTRUCTION : Saint-Nazaire
DATE D'INAUGURATION : mercredi 29 mai 1935 par le président de la République Albert Lebrun
VITESSE MAXIMALE : 32 nœuds
DIVERTISSEMENTS : danse, dîners-spectacles

Je m'entraîne

Parcours 2

10 À deux **L'un utilise un nom de la liste comme sujet, puis comme COD. L'autre l'utilise comme COI puis comme CCL.**
la girafe – le bébé – un client – un singe

- **Inversez les rôles avec un autre nom.**

11 **Trouve les phrases où le nom hibou est sujet du verbe.**
a. La nuit, le hibou retrouve d'autres animaux.
b. Le plumage du hibou se confond avec les arbres.
c. Sur la tête, le hibou a des plumes.
d. Le hibou se nourrit de petits mammifères.
e. L'ouïe du hibou est excellente.
f. Le coucou répond au hibou.

12 **Trouve les phrases où le nom camion est COD.**
a. Nous avons conduit le camion du voisin.
b. Le camion est garé sous le hangar.
c. Dehors, j'entends les freins du camion.
d. Tous les lundis, le chauffeur lave son camion.
e. La roue avant du camion se dégonfle.
f. La voiture a doublé le camion.

13 **Trouve les phrases où le nom maison est CCL.**
a. Dans la maison de Luc, il fait souvent froid.
b. Nous habitons la maison à l'angle de la rue.
c. L'hirondelle a fait son nid sous le toit de la maison.
d. Les guêpes ont fait leur nid près de la maison.
e. Mon oncle mange à la maison tous les dimanches.
f. Dimanche prochain, la maison sera pleine d'invités.

14 **Trouve les phrases où le nom médecin est COI.**
a. Mon frère est malade. Il a besoin d'un médecin.
b. Ma mère demande conseil au médecin.
c. Le médecin écoute le cœur du patient.
d. Le cabinet du médecin est au centre-ville.
e. Mon père téléphone au médecin.
f. J'appelle tout de suite un médecin.

15 **Classe les noms de chaque phrase dans un tableau.**
a. Mathis a visité une grotte avec ses parents.
b. Sous la tente, mon frère gonfle le matelas.
c. Une guêpe a piqué Hugo dans le dos.
d. Raphaël prête son stylo à Élias.

Sujet	COD	COI	CCL
…	…	…	…

16 **Ajoute un GN COD et un GN CCL quand c'est possible.**
a. Les enfants mangent.
b. Mon grand-père écrit.
c. Le cheval court.
d. J'ai terminé.
e. Le chevalier monte.

17 **Ajoute un GN COI et un GN CCL quand c'est possible.**
a. La boulangère parle.
b. Ma grand-mère se souvient.
c. Le chien obéit.
d. Je téléphone.
e. Les vaches se nourrissent.

a. ✱ **Que vois-tu sur l'affiche ? Comment s'appelle ce paquebot ?**

b. ✱✱ **Quand *Le Normandie* a-t-il été construit ? Où a-t-il été construit ? Réponds avec des phrases qui contiennent des compléments circonstanciels.**

J'écris

a. ✱ **Tu présentes le paquebot à un journaliste. Utilise les réponses aux questions de « Je lis » pour écrire quatre phrases. Change la fonction du nom paquebot dans chaque phrase : sujet, COD, CCL et complément du nom.**

b. ✱✱ **À partir de la fiche de présentation du *Normandie*, rédige un texte qui contient toutes les informations de la fiche.**

1 Comment reconnaître le passé, le présent, le futur ?

Observons le monde

1 **Qui raconte ce que tu vois dans la bulle ?**

2 **Que raconte-t-il ?**

3 **Sait-on quand se passe ce qu'il raconte ?**
Comment pourrais-tu faire pour indiquer quand ça se passe ?

Observons la langue

4 **Est-ce le même verbe dans les phrases a, b, c et d ? Lequel est-ce ?**
A-t-il toujours la même forme ?

C'est la rentrée. Fred raconte ses dernières vacances à ses amis :

a. Je jouais sur la plage.

b. J'ai joué sur la plage.

Ce sont les vacances. Fred raconte à sa mamie au téléphone ce qu'il fait :

c. Je joue sur la plage.

C'est la fin de l'année. Fred raconte à ses amis ses prochaines vacances :

d. Je jouerai sur la plage.

5 **Place chaque phrase de l'exercice 4 sur la flèche du temps.**
Qu'est-ce qui t'aide ?

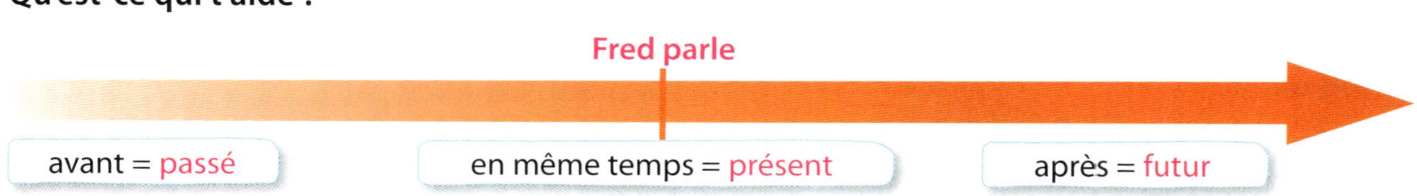

Manipulons ensemble

6 **Raconte ce que tu vois sur les dessins en indiquant quand ça se passe.**

7 **Choisis une action. Dis une phrase qui correspond à la réalité en indiquant le moment. Tes camarades doivent placer ta phrase sur la flèche du temps de l'activité 6.**

L'action	Le moment
manger à la cantine	demain
jouer dans la cour	bientôt
faire de la conjugaison	dans plusieurs années
travailler en classe	tout à l'heure
avoir un métier	hier
habiter tout(e) seul(e)	il y a longtemps
boire le biberon	aujourd'hui
marcher à quatre pattes	en ce moment

8 **Classe ces phrases dans les boîtes. Dis ce qui t'aide.**

a. Nina observe les phoques dans la baie.
b. Un bébé phoque est né hier.
c. Il suit sa mère partout.
d. Nina faisait la même chose quand elle était petite.
e. Bientôt, le bébé phoque plongera seul dans l'eau.
f. Nina reviendra la semaine prochaine pour le voir.

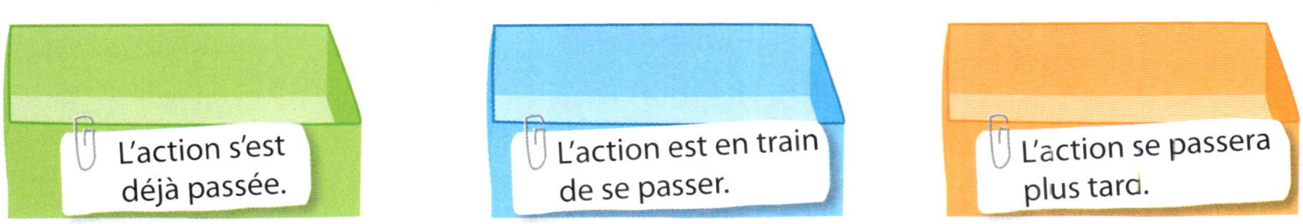

Qu'avons-nous compris ?

Mémo, p. 14

9 **Quand tu racontes quelque chose, est-ce important de dire quand cela se passe ? Pourquoi ?**

10 **Comment peux-tu l'indiquer ?**

Je m'entraîne

Parcours 1

1 À deux **L'un cherche les expressions qui font penser au passé. L'autre celles qui font penser au futur.**
hier – autrefois – dans quelques heures – demain – il y a deux jours – l'année dernière – plus tard
- **Vérifiez ensemble.**

2 **Mets les phrases de chaque série dans l'ordre des actions.**

a. L'année prochaine, je changerai d'école.
b. L'an dernier, j'étais au CE1.
c. Cette année, je suis au CE2.

d. Aujourd'hui, ils montent à la tour Eiffel.
e. Demain, ils visiteront un musée.
f. Hier, ils sont arrivés à Paris.

3 **Trouve les phrases où l'action est en train de se passer.**
a. Léa danse.
b. Thomas écoutait la musique.
c. Mathias chantera.
d. Sophie écrit.
e. Arthur court.
f. Nous partirons bientôt.

4 **Trouve les phrases où l'action s'est déjà passée.**
a. La girafe courait.
b. Elles respirent.
c. Vous avez chanté.
d. Les hirondelles reviendront.
e. Le clown jongle.
f. Le funambule avançait lentement.

5 **Trouve les phrases où l'action se passera plus tard.**
a. La maîtresse corrige les cahiers.
b. Les élèves regarderont le spectacle.
c. L'inspecteur examinait les indices.
d. Les touristes visiteront le musée.
e. Le renard guettera les poules.
f. Le chat surveille les moineaux.

6 **Choisis la forme verbale qui convient.**
a. Hier, nous (irons/sommes allés) à la piscine.
b. Aujourd'hui, les enfants (chantent/chantaient) devant leurs parents.
c. L'an prochain, je (m'inscrirai/m'inscrivais) au rugby.
d. Nous (finissions/finirons) l'exercice plus tard.

7 **Choisis l'expression qui convient.**
a. (Hier/Demain), on a préparé les valises.
b. On est parti (bientôt/ce matin).
c. Nous arriverons (hier/bientôt) à la montagne.
d. (Demain/Avant-hier), je ferai de l'accrobranche.

8 **Classe les verbes en couleur dans un tableau.**
a. L'autre jour, j'ai retrouvé un ancien copain.
b. Bientôt, tu feras les courses tout seul.
c. Nous présenterons notre exposé lundi prochain.
d. Le photographe a dit : « Je viendrai demain. »
e. Ce matin, Mathis marchait avec une béquille.
f. Il s'est tordu la cheville hier soir.

Une action passée	Une action présente	Une action future

Je lis

Un chat avec une tête d'ours ? Voici l'olinguito !

L'INFO DU JOUR

jeudi **8** *août 2013*

Surnommé « neblina » (« brume » en espagnol), l'olinguito vit dans les montagnes des Andes, en Amérique du Sud. Les scientifiques qui ont découvert l'olinguito l'avaient sous les yeux… Ils connaissaient l'animal, mais ils n'ont pas compris tout de suite qu'il s'agissait d'une espèce à part. Pendant longtemps, ils l'ont confondu avec son « cousin » : l'olingo.

Il sera présenté à Washington, aux États-Unis, le 15 août 2013.

D'après monquotidien.fr

Je m'entraîne

Parcours 2

9 À deux Chacun cherche le plus vite possible :
- trois expressions qui indiquent le passé ;
- trois expressions qui indiquent le présent ;
- trois expressions qui indiquent le futur.

- **Avez-vous trouvé les mêmes expressions ?**

10 Mets les phrases dans l'ordre des actions.

Les astronautes arriveront sur Mars dans plusieurs mois. Les astronautes ont préparé leur voyage depuis six mois. Ce matin, ils sont arrivés de bonne heure. En ce moment, la fusée décolle.

11 Classe les phrases dans un tableau.

a. Chloé joue aux cartes.
b. Mon père tondait la pelouse.
c. Elles admirent le paysage.
d. Agnès fredonne une chanson.
e. Karine conduira la voiture.
f. Cécile écoutait les cigales.
g. Tu cherches un livre ?
h. Les enfants montent dans le bus.
i. Ils se promèneront dans la forêt.
j. Nous avons mangé au restaurant.

Une action passée	Une action présente	Une action future
…	…	…

12 Complète chaque phrase avec une expression de ton choix qui indique le temps.

a. …, on n'allait pas à l'école le jeudi.
b. Est-ce que tu iras au gymnase … ?
c. …, vous vous couchez de bonne heure.
d. …, Sonia participera au match.

13 Complète chaque phrase avec un verbe de la liste.

se levait – avons chanté – se lève – chanterons – visitons – visiterons

a. Mardi dernier, nous … dans la chorale.
b. Bientôt, nous … ce château.
c. Nous … la ville sous la pluie aujourd'hui.
d. Nous … devant les CE1 la semaine prochaine.
e. L'hiver dernier, le soleil … tard.
f. Il est 7 heures, le soleil … .

14 Classe les verbes en couleur dans un tableau.

Dans l'Antiquité, les marins utilisaient souvent des amphores pour transporter de l'huile. Ils les mettaient dans les cales des navires. Aujourd'hui, des archéologues fouillent les fonds marins. Ils ont déjà retrouvé des amphores. Ils les étudient et les classent. Bientôt, ils les exposeront dans un musée. Les visiteurs découvriront ces objets.

Passé	Présent	Futur
…	…	…

15 Récris le texte en commençant par Bientôt…

Hier, on a vu des flamants roses sur l'étang.
Certains pêchaient dans l'étang ; ils plongeaient la tête sous l'eau. D'autres se reposaient ; ils repliaient une patte.

16 Fais des phrases selon les indications données.

a. Regarder la télévision. → Ça s'est déjà passé.
b. Aller à la piscine. → Ça se passera plus tard.
c. Parler avec un ami. → C'est en train de se passer.
d. Ouvrir la porte. → C'est en train de se passer.
e. Descendre l'escalier. → Ça s'est déjà passé.

a. * De quand date cet article de journal ? Où vit habituellement l'olinguito ?

b. ** Qu'est-il arrivé avant le 8 août 2013 ? Qu'arrivera-t-il après ? Trouve les mots qui donnent ces informations.

J'écris

a. * Imagine que tu es un olinguito. Écris une phrase pour raconter ce qui t'est arrivé le jour où on t'a découvert et une phrase pour raconter ce qui t'arrivera le 15 août 2013. Tu peux utiliser ces verbes : vivre – se cacher – manger – dormir.

b. ** Imagine que tu es le scientifique qui présente l'olinguito le 15 août 2013. Raconte au passé comment tu l'as découvert ; explique où est actuellement l'olinguito et ce qu'il fait ; raconte au futur ce que tu feras pour le protéger.

2 Pourquoi le verbe change-t-il de forme ?

Observons le monde

Bravo les champions !

Loïc et Quentin arrivent en tête de la course. Loïc arrive le premier. Quentin arrivera le premier la prochaine fois !

1 **Le verbe est-il différent ou est-ce le même dans toutes les phrases ?**

2 **Comment le sais-tu ?**

Observons la langue

Le début d'un verbe s'appelle le radical.
La fin d'un verbe s'appelle la terminaison.

3 **À quel moment se passe l'action dans chaque phrase ?**
Qu'est-ce qui change dans le verbe : le début ou la fin ?
a. Loïc arrive. b. Loïc arrivait. c. Loïc arrivera.

4 **Qu'est-ce qui change dans le verbe ? Quel est le sujet de chaque phrase ?**
a. Loïc arrive. b. Loïc et Quentin arrivent. c. Vous arrivez.

5 **Dans l'exercice 3, remplace Loïc par tu, puis par ils. Qu'est-ce qui change à l'oral ? Et à l'écrit ?**

Manipulons ensemble

6 **Qu'est-ce qui fait changer le verbe dans chaque couple de phrases : le temps, le sujet ou les deux ? Tu peux écrire la réponse sur ton ardoise.**

a. Tu parles. | Nous parlons.
b. Tu parles. | Tu parleras.
c. Nous parlerons. | Vous parlerez.
d. Il parlait. | Je parle.

Qu'avons-nous compris ?

Mémo, p. 14

7 **Qu'indique la terminaison d'un verbe ?**

8 **Quelles sont les deux manières de faire changer la terminaison d'un verbe ?**

Je m'entraîne

Parcours 1

1 À deux **L'un indique le radical du premier verbe. L'autre indique la terminaison.**
je joue – ils chantent – tu passes – vous aimez
- **Échangez les rôles pour chaque verbe.**

2 **Sépare le radical de la terminaison.**
Exemple : vous dans/ez
a. nous dansons | c. je chante | e. ils arrivent
b. il danse | d. vous chantez | f. tu arrives

3 **Trouve l'intrus dans chaque liste.**
Exemple : je passe – tu passes – ~~il part~~ (verbe partir)
a. elles plient – je plie – tu plies – nous lisons
b. tu cours – vous coupez – je cours – il court
c. il finit – tu finis – nous finissons – ils font

4 **Classe les verbes dans trois colonnes : passé/présent/futur.**
a. je mangerai | c. vous gagnez | e. nous lisions
b. tu mangeais | d. vous gagnerez | f. elle lisait

5 **Complète chaque verbe avec la terminaison qui convient.**
ez – ons – ent
a. nous pens… – b. ils dorm… – c. vous rêv…

6 **Complète chaque phrase avec un radical de la liste.**
fabriqu- – cuisin- – ferm- – apport-
a. Nous …ons des avions.
b. Vous …ez ces livres à la BCD.
c. Je …e la porte à clé.
d. Il …e un bon plat.

Parcours 2

7 À deux **L'un change le sujet du premier verbe. L'autre retrouve la terminaison qui change.**
nous sortons – ils pensent – tu chantes – je lis
- **Échangez les rôles pour chaque verbe.**

8 **Sépare le radical de la terminaison.**
a. il caresse | d. ils frémissent
b. tu frémis | e. tu dors
c. vous dormez | f. ils caressent

9 **Trouve l'intrus dans chaque liste.**
a. tu prends – vous rendez – nous prenons
b. je vois – vous voyez – il va – nous voyons
c. tu vas – nous allons – il vient – vous allez
d. vous tenez – tu tiens – nous tirons – je tiens

10 **Trouve les trois verbes différents.**
a. Je disais mon avis. | d. Vous arrivez à la gare.
b. Tu classes tes livres. | e. Nous disons merci.
c. Il arrivait en retard. | f. Il classait les cartes.

11 **Remplace le radical de chaque verbe par un radical de la liste.**
port- – dévor- – décor- – descend-
a. Ils mangent un gâteau.
b. Arthur soulève un rocher.
c. Vous peignez votre chambre.
d. Nous entrons dans la grotte.

12 **Complète chaque phrase avec un pronom.**
a. … sifflez de joie.
b. … jetterons des cailloux.
c. … appellent leurs amis.

Je lis

Le jeu du Cadavre exquis

Tu dessines quelque chose en haut d'une feuille.
Tu replies la feuille sur ton dessin en laissant dépasser le bas.
Un camarade dessine à son tour.
Il replie également la feuille.
Plusieurs personnes dessinent tour à tour.
À la fin, vous dépliez la feuille !

a. ✱ **Quelles actions faut-il faire plusieurs fois ?**
b. ✱✱ **Est-ce toujours la même personne qui fait ces actions ? Qu'est-ce qui change dans les verbes ?**

J'écris

a. ✱ **Écris deux phrases pour dire ce que tu dois faire pour jouer au Cadavre exquis : Je…**
b. ✱✱ **Écris une phrase pour dire ce que tu dessines le plus souvent et une phrase pour dire ce que tu dessineras si tu joues au Cadavre exquis.**

3 Comment classer les verbes par leur infinitif ?

Observons le monde

1 Quels sont les verbes présents dans les bulles orange ?

2 Sait-on qui fait chaque action ? Pourquoi ?

Observons la langue

3 Comment a-t-on fait pour classer les verbes dans trois groupes ?
Observe les terminaisons de l'infinitif et celles des formes conjuguées entre parenthèses.

Groupe 1	Groupe 2	Groupe 3
bouger (nous bougeons) jardiner (nous jardinons)	finir (nous finissons) grandir (nous grandissons)	sortir (nous sortons) prendre (nous prenons) ! aller (nous allons)

4 Cherche une forme conjuguée du verbe être et une du verbe avoir sur l'affiche.

5 Cherche un autre verbe conjugué sur l'affiche.
Quel est son infinitif ? À quel groupe appartient-il ?

Les verbes être et avoir ne font partie d'aucun groupe.

Manipulons ensemble

6 **Indique l'infinitif de chaque forme conjuguée. Tu peux utiliser ton ardoise.**

vous êtes	elle regarde	j'ai	être	avoir	aller
nous allons	je viens	tu veux	faire	vouloir	venir
il faisait	vous prenez	tu agiras	prendre	regarder	agir

7 **Classe ces verbes selon leur groupe.**

acheter – descendre – rougir – salir – dire – profiter – faire

devoir – aller – vouloir – obéir – accompagner

8 **Choisis une action dans ta tête et mime-la devant la classe.**
Tes camarades doivent deviner ce que tu es en train de faire en utilisant l'infinitif du verbe.

tu écris au tableau – *tu sautes à pieds joints*

tu réfléchis – *tu ouvres un livre*

tu marches à reculons – *tu applaudis*

9 **Classe les verbes de l'activité 6 selon leur groupe.**

Qu'avons-nous compris ?

Mémo, p. 15

10 **Dans combien de groupes classe-t-on les verbes ?**

11 **Comment reconnaît-on les verbes dans chaque groupe ?**

Je m'entraîne

Parcours 1

1 À deux **L'un dit un verbe conjugué avec je. L'autre donne son infinitif.**
Exemple : je regarde → regarder
- **Inversez les rôles.**

2 Recopie seulement les verbes à l'infinitif.
dévorer – arriver – il arrive – finir – nous grandissons – boire – mettre – je dévore – Théo mange – pouvoir

3 Repère le verbe dans chaque phrase. Puis retrouve son infinitif dans la liste.
Exemple : Le loup tremblait comme une feuille.
→ **trembler**
mettre – prendre – avoir – semer
a. Le bébé prenait le bain tous les soirs.
b. Les sept nains mettront la table.
c. Petit Poucet sème des cailloux.
d. Elle a souvent raison.

4 Indique l'infinitif des verbes en couleur.
Exemple : La baleine plongea dans l'océan.
→ **plonger**
a. Il dévorait mon gâteau au chocolat.
b. Nous arrivions toujours à l'heure.
c. Ils boivent du jus de pomme.
d. Vous êtes encore sur l'ordinateur !

5 Associe chaque verbe conjugué à son infinitif.

a. vous voulez	1. penser
b. elle pense	2. avoir
c. je suis	3. vouloir
d. nous avons	4. être

6 Transforme les phrases comme dans l'exemple.
Exemple : Je gagne la course. → J'ai envie de **gagner**.
a. Je descends à la cave. → J'ai envie de ...
b. Je monte au grenier. → J'ai envie de ...
c. Je viens avec vous. → J'ai envie de ...
d. Je bois du lait. → J'ai envie de ...

7 Recopie seulement les verbes du 1er groupe.
a. gagner – prendre – dévorer – chanter
b. faire – détaler – grandir – sécher – crier
c. dessiner – appeler – colorier – ouvrir – savoir
d. être – parler – appeler – pouvoir – régler

8 Conjugue chaque verbe avec nous. Puis indique le groupe du verbe : 2e ou 3e groupe.
Exemple : finir → nous fini**ssons**, 2e groupe
sentir → nous sent**ons**, 3e groupe
a. jaillir → nous ..., ... groupe
b. prévenir → nous ..., ... groupe
c. courir → nous ..., ... groupe
d. gémir → nous ..., ... groupe
e. salir → nous ..., ... groupe
f. mentir → nous ..., ... groupe

9 Récris les phrases de cette recette en remplaçant les verbes par leur infinitif.
Exemple : Vous versez… → Verser…
a. Vous versez la farine dans un saladier.
b. Vous cassez trois œufs.
c. Vous mettez un peu de lait.
d. Vous ajoutez du sucre vanillé et vous remuez.
e. Vous mettez au four 20 minutes et vous servez chaud.

Je lis

Pierre Lapin

Après avoir perdu ses chaussures, Pierre se mit à courir à quatre pattes. Il courait de plus en plus vite et je crois qu'il aurait réussi à s'enfuir s'il ne s'était pas pris les pattes dans le filet qui protégeait les groseilliers. Les boutons de veste s'accrochèrent dans les mailles et il ne pouvait s'en dépêtrer. C'était une veste toute neuve avec des boutons en cuivre.
Pierre se crut perdu et il versa de grosses larmes. Mais des moineaux, entendant ses sanglots, vinrent se poser auprès de lui et le supplièrent de se ressaisir.

Béatrix Potter, *Pierre Lapin*, © éd. Gallimard jeunesse.

Je m'entraîne

Parcours 2

10 À deux — Chacun cherche deux verbes du 1er groupe et deux verbes du 3e groupe.
- **Échangez vos cahiers et vérifiez.**

11 Recopie seulement les verbes à l'infinitif.
a. Je vais manger à la cantine.
b. Nous commençons à aimer cet endroit.
c. Tu veux bien me prêter ton stylo ?
d. J'aime beaucoup ramasser des crabes sur la plage.
e. Nous espérons vous voir bientôt.

12 Repère le verbe dans chaque phrase. Indique son infinitif.
a. Ils prennent un raccourci.
b. J'attends à la porte du garage.
c. Vous avez du courage !
d. Les grenouilles vivent dans la mare.
e. Nous colorions notre carte.

13 Recopie seulement les verbes du 3e groupe.
a. descendre – bondir – tenir – mener
b. faire – poursuivre – guérir – savoir
c. agir – venir – aller – trahir – sauter
d. fuir – conjuguer – prendre – pouvoir

14 Classe les verbes de ces phrases dans deux colonnes : verbe être / verbe avoir.
a. Nous avons un nouveau canapé.
b. Elles ont deux chiens et un chat.
c. Tu es toujours le premier.
d. J'avais mal au ventre ce midi.
e. Vous serez bientôt en vacances.

15 Classe les verbes en trois groupes. Repère bien les verbes du 2e groupe !
a. vérifier – pouvoir – raconter – partir – rugir
b. compléter – rougir – remplir – présenter
c. grandir – discuter – attendre – salir – discuter – voir – dormir – faire – vouloir – oublier

Groupe 1	Groupe 2	Groupe 3
...	...	...

16 Recopie les verbes et barre l'intrus dans chaque liste.
a. parler – manger – voir – regarder
b. ajouter – faire – savoir – reprendre
c. apprendre – finir – dormir – connaître
d. blanchir – surgir – courir – grandir
e. danser – aller – retrouver – amener

17 Recopie les verbes du texte. Indique leur infinitif et leur groupe.
Les explorateurs traversent la forêt. Ils ne perdent pas de temps et parviennent rapidement au bord du fleuve. Ils connaissent bien cette région. Ils embarquent sur des canoës et évitent les crocodiles.

18 Trouve le verbe qui correspond à chaque nom. Indique son groupe.
a. la rédaction
b. la lecture
c. la récitation
d. l'inscription
e. la discussion
f. la récolte
g. la plantation
h. la poursuite
i. la course
j. la boisson
k. la vie
l. l'arrestation

a. ✱ **Quel verbe de la première phrase est répété dans la deuxième phrase ? À quelle forme est-il à chaque fois ?**
b. ✱✱ **Récris les verbes du texte à l'infinitif et classe-les par groupe.**

J'écris

a. ✱ **Imagine la suite de *Pierre Lapin*. Les moineaux expliquent à Pierre comment se libérer. Écris deux phrases sur ce modèle : Tu peux + *verbe à l'infinitif*.**
b. ✱✱ **Sur le modèle de l'affiche *Bouger, c'est la santé* (page 80), écris quatre nouveaux conseils pour protéger sa santé. Utilise des verbes à l'infinitif.**

4 Comment conjuguer les verbes au présent ? (1er groupe)

Observons le monde

1 Diane est-elle en train de prendre son petit déjeuner au moment où elle parle ? Comment le sais-tu ?

2 Quels verbes indiquent ce qu'elle fait ?

Observons la langue

3 Quelles sont les terminaisons des verbes pour chaque personne ? Lesquelles se prononcent de la même manière ?

dévorer		avaler	
je dévore tu dévores il/elle dévore	nous dévorons vous dévorez ils/elles dévorent	j'avale tu avales il/elle avale	nous avalons vous avalez ils/elles avalent

4 Conjugue au présent les autres verbes du 1er groupe de l'affiche.

Manipulons ensemble

5 e, es ou ent ? Tu peux utiliser ton ardoise.

il jou… | je tourn… | ils parl… | tu mang… | ils ador… | je creus… | tu aim…

Qu'avons-nous compris ?

Mémo, p. 15

6 Quand utilise-t-on le présent ?

7 Quelles sont les terminaisons du présent pour les verbes du 1er groupe ?

8 Quelles terminaisons ne faut-il pas confondre ? Pourquoi ?

Je m'entraîne

Parcours 1

1 À deux **Chacun propose une phrase avec un verbe conjugué et un pronom personnel.**
arrive – chantent – donnes – reste

- **Avez-vous utilisé les mêmes pronoms ?**

2 **Recopie seulement les verbes du 1er groupe. Entoure les terminaisons.**
elle danse – il court – je grandis – je saute – tu marches – tu questionnes – ils achètent

3 **Ajoute un pronom personnel qui convient.**

a. … montes	c. … rêvez	e. … joue
b. … arrivons	d. … chante	f. … murmurent

4 **Conjugue ces verbes avec je, tu, il au présent.**
réciter – recopier – chercher – exposer – penser

5 **Remplace je par nous puis par ils.**
je danse – je grimpe – je trouve

6 **Conjugue les verbes en couleur au présent.**
a. L'éléphant (sauter) dans la rivière.
b. Tu (photographier) les zèbres.
c. Je (regarder) le ciel étoilé.
d. Nous (espérer) que vous allez bien.

7 **Mets les verbes au présent.**
M. Seguin attacha la chèvre à un pieu. La chèvre broutait l'herbe. « Elle ne s'embêtera pas chez moi ! » M. Seguin se trompait...
Alphonse Daudet, *La chèvre de monsieur Seguin.*

Parcours 2

8 À deux **L'un conjugue un verbe du 1er groupe au présent avec les personnes du singulier. L'autre avec les personnes du pluriel.**

9 **Recopie seulement les verbes du 1er groupe. Entoure les terminaisons.**
a. Il utilise un pinceau fin quand il peint.
b. Nous regardons les moutons qui broutent.
c. Vous entrez ou vous sortez ?
d. Tu viens avec nous ou tu restes ici ?
e. Je prends cette rue et je tourne à droite.

10 **Ajoute les pronoms personnels qui conviennent.**
a. … diriges les déménageurs quand … soulèvent le meuble.
b. … cherche mes lunettes ; … éclairez par là ?
c. … grogne et … crie.

11 **Conjugue ces verbes avec je, tu, il, elles au présent.**
présenter – proposer – discuter – expliquer

12 **Remplace je par nous puis par ils.**
je mange – il prononce – je remplace – je longe

13 **Conjugue les verbes en couleur au présent.**
a. L'escargot (foncer) à toute allure.
b. Nous (manger) des fraises.
c. Nous (effacer) le tableau.
d. Le spectacle (commencer).

Je lis

Le soleil est malade

– Doune !
Doune, c'est un très bon cuisinier, mais il n'aime pas trop qu'on le dérange.
– Qu'est-ce que tu veux, Lilian ?
– Je voudrais quelque chose de très fort pour redonner vie aux couleurs.
– C'est pour toi ?
– Non, c'est… c'est pour quelqu'un d'autre. […] Le soleil est très malade et tout le monde s'en moque !

D'après H. Renaudin, *Lilian et le soleil*, © éd. Dessain et Tolra.

a. ✱ **À quel groupe appartient le verbe aimer de la première phrase ? À quel temps est-il conjugué ?**
b. ✱✱ **Cherche d'autres verbes du 1er groupe au présent.**

J'écris

a. ✱ **Écris trois idées pour guérir le soleil et ainsi redonner vie aux couleurs. Utilise ces verbes au présent : mélanger – colorier – ajouter – remuer.**

b. ✱✱ **Écris la suite du dialogue entre Doune et Lilian. Lilian explique qu'il faut soigner le soleil. Utilise des verbes au présent dont certains du 1er groupe.**

5 Comment conjuguer les verbes au présent ? (2e groupe et certains verbes du 3e groupe)

Observons le monde

Le règlement de la cantine

Ce qu'on doit faire.
- On choisit sa place dans le calme.
- On finit son assiette.
- On sort calmement.

Ce qu'on ne doit pas faire.
- On ne salit pas la cantine.
- On ne désobéit pas aux animateurs.
- On ne court pas.

1 Comment peux-tu savoir que le règlement de la cantine est valable tous les jours ?

2 Quels verbes indiquent ce qu'il faut faire et ce qu'il ne faut pas faire ?

Observons la langue

3 Quelles sont les terminaisons des verbes pour chaque personne ? Lesquelles se prononcent de la même manière ?

2e groupe : **choisir**		3e groupe : **sortir**	
je choisis tu choisis il/elle choisit	nous choisissons vous choisissez ils/elles choisissent	je sors tu sors il/elle sort	nous sortons vous sortez ils/elles sortent

4 Conjugue au présent les autres verbes du 2e et du 3e groupe de l'affiche.

Manipulons ensemble

5 s ou t ? Tu peux utiliser ton ardoise.

je boi… | tu sali… | il obéi… | il cour… | je réussi… | tu par…

Qu'avons-nous compris ?

Mémo, p. 16

6 Quand peut-on utiliser le présent ?

7 Quelles sont les terminaisons du présent pour les verbes du 2e groupe ? Et pour les verbes du 3e groupe vus dans la leçon ?

8 Quelles terminaisons ne faut-il pas confondre ? Pourquoi ?

Je m'entraîne

Parcours 1

1 À deux **Chacun propose une phrase avec un verbe conjugué et un pronom personnel.**
choisis – finissons – pars – écrivez
- **Avez-vous utilisé les mêmes pronoms ?**

2 **Recopie seulement les verbes du 2e et du 3e groupe. Entoure les terminaisons.**
je bats – je joue – tu vois – vous guérissez – tu cours – nous réfléchissons – elle pense

3 **Ajoute un pronom personnel qui convient.**
a. … finis
b. … finit
c. … part
d. … servons
e. … réussissez
f. … nourrissent

4 **Conjugue ces verbes avec je, tu, il au présent.**
dormir – sentir – vivre – remplir – bondir – franchir

5 **Remplace nous par je puis par elle.**
nous grandissons – nous partons – nous remplissons

6 **Conjugue les verbes en couleur au présent.**
a. Vous (écrire) un texte.
b. Tu (sourire) au photographe.
c. Je (nourrir) les animaux.
d. Nous (applaudir) les champions.
e. Les voitures (ralentir) au feu rouge.

7 **Indique l'infinitif de chaque verbe.**
a. je remplis
b. tu bois
c. nous rougissons
d. vous finissez
e. ils connaissent
f. elle réunit

Parcours 2

8 À deux **L'un conjugue un verbe du 2e groupe au présent avec les personnes du singulier. L'autre avec les personnes du pluriel.**

9 **Recopie seulement les verbes du 2e et du 3e groupe. Entoure les terminaisons.**
a. Il s'abrite car il pleut.
b. Les tomates rougissent et les roses fleurissent.
c. Si vous mentez, je me fâche !
d. Tu pars ou tu restes ?
e. Je finis mon livre et j'arrive.

10 **Ajoute les pronoms personnels qui conviennent.**
a. … rugit et … part au fond de la cage.
b. … mets mon manteau car … sors.
c. … punissent leur fille quand … court dans le couloir.

11 **Conjugue ces verbes avec je, tu, il au présent.**
réfléchir – lire – surgir – sourire – pâlir – vivre

12 **Remplace je par nous puis par tu puis par elle.**
je choisis – je connais – je cours – je réunis

13 **Complète avec e ou t comme il convient.**
a. il fini…
b. il réussi…
c. il parl…
d. il grandi…
e. il jou…
f. il sor…

14 **Complète avec es ou s comme il convient.**
a. tu fini…
b. tu réussi…
c. tu parl…
d. tu grandi…
e. tu jou…
f. tu sor…

Je lis

Le rêve de Mathias

– Mon chien, à moi, il serait bien plus sage que Croûton, affirme Mathias.
– Ah oui ? dit son papa.
Mais il n'a pas l'air d'y croire vraiment. Il finit par dire à Mathias :
– Pour être un bon chien, un chien a besoin d'un bon maître.
Mathias réfléchit et déclare à son papa :
– Alors, je vais m'exercer à être un bon maître.
Et il va dans sa chambre pour s'exercer.
– Couché ! commande Mathias à son nounours en le jetant par terre.

Jo Hoestland, *Le plus beau chien du monde*, © éd. Pocket Jeunesse.

a. * **À quel groupe appartiennent les verbes soulignés ? À quel temps sont-ils conjugués ?**

b. ** **Cherche d'autres verbes du 2e et du 3e groupe.**

J'écris

a. * **Écris deux phrases pour dire ce que fait Mathias avec son nounours. Utilise ces verbes au présent : punir – nourrir – sortir – obéir – applaudir.**

b. ** **Sur le modèle du règlement de la cantine (page 86), écris le règlement de la cour de récréation. Utilise des verbes du 2e groupe et certains verbes du 3e groupe au présent comme : sortir – courir – partir – se battre – suivre – mettre.**

6 Comment conjuguer les verbes au présent ? (être, avoir et certains verbes du 3e groupe)

Observons le monde

Chers parents,
Je viens de rentrer. J'ai de la chance, je suis dans la chambre de Léa.
Nous sommes contentes car nous avons la plus grande ! Je peux dormir tranquille car elle prend le lit juste à côté de moi.
Léa a peur du télésiège, alors nous le prenons ensemble. Parfois, elle va avec les débutants puis elle m'attend en bas. Ils font des exercices et elle fait des progrès. Quand nous allons en haut des pistes, nous voyons toute la vallée ! Et vous, vous faites quoi ?

Gros bisous, Sarah

P.-S. : Maman, peux-tu m'envoyer mon pull bleu ? Tu veux bien ? Je veux le mettre pour la fête !

1 À quel groupe appartiennent les verbes en jaune ? Indique l'infinitif de chaque verbe.

2 À quel temps sont-ils conjugués ?

Observons la langue

3 Quelles sont les terminaisons des verbes du 3e groupe au présent avec je, tu et il ? Que remarques-tu dans la lettre de Sarah ?

4 Le radical de certains verbes change entre l'infinitif et la forme conjuguée. Cherche des exemples dans la lettre de Sarah.

5 Conjugue les verbes faire et dire avec vous. Que remarques-tu ?

6 Les verbes être, avoir et aller sont irréguliers au présent. Cherche des formes de ces verbes.

Manipulons ensemble

7 s ou x ? Tu peux utiliser ton ardoise.

je veu… | tu peu… | je di… | je voi… | tu veu… | je peu… | je prend…

8 t ou d ? Tu peux utiliser ton ardoise.

il veu… | il pren… | il atten… | elle pren… | elle ren… | il fai… | il di…

Qu'avons-nous compris ?

Mémo, p. 16

9 Que peut-on faire pour retenir les conjugaisons irrégulières ?

Je m'entraîne

Parcours 1

1 À deux **Chacun propose une phrase avec un verbe conjugué et un pronom personnel.**

vas – allons – est – peux – prends – voyons

- **Avez-vous utilisé les mêmes pronoms ?**

2 **Associe chaque verbe conjugué à son infinitif.**

a. il est	e. je veux	1. voir	5. venir
b. vous avez	f. nous disons	2. faire	6. aller
c. nous voyons	g. vous faites	3. avoir	7. être
d. il va	h. il vient	4. dire	8. vouloir

3 **Ajoute un pronom personnel qui convient.**

Exemple : … vais → je vais

a. … es
b. … prenons
c. … veut
d. … as
e. … vont
f. … faites

4 **Précise si le verbe conjugué est être ou avoir.**

a. J'ai de la chance.
b. Tu es en forme.
c. Nous avons un cadeau.
d. Vous êtes malins.
e. Ils ont raison.
f. Ils sont célèbres.

5 **Choisis la forme verbale qui convient.**

a. Le chat (va/vas) dehors.
b. Je (prend/prends) le train.
c. Elle (a/as) mal à la gorge.
d. Il (es/est) en vacances.
e. Tu (veut/veux) une banane ?

6 **Conjugue chaque verbe avec le pronom proposé.**

a. tu vois → nous
b. il vient → ils
c. nous faisons → vous
d. je dis → vous
e. il veut → vous
f. vous êtes → nous

Parcours 2

7 À deux **L'un conjugue un verbe de la liste au présent avec les personnes du singulier. L'autre avec les personnes du pluriel.**

être – avoir – aller – pouvoir – prendre

8 **Indique l'infinitif de chaque verbe.**

a. je veux
b. ils ont
c. ils vont
d. nous faisons
e. vous voyez
f. ils peuvent
g. nous prenons
h. vous dites
i. nous sommes

9 **Ajoute les pronoms personnels qui conviennent.**

a. … vas au cinéma et … va au théâtre.
b. … peux revenir si … es calme.
c. … prenons le train et … êtes en retard !
d. … dites au revoir car … allez partir.

10 **Complète ce texte avec les verbes de la liste au présent.**

venir – être – avoir – aller – prendre – dire

Nous … à l'école tous les matins en bus. Je … mon bus à 8 heures. Mon copain … s'asseoir à côté de moi. Les bus … toujours à l'heure. Le conducteur nous … : « Vous … de la chance ! »

11 **Conjugue les verbes en couleur au présent.**

a. Les dauphins (être) dans le grand bassin.
b. Vous (avoir) envie de les admirer.
c. Nous (vouloir) venir avec vous.
d. Le spectacle (pouvoir) commencer.

12 **Ajoute la terminaison qui convient.**

a. tu pass…
b. tu voi…
c. il pren…
d. elle aid…
e. tu veu…
f. il vien…

Je lis

Un loup sous mon lit

J'ai peur ! J'ai froid, je suis glacé. Le loup est sous mon lit [...] Loulou n'a pas peur, lui. Je crois même que ça lui plaît, toute cette aventure. Loulou, c'est mon copain. Il se prend pour Zorro, Mac Gyver et les Incorruptibles réunis. Il est resté chez moi pour dormir, ce soir. Et c'est d'ailleurs ce qu'il fait : il dort, tranquillement. Comme si rien ne s'était passé !

© Chantal Cahour, *Loulou la menace*.

a. * **Quel est l'infinitif des verbes soulignés ? À quel temps sont-ils conjugués ?**

b. ** **À quel groupe appartiennent les verbes en couleur ? Explique les terminaisons.**

J'écris

a. * **Et toi, de quoi as-tu peur ? Pourquoi ? Écris deux phrases avec les verbes avoir et être au présent.**

b. ** **Sur le modèle de la lettre (page 88), écris une lettre à un ou une ami(e). Utilise ces verbes au présent :**
être – avoir – aller – pouvoir – vouloir – faire – prendre.

7 Comment conjuguer les verbes à l'imparfait ?

Observons le monde

Mardi 8 mars

Écriture

Souvenirs d'enfance

Quand j'étais petit, j'adorais les histoires d'ogres.
J'avais peur mais je voulais toujours les mêmes histoires !
Je finissais par m'endormir. Mais parfois je faisais des cauchemars...

Max

1 **Quand se passe ce que raconte Max ?**
Comment le sais-tu ?

2 **Quels verbes indiquent ce qu'il se passait dans son enfance ?**

Observons la langue

3 **Quelles sont les terminaisons des verbes pour chaque personne à l'imparfait ?**
Changent-elles d'un groupe à l'autre ? Lesquelles se prononcent de la même manière ?

1er groupe : **adorer**		2e groupe : **finir**		3e groupe : **vouloir**	
j'adorais	nous adorions	je finissais	nous finissions	je voulais	nous voulions
tu adorais	vous adoriez	tu finissais	vous finissiez	tu voulais	vous vouliez
il/elle adorait	ils/elles adoraient	il/elle finissait	ils/elles finissaient	il/elle voulait	ils/elles voulaient

4 **Trouve le verbe faire dans le texte de Max. Comment le prononces-tu ?**

5 **Trouve les verbes être et avoir dans le texte. Conjugue-les à l'imparfait à toutes les personnes.**

Manipulons ensemble

6 **ais, ait ou aient ? Tu peux utiliser ton ardoise.**

je part… | tu ador… | ils saliss… | il donn… | je lis… | il choisiss…

Qu'avons-nous compris ?

Mémo, p. 17

7 **Quand utilise-t-on l'imparfait ?**

8 **Quelles sont les terminaisons de l'imparfait pour tous les verbes ?**

9 **Quelles terminaisons ne faut-il pas confondre ? Pourquoi ?**

Je m'entraîne

Parcours 1

1 À deux **Chacun propose une phrase avec un verbe conjugué et un pronom personnel.**
déjeunais – choisissaient – avais – était
- **Avez-vous utilisé les mêmes pronoms ?**

2 **Recopie seulement les verbes à l'imparfait. Entoure les terminaisons.**
il partait – je finissais – vous êtes – tu grimpes – il part – je finis – vous étiez – tu grimpais

3 **Ajoute un pronom personnel qui convient.**
a. … lisait
b. … preniez
c. … aimais
d. … servions
e. … avaient
f. … réussissiez

4 **Choisis la forme verbale qui convient.**
Wang Li (était/étais) un fils de paysans. Il (vivait/vivais) au pied des montagnes. Comme les journées (étaient/était) longues, il (passais/passait) son temps à observer la nature.

5 **Conjugue chaque verbe avec le pronom proposé.**
a. ils achetaient → j'
b. nous choisissions → il
c. vous aviez → tu
d. j'étais → vous

6 **Conjugue ces verbes avec je, tu, il, elles à l'imparfait.**
dormir – avoir – être – passer – choisir

7 **Mets les verbes à l'imparfait.**
L'ogre porte des bottes de sept lieues. Les frères de Poucet ont peur. Nous lisons souvent ce conte. Vous le connaissez ? Je sais qu'il finit bien.

Parcours 2

8 À deux **L'un conjugue un verbe de la liste à l'imparfait avec les personnes du singulier. L'autre avec les personnes du pluriel.**
être – avoir – aller – pouvoir – prendre

9 **Recopie seulement les verbes à l'imparfait. Indique leur infinitif.**
a. La péniche passait les écluses.
b. Nous descendions au terminus.
c. Nous irons à Calcutta.
d. Je voulais partir loin.
e. Tu es mon compagnon de voyage.
f. Elles avaient des valises en cuir.

10 **Ajoute les pronoms personnels qui conviennent.**
a. … dormais pendant que … parlais.
b. … écriviez des chansons qu'… chantaient.
c. … ramassions des navets qu'… faisait cuire.
d. … rugissait quand … approchions.

11 **Conjugue ces verbes avec je, tu, il, elles à l'imparfait.**
vouloir – aller – dire – faire – prendre – voir

12 **Conjugue les verbes en couleur à l'imparfait.**
a. Tu (lancer) le ballon.
b. Ils (déménager) souvent.
c. Je (nager) vite.
d. Le film (commencer) tard.

Je lis

Le roi qui voulait être le plus beau

Chaque jour, le roi se promenait dans le pays pour vérifier s'il était toujours le plus beau et lorsqu'il voyait ses sujets*, [...] il se déclarait satisfait et distribuait des pièces d'or.
Puis, il rentrait dans son palais et demandait à son fidèle serviteur :
– À votre avis, Alfred, suis-je toujours le plus beau ?
– Naturellement, Majesté, encore plus beau qu'hier !

Henriette Bichonnier, *Le roi des bons*, illustré par Pef, © éd. Gallimard.

* Les sujets du roi sont les habitants du royaume.

a. * **À quel temps cette histoire est-elle racontée ?**
b. ** **Que faisait le roi quand il voyait ses sujets ? Trouve les verbes à l'imparfait qui l'indiquent.**

J'écris

a. * **Le roi demande : « Ah oui ? Comment étais-je hier ? » Écris la réponse du serviteur avec ces verbes à l'imparfait : être – avoir – sourire – porter.**

b. ** **Sur le modèle de la rédaction de Max (page 90), écris un souvenir d'enfance. Utilise des verbes à l'imparfait.**

8 Comment conjuguer les verbes au passé composé avec **avoir** ?

Observons le monde

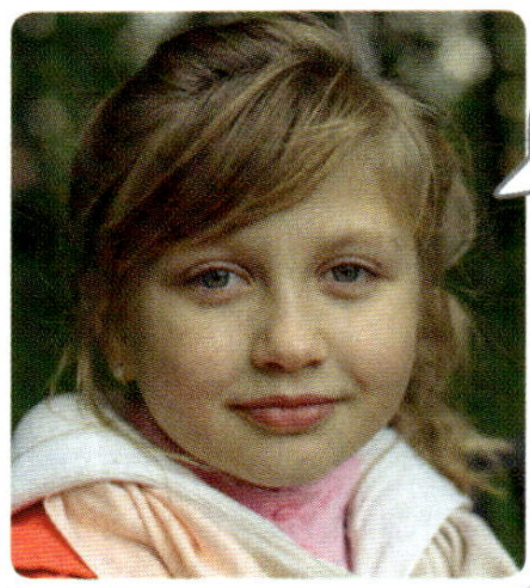

1 **Lucie est-elle en vacances au moment où elle parle ? Comment le sais-tu ?**

2 **Quels verbes indiquent ce qu'elle a fait ?**

Observons la langue

Le 1er mot s'appelle l'auxiliaire.
Le 2e mot s'appelle le participe passé.

3 **Comment le verbe est-il construit au passé composé ?**
À quel temps le premier mot est-il conjugué ?
Que remarques-tu pour le deuxième mot ?

1er groupe : **visiter**		2e groupe : **nourrir**		3e groupe : **voir**	
j'ai visité tu as visité il/elle a visité	nous avons visité vous avez visité ils/elles ont visité	j'ai nourri tu as nourri il/elle a nourri	nous avons nourri vous avez nourri ils/elles ont nourri	j'ai vu tu as vu il/elle a vu	nous avons vu vous avez vu ils/elles ont vu

4 **À quel verbe correspond le participe passé de la phrase a ? De la phrase b ?**
Conjugue chaque verbe au passé composé à toutes les personnes.
a. J'ai eu beau temps. b. J'ai été malade.

Manipulons ensemble

5 **Complète les verbes au passé composé.**
Indique l'infinitif de chaque verbe conjugué et la terminaison du participe passé.

ont – ai – a – avons – avez – as

j' … fait – nous … pris – tu … pu – vous … voulu – elles … dit – il … grimpé

Qu'avons-nous compris ?

Mémo, p. 17

6 **Quand utilise-t-on le passé composé ?**

7 **De quoi est composé un verbe au passé composé ?**

8 **Quel mot change quand on conjugue un verbe au passé composé ? Quel mot ne change pas ?**

Je m'entraîne

Parcours 1

1 À deux **Chacun propose une phrase avec un verbe conjugué et un pronom personnel.**
as été – avons eu – ai voulu – ont mangé

- **Avez-vous utilisé les mêmes pronoms ?**

2 **Recopie seulement les verbes au passé composé. Souligne l'auxiliaire avoir.**
j'ai couru – vous parlez – tu as fini – je courais – vous avez parlé – tu finis

3 **Ajoute un pronom personnel qui convient.**
Exemple : … a sauté → **il** a sauté

a. … ai appelé
b. … avez surgi
c. … ont répété
d. … as bondi
e. … ont mordu
f. … avons sauté

4 **Indique l'infinitif des verbes.**

a. nous avons repeint
b. ils ont décoré
c. vous avez couru
d. j'ai compris

5 **Conjugue l'auxiliaire avoir pour compléter ces phrases au passé composé.**

a. La mère Michel … perdu son chat.
b. Nous … appris cette chanson.
c. Les trains … eu du retard.
d. J'… été ravi de vous rencontrer.
e. Tu … eu un beau cadeau.

6 **Complète les phrases avec le participe passé du verbe en couleur.**

a. On a (avoir) une belle surprise !
b. Ils ont (voir) des dauphins.
c. Elle a (jeter) du pain aux canards.
d. Vous avez bien (travailler).

Parcours 2

7 À deux **L'un conjugue un verbe de la liste au passé composé avec les personnes du singulier. L'autre avec les personnes du pluriel.**
finir – réussir – vouloir – aimer – courir

- **Inversez les rôles avec un autre verbe.**

8 **Recopie seulement les verbes au passé composé. Indique leur infinitif.**

a. Nous avons fait un beau voyage.
b. Vous irez au Canada ?
c. Elle a souri en arrivant.
d. J'ai choisi un nouveau livre en BCD.
e. Tu marches sur un fil.
f. Tu as partagé ton goûter avec ton ami ?

9 **Ajoute un pronom personnel qui convient.**

a. … a parlé avec clarté et … avons compris.
b. … as pensé au pain ou … as oublié ?
c. … avez vu un hérisson mais … a disparu.
d. … ont bondi et … as couru après eux.

10 **Conjugue les verbes en couleur au passé composé.**

a. La panthère (courir) après la gazelle.
b. Les sauterelles (envahir) les champs.
c. Nous (présenter) notre exposé.
d. Vous (boire) un jus d'orange.

11 **Mets le texte au passé composé.**
Je passe mes vacances à Londres. Nous marchons beaucoup. Je vois des monuments. Nous visitons les musées et je mange des hot-dogs.

Je lis

La dent de Jean-Loup

Le jour de mon anniversaire, j'ai senti qu'une de mes dents bougeait. J'ai crié si fort que maman a failli renverser le café sur papa, qui s'étouffait de surprise. Ma sœur a bien rigolé. Mon chien en a profité pour lui voler sa tartine. Je n'ai pas pu m'empêcher d'éclater de rire… et c'est comme ça que ma dent a plongé dans mon lait.

D'après Jacqueline Frasca, *Dent de loup*, © éd. Nathan.

a. ✱ **La dent de Jean-Loup est-elle en train de tomber ou est-elle déjà tombée ?**

b. ✱✱ **Quelles actions se déroulent les unes après les autres ?**

J'écris

a. ✱ **Qu'est devenue la dent de Jean-Loup ? Écris deux phrases au passé composé. Tu peux utiliser ces verbes : récupérer – avaler – boire – sécher.**

b. ✱✱ **À ton tour, raconte comment ta première dent est tombée. Écris ton texte au passé composé.**

9 Comment conjuguer les verbes au passé composé avec être ?

Observons le monde

LA GAZETTE DES ALPES

L'exploit de Virginie Leroy, l'alpiniste

Virginie est arrivée au sommet du mont Blanc à 8 heures du matin. Ses camarades sont arrivés une heure plus tard.

Un photographe a voulu prendre une photo, mais Virginie a perdu l'équilibre. Elle est tombée dans une petite crevasse. Sous l'effet de la surprise, le photographe est tombé aussi. Virginie est allée à l'hôpital. Le photographe est rentré chez lui. Il n'avait rien.

1 Celui qui raconte est-il en train de regarder ce qui se passe au moment où il le raconte ? Comment le sais-tu ?

2 Quels verbes indiquent ce qui s'est passé ?

Observons la langue

3 Avec quel auxiliaire les verbes sont-ils conjugués ?
Qu'est-ce qui change dans les participes passés ? Avec quoi s'accordent-ils ?

a. Virginie est arrivée.
b. Ses camarades sont arrivés.
c. Virginie est tombée.
d. Le photographe est tombé.

4 Trouve le verbe aller dans le texte. Conjugue-le au passé composé à toutes les personnes.

Manipulons ensemble

5 Choisis les sujets qui conviennent. Indique l'infinitif de chaque verbe.

elle · il · Aline · ils · elles · Luc · Aline et Léa · Luc et Paul

... est monté · ... est partie · ... sont rentrés · ... sont restées

Qu'avons-nous compris ?

Mémo, p. 18

6 De quoi sont composés les verbes au passé composé dans cette leçon ?

7 Pourquoi la terminaison du participe passé change-t-elle dans certains cas ?

Je m'entraîne

Parcours 1

1 À deux **Chacun propose une phrase avec un verbe conjugué et un pronom personnel.**
est arrivé – suis parti – sont venues – est allée
- **Avez-vous utilisé les mêmes pronoms ?**

2 **Recopie seulement les verbes au passé composé avec l'auxiliaire être.**
elle est sortie – vous avez vu – tu as fini – elle a menti – vous êtes montés – tu es tombé

3 **Ajoute un pronom personnel qui convient.**
Exemple : ___ est venue → **elle** est venue
a. ___ es parti
b. ___ est entré
c. ___ suis monté
d. ___ sommes restés
e. ___ êtes descendus
f. ___ sont arrivées

4 **Conjugue l'auxiliaire être pour compléter ces phrases au passé composé.**
a. Elle ___ allée au cinéma.
b. Nous ___ partis en vacances.
c. Vous ___ rentrés tôt.
d. Tu ___ resté à la maison ?

5 **Complète les phrases avec le participe passé du verbe en couleur.**
a. Vous êtes (venir) seuls ?
b. Julie et Léna sont (partir) au parc.
c. Ils sont (aller) voir leurs cousins.
d. Elle est (descendre) à la cave.
e. Nous sommes (arriver) à la gare.

Parcours 2

6 À deux **L'un conjugue un verbe au passé composé avec les personnes du singulier. L'autre avec les personnes du pluriel.**
aller – monter – descendre – revenir – arriver
- **Inversez les rôles avec un autre verbe.**

7 **Recopie seulement les verbes qui se conjuguent avec l'auxiliaire être au passé composé.**
prendre – être – partir – monter – choisir – faire – arriver – dire – aller – venir – dormir

8 **Ajoute un pronom personnel qui convient.**
a. ___ avez acheté
b. ___ êtes rentrés
c. ___ avons marché
d. ___ sommes restés
e. ___ ont été
f. ___ sont allées

9 **Choisis le participe passé qui convient. Regarde bien l'auxiliaire utilisé !**
a. Nous avons (visités/visité) un phare.
b. Nous sommes (arrivés/arrivé) tôt.
c. Elle est (sorti/sortie) en courant.
d. Elle a (eu/eue) de la chance.
e. Ils ont (aperçus/aperçu) des baleines.
f. Elles sont (descendues/descendu) en ville.

10 **Conjugue aller puis voir au passé composé.**
a. Léna ___ au stade, elle ___ ses amies.
b. Léna et Salomé ___ au stade, elles ___ leurs amis.
c. Léna et Thomas ___ au stade, ils ___ leurs amis.
d. Mathis ___ au stade, il ___ ses amis.

Je lis

Choisir un chef

– Moi, a dit Eudes, je propose qu'on choisisse le chef, pic et pic et colégram…
– Pas question ! a dit Geoffroy. […]
Alors, Eudes lui a donné un coup de poing sur le nez. Geoffroy est tombé assis par terre […].
– Puisque c'est comme ça, a dit Geoffroy, tu ne fais plus partie de la bande !
– Bah ! a dit Eudes, je préfère rentrer chez moi !
Et il est parti.

R. Goscinny et J.-J. Sempé, *Les invincibles*, in *Histoires inédites du Petit Nicolas*, © éd. IMAV.

a. ✱ Que s'est-il passé entre Eudes et Geoffroy ? Trouve les verbes qui l'indiquent.

b. ✱✱ Quels sont les verbes conjugués au passé composé ? Avec quels auxiliaires sont-ils conjugués ?

J'écris

a. ✱ Qu'a fait Eudes en rentrant chez lui ? Écris deux phrases au passé composé avec l'auxiliaire être. Tu peux utiliser ces verbes : aller – descendre – monter – arriver.

b. ✱✱ T'es-tu déjà disputé(e) avec quelqu'un ? Raconte ce qui s'est passé au passé composé avec les auxiliaires être et avoir.

10 Comment conjuguer les verbes au futur ?

Observons le monde

1 Lucie est-elle en colonie au moment où elle parle ? Comment le sais-tu ?

2 Quels verbes indiquent ce que feront les enfants ?

Observons la langue

3 Quelles sont les terminaisons des verbes pour chaque personne au futur ? Changent-elles d'un groupe à l'autre ? Lesquelles se prononcent de la même manière ?

1er groupe : **jardiner**		2e groupe : **choisir**		3e groupe : **partir**	
je jardinerai	nous jardinerons	je choisirai	nous choisirons	je partirai	nous partirons
tu jardineras	vous jardinerez	tu choisiras	vous choisirez	tu partiras	vous partirez
il/elle jardinera	ils/elles jardineront	il/elle choisira	ils/elles choisiront	il/elle partira	ils/elles partiront

4 Trouve les verbes **être**, **avoir** et **aller** dans les bulles de Lucie et Fred. Conjugue-les au futur à toutes les personnes.

Manipulons ensemble

5 Complète les verbes au futur.

rai ou **rez** ?		**ras** ou **ra** ?		**rons** ou **ront** ?	
je fini…	vous allume…	elle dormi…	tu utilise…	nous visite…	ils écri…

Qu'avons-nous compris ?

Mémo, p. 18

6 Quand utilise-t-on le futur ?

7 Quelles sont les terminaisons du futur pour tous les verbes ?

8 Quelles terminaisons ne faut-il pas confondre ? Pourquoi ?

Je m'entraîne

Parcours 1

1 À deux **Chacun propose une phrase avec un verbe conjugué et un pronom personnel.**
monteras – finiront – aurai – sera
- **Avez-vous utilisé les mêmes pronoms ?**

2 **Recopie seulement les verbes au futur. Entoure les terminaisons.**
tu dormais – vous chanterez – ils sont – tu dormiras – vous chantiez – ils seront

3 **Ajoute un pronom personnel qui convient.**
Exemple : ___ partirai → **je** partirai
a. ___ servirai
b. ___ prendrez
c. ___ restera
d. ___ irons
e. ___ auras
f. ___ rempliront

4 **Complète le verbe conjugué.**
a. faire : tu ___ras
b. dire : vous ___rez
c. vouloir : je ___rai
d. prendre : il ___ra

5 **Choisis la forme verbale qui convient.**
a. Je (chanterez/chanterai) avec vous.
b. Vous (viendrez/viendrai) avec moi.
c. Nous (dessineront/dessinerons) un mouton.
d. Ils (garderont/garderons) les moutons.
e. Tu (aura/auras) un cadeau.
f. Il (sera/seras) bientôt là.

6 **Mets les phrases au futur.**
a. Nous visitons le château.
b. Vous dormez sous la tente.
c. Le train traverse la vallée.
d. Les coureurs sont prêts.
e. Tu applaudis le spectacle.

Parcours 2

7 À deux **L'un conjugue un verbe de la liste au futur avec les personnes du singulier. L'autre avec les personnes du pluriel.**
être – avoir – aller – pouvoir – prendre
- **Inversez les rôles avec un autre verbe.**

8 **Recopie seulement les verbes au futur. Indique leur infinitif.**
a. Je garderai un bon souvenir de vous.
b. Nous serons les premiers.
c. Nous étions au marché.
d. Vous viendrez pour le dîner ?
e. Mon frère aura bientôt 5 ans.

9 **Ajoute les pronoms personnels qui conviennent.**
a. ___ lanceras la balle et ___ l'attraperons.
b. ___ dirai une petite fable et ___ écouterez.
c. ___ jouera pendant que ___ rangerez.
d. ___ auras le cadeau quand ___ seront là.

10 **Mets les sujets au pluriel.**
a. Je rangerai mes affaires.
b. Le chat boira du lait.
c. Il pourra venir demain.
d. Tu prendras des précautions.

11 **Conjugue les verbes en couleur au futur. N'oublie pas le e à la fin du radical !**
a. Les enfants (jouer) à la marelle.
b. Vous (continuer) jusqu'à la forêt.
c. Elle (distribuer) les cahiers.
d. Nous (étudier) l'Europe.

Je lis

Le Petit Prince et le renard

Le renard explique au Petit Prince comment l'apprivoiser.

– Si tu veux un ami, apprivoise-moi !
– Que faut-il faire ? dit le Petit Prince.
– Il faut être très patient, répondit le renard. Tu t'assoiras d'abord un peu loin de moi, comme ça, dans l'herbe. Je te regarderai du coin de l'œil et tu ne diras rien. Le langage est source de malentendus. Mais, chaque jour, tu pourras t'asseoir un peu plus près…

Antoine de Saint-Exupéry, *Le Petit Prince*, © éd. Gallimard.

a. * **Pourquoi le renard utilise-t-il le futur pour parler au Petit Prince ?**
b. ** **Que doit faire le Petit Prince pour apprivoiser le renard ? Liste les différentes actions.**

J'écris

a. * **Le Petit Prince dit au renard qu'il fera exactement ce qu'il lui conseille. Écris trois phrases au futur avec ces verbes : s'asseoir – regarder – dire.**

b. ** **Le Petit Prince écoutera-t-il les conseils du renard ? Décris ce qui se passera le lendemain. Utilise des verbes au futur.**

1 Comment écrire le son [ɛ̃] ? in, ain, ein

Observons le monde

Mettons un peu d'ordre dans les affaires du grenier !

1 **Classe les noms des objets dans deux groupes selon leur son. Écoute bien chaque mot.**

2 **Quels sons ont permis de classer les noms ?**

Observons la langue

3 **Comment s'écrit le son [ɛ̃] dans chaque mot ?**
un lapin – un train – une ceinture

Manipulons ensemble

4 **Trie ces mots selon la façon d'écrire le son [ɛ̃].**

un prince | le coussin | une main | une peinture | le singe | un bain | la pince | un copain

Qu'avons-nous compris ?

Mémo, p. 22

5 **Combien de façons d'écrire le son [ɛ̃] as-tu découvertes ?**

6 **Comment peux-tu écrire ce son ?**

Des mots à connaître

- un sapin – la fin – un lapin – un matin – le chemin – interdit – malin – inviter
- le pain – un train – la main – un grain – un humain – demain – certain – craindre
- une ceinture – la peinture – plein – éteindre

Je m'entraîne

Parcours 1

1 À deux — Chacun cherche le plus vite possible :
– trois mots avec le son [ɛ̃] ;
– trois mots avec le son [ɑ̃] de serpent.
- Qui a été le plus rapide ?

2 Recopie les mots et barre l'intrus dans chaque liste.
Exemple : malin – un requin – un pantin – ~~un serpent~~ (il ne contient pas le son [ɛ̃])
a. le pain – un train – un banc – la main
b. le chemin – la dent – un sapin – un matin
c. un éléphant – le lapin – la fin – le grain

3 Remets les groupes de lettres dans l'ordre. Écris les mots.
Exemple : le [pin] [la] → le lapin
a. [ter] [in] [dit]
b. une [tu] [re] [cein]
c. un [main] [hu]
d. [dre] [crain]

4 Recopie le mot de chaque liste qui contient le son [ɛ̃].
a. la baignade – un grain – une graine
b. une copine – le matin – le cinéma
c. une chaîne – un traîneau – le train
d. la baleine – plein – pleine

5 Complète avec les lettres qui servent à écrire le son [ɛ̃].
Aide : cherche dans la liste « Des mots à connaître ».
- Le son [ɛ̃] s'écrit avec deux lettres :

a. un chem…
b. …viter
c. mal…
- Le son [ɛ̃] s'écrit avec trois lettres :

d. la m…
e. cert…
f. une c…ture
g. ét…dre

6 Écris les mots qui manquent. Ils contiennent tous le son [ɛ̃].
Aide : cherche dans la liste « Des mots à connaître ».
a. Ce n'est pas hier, ni aujourd'hui, c'est … .
b. Chez le boulanger, tu achètes du … .
c. Pour peindre, tu utilises de la … .
d. Quand le film se termine, c'est la … .

Parcours 2

7 À deux — Sans regarder la liste, chacun cherche le plus vite possible :
– trois mots avec le son [ɛ̃] qui s'écrit ain ;
– trois mots avec le son [ɛ̃] qui s'écrit ein.
- Qui a été le plus rapide ?

8 Recopie les mots et barre l'intrus dans chaque liste.
a. un rein – plein – rien – une ceinture
b. la main – le train – traîner – du pain
c. le moulin – un lapin – un brin – la lapine
d. un chagrin – la matinée – le matin – une main

9 Remets dans l'ordre les lettres qui servent à écrire le son [ɛ̃]. Écris les mots.
a. la m[ian]
b. un pat[ni]
c. une c[ien]ture
d. le tr[ina]
e. pl[eni]

10 Écris un mot de la même famille au masculin contenant le son [ɛ̃].
a. la matinée → le m…
b. une voisine → le v…
c. pleine → p…
d. une graine → un g…
e. une Américaine → un A…

11 Complète avec les lettres qui servent à écrire le son [ɛ̃]. Cherche dans la liste « Des mots à connaître » des mots de la même famille.
a. une …vitation
b. le p…tre
c. c…turer
d. le lendem…
e. incert…
f. …terdiction

12 Recopie les mots et entoure les lettres qui servent à écrire le son [ɛ̃].
a. le marin
b. un invité
c. quinze
d. un bain
e. plein
f. du crin
g. le peintre
h. le lin
i. une cinquantaine
j. une vingtaine

→ Dictée, p. 151

2 Comment écrire le son [ã] ? an, en

Observons le monde

1 **Classe les noms des objets dans deux groupes selon leur son. Écoute bien chaque mot.**

2 **Quels sons ont permis de classer les mots ?**

Observons la langue

3 **Comment s'écrit le son [ã] dans chaque mot ?**
une plante – une pendule

Manipulons ensemble

4 **Trie ces mots selon la façon d'écrire le son [ã].**

une vendeuse | un volant | un marchand | la langue | un chanteur | silencieux | un médicament | grandir

Qu'avons-nous compris ?

Mémo, p. 22

5 **Combien de façons d'écrire le son [ã] as-tu découvertes ?**

6 **Comment peux-tu écrire ce son ?**

Des mots à connaître

- un enf**an**t – un march**an**d – une pl**an**te – une or**an**ge – la l**an**gue – bl**an**c – gr**an**d – m**an**ger – ch**an**ter – dem**an**der
- un **en**fant – le v**en**t – les par**en**ts – le sil**en**ce – une d**en**t – cont**en**t – tr**en**te – **en**trer – s**en**tir – p**en**ser

Je m'entraîne

Parcours 1

1 À deux **Chacun cherche le plus vite possible :**
– trois mots avec le son [ɑ̃] ;
– trois mots avec le son [ɔ̃] de ballon.

- **Qui a été le plus rapide ?**

2 **Recopie les mots et barre l'intrus dans chaque liste.**
Exemple : un éléphant – le banc – ~~un bonbon~~
(il ne contient pas le son [ɑ̃])
a. une dent – le vent – le silence – le bidon
b. blanc – blond – chanter – une plante – la langue
c. grand – le plafond – un enfant – une orange

3 **Remets les groupes de lettres dans l'ordre. Écris les mots.**
Exemple : une [man] [ma] → une maman
a. [man] [de] [der]
b. [trer] [en]
c. un [chand] [mar]
d. une [gue] [lan]
e. [tent] [con]

4 **Recopie seulement les mots qui contiennent le son [ɑ̃].**
chanter – le vent – un ballon – sentir – penser – la fenêtre – une dent – un parent – content – grand

5 **Complète avec les lettres qui servent à écrire le son [ɑ̃].**
Aide : cherche dans la liste « Des mots à connaître ».
a. m…ger
b. tr…te
c. un …f…t
d. bl…c
e. le v…t
f. un march…d
g. s…tir
h. une pl…te

6 **Écris le mot qui manque. Il contient le son [ɑ̃].**
Aide : cherche dans la liste « Des mots à connaître ».
a. On la presse pour en boire le jus, c'est une … .
b. Il souffle et fait tourner les éoliennes, c'est le … .
c. Un père et une mère, ce sont des … .
d. Quand on ne connaît pas la réponse, on donne sa … au chat.

Parcours 2

7 À deux **Sans regarder la liste, chacun cherche le plus vite possible :**
– trois mots avec le son [ɑ̃] qui s'écrit an ;
– trois mots avec le son [ɑ̃] qui s'écrit en.

- **Qui a été le plus rapide ?**

8 **Recopie les mots et barre l'intrus dans chaque liste.**
a. un plan – le rang – l'année
b. la pente – le renne – la tente
c. grand – le sang – un panier
d. se promener – une dent – lent

9 **Remets dans l'ordre les lettres qui servent à écrire le son [ɑ̃]. Écris les mots.**
a. de l'arg[ne]t
b. un m[ne]teur
c. att[ne]dre
d. du s[na]g
e. méch[na]t
f. un fl[na]

10 **Écris un mot de la même famille contenant le son [ɑ̃].**
a. de l'encre → …
b. une dent → …
c. un éléphant → …
d. cent (100) → …
e. la plante → …

11 **Complète avec les lettres qui servent à écrire le son [ɑ̃]. Cherche dans la liste « Des mots à connaître » des mots de la même famille.**
a. une ch…son
b. sil…cieux
c. une pl…tation
d. gr…dir
e. un d…tiste
f. …f…tin
g. une march…dise

12 **Recopie les mots et entoure les lettres qui servent à écrire le son [ɑ̃].**
a. un dentier
b. méchant
c. le silence
d. gentil
e. une banque
f. manquer
g. absent
h. mentir

→ Dictée, p. 151

3 Quand n devient-il m ?

Observons le monde

1 **Classe les cartes dans trois groupes : son [ɛ̃], son [ɑ̃], son [ɔ̃].**

Observons la langue

2 **Comment s'écrivent les sons [ɛ̃], [ɑ̃] et [ɔ̃] dans chaque mot ?**
Devant quelles lettres sont-ils placés ?

a. un imperméable – un timbre – immangeable
b. une ampoule – une ambulance
c. une tempête – un camembert – emmener
d. le pompier – un trombone

Manipulons ensemble

3 **Trie ces mots selon la façon d'écrire les sons [ɛ̃], [ɑ̃] et [ɔ̃] : avec n ou m.**

un tonton | du jambon | grimper | tomber | janvier | grincer

Qu'avons-nous compris ?

Mémo, p. 22

4 **Que devient le n de in, an, en et on quand il est devant les lettres m, b, p ?**

5 **Comment écrit-on les sons [ɛ̃], [ɑ̃] et [ɔ̃] devant les lettres m, b, p ?**

Je m'entraîne

Parcours 1

1 À deux **L'un recopie les mots où le son [ɑ̃] s'écrit avec n. L'autre recopie les mots avec m.**

la lampe – une ampoule – un banc – une jambe – le ruban – une plante – une chambre – la langue

- **Vérifiez ensemble.**

2 **Recopie les mots et barre l'intrus dans chaque liste.**

Exemple : une trompe – un pompier – ~~une ronde~~ (le son [ɔ̃] s'écrit on)

a. le champ – une chanson – la campagne – un camp
b. un timbre – simple – un cintre – impair
c. une bombe – une tombe – pondre – sombre

3 **Remets les groupes de lettres dans l'ordre. Écris les mots.**

Exemple : une [pette] [trom] → une trompette

a. la [gne] [pa] [cam]
b. un [pier] [pom]
c. un [pion] [cham]
d. la [pê] [tem] [te]
e. du [bon] [jam]
f. [tant] [im] [por]

4 **Recopie seulement les mots où les sons [ɛ̃], [ɑ̃] et [ɔ̃] s'écrivent avec m. Souligne la lettre qui est juste après le m.**

a. un tambour
b. le timbre
c. un ruban
d. une banque
e. une bombe
f. un bambin
g. un pont
h. un pompier

5 **Complète les mots avec la bonne orthographe.**

Aide : regarde bien la lettre en couleur.

- **in** ou **im** ?

a. Il gr…pe sur la branche.
b. Le s…ge est un animal amusant.

- **en** ou **em** ?

c. Le t…ps passe vite.
d. La t…pête a détruit la forêt.
e. Le v…t souffle fort.

- **an** ou **am** ?

f. La ferme est à la c…pagne.
g. Je frappe sur mon t…bour.
h. Il y a une …tenne sur le toit.

- **on** ou **om** ?

i. La tr…pette est un instrument de musique.
j. Sans lumière, il fait s…bre.
k. Le p…t passe au-dessus de la rivière.

Parcours 2

6 À deux **Chacun cherche le plus vite possible :**
– trois mots où le son [ɛ̃] s'écrit in ;
– trois mots où le son [ɛ̃] s'écrit im.

- **Qui a été le plus rapide ?**

7 **Recopie les mots et barre l'intrus dans chaque liste.**

a. une timbale – immense – un timbre
b. trembler – emporter – entendre
c. une rampe – un campeur – un ange
d. tomber – sombre – content

8 **Remets dans l'ordre les lettres qui servent à écrire les sons [ɛ̃], [ɑ̃] et [ɔ̃]. Souligne la lettre juste après.**

a. une t[mi]bale
b. s[mi]ple
c. une [mi]passe
d. la t[me]pérature
e. la c[ma]pagne
f. un ch[ma]pionnat
g. une p[mo]pe

9 **Écris un mot de la même famille contenant le son [ɛ̃], [ɑ̃] ou [ɔ̃] .**

a. le camp → …
b. une trompe → …
c. le champion → …
d. une rampe → …

10 **Complète avec les lettres qui servent à écrire les sons [ɛ̃], [ɑ̃] et [ɔ̃].**

in – im – an – am – on – om

a. une j…be
b. r…per
c. un lap…
d. une …bre
e. la l…gue
f. une l…pe
g. t…ber
h. s…ple
i. une tr…pette
j. un ch…teur
k. une …poule
l. un ball…

11 **Recopie les mots et entoure les lettres qui servent à écrire les sons [ɛ̃], [ɑ̃] et [ɔ̃].**

a. le champion
b. le lampion
c. simple
d. ramper
e. impair
f. un empire
g. le temps
h. l'ombre

→ Dictée, p. 152

4 Comment écrire le son [ɛ] ? e
(La lettre e suivie d'une ou de deux consonnes)

Observons le monde

1 Que vois-tu sur chaque photo ?
2 Quel son entends-tu dans tous les mots ?

Observons la langue

3 Comment s'écrit le son [ɛ] dans chaque mot ? Quelle lettre vient juste après ? Comment appelle-t-on ce type de lettre ?
du sel – la mer – un bec

4 Comment s'écrit le son [ɛ] dans chaque mot ? Quelles sont les deux lettres qui viennent juste après ? Comment appelle-t-on ce type de lettre ?
un escargot – l'herbe

Manipulons ensemble

5 Classe ces mots dans le tableau.

un ver – le gel – un échec – une veste – une escalope – la lecture – la Belgique – le cerveau

Au début et au milieu des mots	À la fin des mots
e + consonne + consonne	e + consonne
...	...

Qu'avons-nous compris ?

6 Avec combien de lettres écrit-on le son [ɛ] ?
7 Comment appelle-t-on les lettres qui se trouvent juste après e ?
8 Dans ce cas, comment se prononce la lettre e ?

Mémo, p. 23

Des mots à connaître

Les mots avec le son [ɛ] qui s'écrit e
- du sel – un appel – un tunnel – personnel – naturel
- l'hiver – un verbe – une couverture – cher – servir
- un bec – la lecture – un spectacle – sec – inspecter
- une question – un geste – un escalier – gigantesque – rester

Je m'entraîne

Parcours 1

1 À deux **Chacun cherche le plus vite possible les mots où la lettre e fait le son [ε].**
merci – un melon – un reste – un record – la pelouse – un manuel – direct – un requin
- **Qui a été le plus rapide ?**

2 **Recopie les mots et barre l'intrus dans chaque liste.**
Exemple : la mer – mercredi – merci – ~~un rocher~~ (il ne contient pas le son [ε])
a. l'hiver – un verbe – cher – le clocher
b. un appel – un tunnel – appeler – naturel
c. un bec – la sécurité – sec – inspecter
d. un geste – rester – un escalier – le besoin

3 **Remets les groupes de lettres dans l'ordre. Écris les mots.**
Exemple : un [nnel] [tu] → un tunnel
a. [vir] [ser]
b. un [ppel] [a]
c. [nnel] [per] [so]
d. la [tu] [lec] [re]
e. [rel] [tu] [na]
f. un [ta] [spec] [cle]
g. une [ver] [cou] [re] [tu]

4 **Recopie seulement les mots qui contiennent le son [ε].**
du sel – une question – un médecin – un verbe – un bec – le déjeuner – une mesure – gigantesque

5 **Complète avec les lettres qui manquent. Ces mots contiennent le son [ε].**
Aide : cherche dans la liste « Des mots à connaître ».
a. un …calier
b. insp…ter
c. un g…te
d. s…vir
e. un tunn…

6 **Écris le mot qui manque. Il contient le son [ε].**
Aide : cherche dans la liste « Des mots à connaître ».
a. On répond à une … .
b. Au CP, on apprend l'écriture et la … .
c. Les oiseaux mangent avec leur … .
d. La nuit, on se couvre avec une … .
e. On applaudit à la fin d'un … .

Parcours 2

7 À deux **Chacun cherche le plus vite possible dans un dictionnaire trois mots qui commencent avec le son [ε] qui s'écrit e.**
- **Qui a été le plus rapide ?**

8 **Recopie les mots et barre l'intrus dans chaque liste.**
a. perdre – la mer – une personne – un métier
b. mortel – un hôtel – du matériel – relire
c. du nectar – avec – une recette – un adjectif
d. une escalope – peser – l'espoir – l'esprit

9 **Remets dans l'ordre les lettres de ces mots qui contiennent le son [ε]. Écris les mots.**
a. du [rve]nis
b. une coll[tce]ion
c. [pes]érer
d. m[rev]eilleux
e. de l'h[rbe]e
f. immort[le]

10 **Écris un mot de la même famille contenant le son [ε].**
a. un directeur → une …
b. respecter → le …
c. escalader → l'…
d. rechercher → la …
e. encercler → un …

11 **Complète avec les lettres qui manquent. Ces mots contiennent le son [ε].**
a. un sp…tateur
b. hiv…nal
c. qu…tionner
d. insp…teur
e. p…sonnalité
f. la g…tuelle
g. un l…teur

12 **Recopie les mots et entoure la lettre qui sert à écrire le son [ε]. Souligne la ou les consonnes qui suivent.**
a. perdre
b. un colonel
c. du pastel
d. mercredi
e. un rectangle
f. du caramel
g. l'espace
h. un restaurant

→ Dictée, p. 152

5 Comment écrire le son [ɛ] ? ai, è, ê, ei, et

Observons le monde

a

b

1 Quel son entends-tu dans tous les noms d'animaux du poster **a** ?

2 Quel son entends-tu dans tous les noms d'animaux du poster **b** ?

Observons la langue

3 **Comment s'écrit le son [ɛ] dans chaque mot ?**
un aigle – une chèvre – une guêpe – une baleine – un perroquet

Manipulons ensemble

4 **Trie ces mots selon la façon d'écrire le son [ɛ].**

une fenêtre | un balai | une flèche | un renseignement | un collège | un trait | une reine

Qu'avons-nous compris ?

Mémo, p. 23

5 **Combien de façons d'écrire le son [ɛ] as-tu découvertes ?**

6 **Comment peux-tu écrire ce son ?**

Des mots à connaître

- une maison – le lait – le plaisir – mauvais – vrai – aimer – laisser
- une pièce – la manière – troisième
- la tête – la forêt – prêt – arrêter
- un objet – un jouet – complet
- la neige – la peine – freiner

Je m'entraîne

Parcours 1

1 À deux **Chacun cherche le plus vite possible :**
– trois mots avec le son [ɛ] ;
– trois mots avec le son [ə] de renard.

- **Qui a été le plus rapide ?**

2 **Recopie les mots et barre l'intrus dans chaque liste.**
Exemple : une pêche – la fête – ~~bleu~~ – un chêne (il ne contient pas le son [ɛ])
a. une maison – le feu – le plaisir – le lait
b. une pièce – la manière – un renard – troisième
c. un jouet – un nœud – un objet – complet
d. la peine – freiner – la neige – un caneton

3 **Remets les groupes de lettres dans l'ordre. Écris les mots.**
Exemple : la [rêt] [fo] → la forêt
a. un [et] [jou]
b. [vais] [mau]
c. [mer] [ai]
d. [ter] [a] [rrê]
e. [siè] [me] [troi]
f. une [ce] [piè]
g. la [ge] [nei]

4 **Recopie seulement les mots qui contiennent le son [ɛ].**
la neige – la pluie – le lait – complet – compléter – freiner – le frein – laisser – vrai – un requin

5 **Complète avec les lettres qui servent à écrire le son [ɛ].**
Aide : cherche dans la liste « Des mots à connaître ».

- Le son [ɛ] s'écrit avec une lettre :

a. la t...te
b. une pi...ce
c. la for...t
d. pr...t

- Le son [ɛ] s'écrit avec deux lettres :

e. vr...
f. la p...ne
g. le l...t
h. un jou...

6 **Écris le mot qui manque. Il contient le son [ɛ].**
Aide : cherche dans la liste « Des mots à connaître ».
a. Le Père Noël apporte des ... .
b. Le Petit Chaperon rouge se promène dans la ... .
c. Si on arrive après le deuxième, on arrive le ... .
d. La vache donne du ... .
e. Quand on est triste, on a beaucoup de ... .

Parcours 2

7 À deux **Sans regarder la liste, chacun cherche le plus vite possible :**
– trois mots avec le son [ɛ] qui s'écrit ai ;
– trois mots avec le son [ɛ] qui s'écrit è.

- **Qui a été le plus rapide ?**

8 **Recopie les mots et barre l'intrus dans chaque liste.**
a. un filet – un paquet – l'étage – un bouquet
b. une baleine – un peigne – la reine – rien
c. du blé – la panthère – la bière – une sorcière
d. un chêne – une fenêtre – le vélo – la tempête

9 **Remets dans l'ordre les lettres qui servent à écrire le son [ɛ]. Écris les mots.**
a. un boul[te]
b. une bal[ie]ne
c. un v[ia]sseau
d. se p[ie]gner
e. une r[ie]ne
f. le jou[te]

10 **Écris un mot de la même famille contenant le son [ɛ].**
a. une baleine → un b...
b. un peigne → se p...
c. bête → une b...
d. fêter → la f...
e. la raison → le r...

11 **Complète avec les lettres qui servent à écrire le son [ɛ]. Cherche dans la liste « Des mots à connaître » des mots de la même famille.**
a. un l...tage
b. n...ger
c. une m...sonnette
d. vr...ment
e. un arr...t
f. pr...ter
g. mauv...se

12 **Recopie les mots et entoure les lettres qui servent à écrire le son [ɛ].**
a. un trèfle
b. une paire
c. ma mère
d. le poulet
e. la fenêtre
f. le manège
g. une guêpe
h. être

→ Dictée, p. 153

Orthographe

6 Comment écrire le son [e] ? é, er, ez

Observons le monde

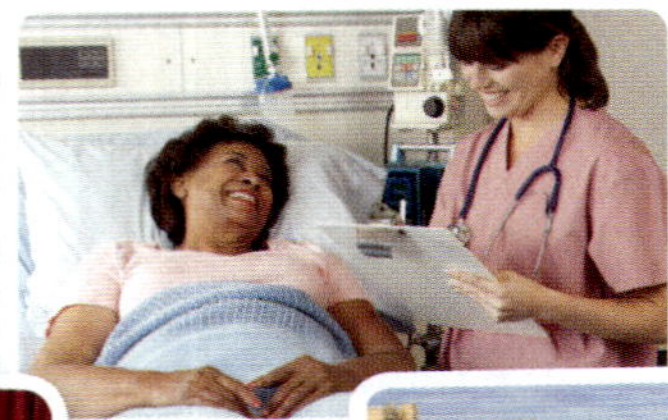

1 **Classe les noms des métiers dans deux groupes selon leur son. Écoute bien chaque mot.**

2 **Quels sons ont permis de classer les mots ?**

Observons la langue

3 **Comment s'écrit le son [e] dans chaque mot ? Où est placée la lettre qui sert à écrire le son [e] ?**
un éboueur – un comédien – un curé

4 **Comment s'écrit le son [e] dans ces mots ? Où sont toujours placées les lettres qui servent à écrire le son [e] ?**
a. un boulanger – un fermier – un poissonnier
b. parler – chanter – sauter
c. vous parlez – vous chantez – vous sautez

Manipulons ensemble

5 **Trie ces mots selon la façon d'écrire le son [e].**

décembre | un nez | du papier | le boucher | le cahier | un éléphant
coller | des épinards | assez | un poirier | chez

Qu'avons-nous compris ?

Mémo, p. 23

6 **Combien de façons d'écrire le son [e] as-tu découvertes ?**

7 **Comment peux-tu écrire ce son ?**

Des mots à connaître

- le début – un numéro – l'école – l'année – différent – énorme – précis – répondre – écrire – découvrir
- le nez – chez – assez
- un papier – un rocher – le danger – premier – entier – trouver – arriver

Je m'entraîne

Parcours 1

1 À deux Chacun cherche le plus vite possible :
– trois mots avec le son [e] ;
– trois mots avec le son [ɛ].
- **Qui a été le plus rapide ?**

2 Recopie les mots et barre l'intrus dans chaque liste.
Exemple : un dé – ~~une crème~~ – le vélo
(il ne contient pas le son [e])
a. le début – l'école – la règle
b. premier – entière – entier
c. énorme – précis – bête

3 Remets les groupes de lettres dans l'ordre. Écris les mots.
Exemple : le [but] [dé] → le début
a. un [mé] [ro] [nu]
b. [ver] [trou]
c. un [pier] [pa]
d. [ffé] [rent] [di]

4 Recopie seulement les mots qui contiennent le son [e].
trouver – la mer – le danger – vous écrivez – le nez – le gaz – l'année – la crème

5 Complète avec les lettres qui servent à écrire le son [e].
Aide : cherche dans la liste « Des mots à connaître ».
- Le son [e] s'écrit avec une lettre :

a. d…couvrir
b. r…pondre
c. un num…ro
d. diff…rent
- Le son [e] s'écrit avec deux lettres :

e. ch…
f. ass…
g. un roch…
h. arriv…

6 Écris le mot qui manque. Il contient le son [e].
Aide : cherche dans la liste « Des mots à connaître ».
a. Pour apprendre à lire et à écrire, on va à l'… .
b. Il y a douze mois dans une … .
c. Une grosse pierre, c'est un … .
d. Quand le film commence, c'est le … .
e. L'organe de l'odorat, c'est le … .

Parcours 2

7 À deux Sans regarder la liste, chacun cherche le plus vite possible :
– trois mots avec le son [e] qui s'écrit **é** ;
– trois mots avec le son [e] qui s'écrit **er**.
- **Qui a été le plus rapide ?**

8 Recopie les mots et barre l'intrus dans chaque liste.
a. le marché – le bélier – la grêle
b. le jouet – écrire – chez
c. le nez – un hérisson – la panthère
d. la clé – le dé – la scène

9 Remets dans l'ordre les lettres qui servent à écrire le son [e]. Écris les mots.
a. le boulang[re]
b. vous écriv[ze]
c. l'oreill[re]
d. ass[ze]
e. le bouch[re]
f. vous chant[ze]

10 Écris le nom de métier au masculin contenant le son [e].
a. une cuisinière → un …
b. une bouchère → un …
c. une costumière → un …
d. une couturière → un …
e. une potière → un …

11 Complète avec les lettres qui servent à écrire le son [e]. Cherche dans la liste « Des mots à connaître » des mots de la même famille.
a. une r…ponse
b. retrouv…
c. d…buter
d. num…roter
e. une …colière
f. indiff…rent
g. une pr…cision

12 Recopie les mots et entoure les lettres qui servent à écrire le son [e].
a. un prunier
b. la pédale
c. l'escalier
d. un élève
e. l'écran
f. le préau
g. vous partez
h. une étagère

→ Dictée, p. 153

7 Comment écrire le son [s] (s, ss, c, ç) et le son [z] ? (z, s)

Observons le monde

1 **Classe les noms d'animaux dans deux groupes selon leur son. Écoute bien chaque mot.**

2 **Quels sons ont permis de classer les mots ?**

Observons la langue

3 **Comment s'écrit le son [s] dans chaque mot ?**
un cygne – un serpent – un poisson – un limaçon

4 **Comment s'écrit le son [z] dans chaque mot ?**
un bison – un zèbre

5 **s ou ss ? Quel son fait la lettre s dans chaque mot ? Où est-elle placée ? Quand écrit-on ss ?**
un serpent – un ours – un escargot – un bison – un poisson

6 **c ou ç ? Quel son fait la lettre c dans chaque mot ? Quelle lettre vient juste après ? Quand écrit-on ç ?**
un cygne – une luciole – une puce – un faucon – un limaçon

Manipulons ensemble

7 **Écris sur ton ardoise la ou les lettres qui font le son [s].**
une chaussure – une personne – un reçu – un cirque

8 **Écris sur ton ardoise la lettre qui fait le son [z].**
le gazon – du poison

Qu'avons-nous compris ?

9 **Comment peux-tu écrire le son [s] ?**

10 **Comment peux-tu écrire le son [z] ?**

Mémo, p. 24

Des mots à connaître

Les mots avec le son [s]
- une histoire – le soleil – un ours – seul – savoir – rester
- un dessin – possible – passer
- une pièce – facile – placer
- un glaçon – déçu

Les mots avec le son [z]
- l'horizon – bizarre
- une maison – une chose – un oiseau – choisir

Je m'entraîne

Parcours 1

1 À deux Chacun reconstitue quatre mots avec ces groupes de lettres.

blo	son
la	cage
mai	sson
boi	çage

- **Qui a été le plus rapide ?**

2 Recopie les mots et barre l'intrus dans chaque liste.

a. le soleil – une histoire – un ours – un oiseau
b. un oiseau – le soleil – une chose – une maison
c. un glaçon – une pièce – un dessin – l'horizon

3 Remets les groupes de lettres dans l'ordre. Écris les mots.

a. cer | pla
b. sir | choi
c. leil | so
d. çu | dé

4 Recopie les mots qui contiennent le son [s].

facile – bizarre – choisir – seul – possible – savoir

5 Complète avec les lettres qui servent à écrire le son [s].

Aide : cherche dans la liste « Des mots à connaître ».

a. un gla... on
b. une piè... e
c. pa... er
d. un our...

6 Recopie les mots où la lettre s fait le son [z].

le soleil – une maison – un ours – un oiseau – seul

7 Complète avec les lettres qui servent à écrire le son [z].

Aide : cherche dans la liste « Des mots à connaître ».

a. bi... arre
b. choi... ir
c. une cho... e
d. l'hori...

8 Écris le mot qui manque. Il contient le son [s] ou le son [z].

Aide : cherche dans la liste « Des mots à connaître ».

a. Quand on n'est pas content de soi, on est ... .
b. Avec des crayons de couleur, on peut faire un ... .
c. Avant de dormir, on peut lire une ... .
d. Il a des ailes et un bec, c'est un ... .
e. Le plus loin qu'on puisse voir, c'est la ligne d'... .

Parcours 2

9 À deux Sans regarder la liste, chacun cherche le plus vite possible :
– trois mots avec le son [s] ;
– trois mots avec le son [z].

- **Qui a été le plus rapide ?**

10 Recopie les mots et barre l'intrus dans chaque liste.

a. assez – une moustache – une case – la valse
b. la mousse – un vase – un bossu – la brosse
c. un caleçon – un hameçon – le balcon – un glaçon
d. l'espace – une escalade – un escargot – poser

11 Recopie les mots et entoure les lettres qui servent à écrire le son [s].

a. un caleçon
b. une sauterelle
c. la mousse
d. un escargot
e. le pouce
f. un message

12 Recopie les mots et entoure les lettres qui servent à écrire le son [z].

a. la chaise
b. du gazon
c. un zèbre
d. une cerise
e. un cousin
f. seizième

13 Écris un mot de la même famille contenant le son [s].

a. une brosse → ...
b. un poisson → ...
c. le singe → ...
d. le citron → ...

14 Complète avec les lettres qui servent à écrire les sons [s] et [z]. Cherche dans la liste « Des mots à connaître » des mots de la même famille.

a. un per... nnage
b. une mai... onnette
c. gla... é
d. fa... ilement
e. un de... inateur
f. hori... ontal

15 Complète avec s ou ss comme il convient.

a. la pa... tèque
b. pou... er
c. po... er
d. le cha... eur
e. une phra... e
f. la ... ouris

16 Complète avec c ou ç comme il convient.

a. une lima... e
b. une le... on
c. un ... ygne
d. le ... iel
e. le fran... ais
f. un gar... on

→ Dictée, p. 154

8 Comment écrire le son [g] (g, gu) et le son [ʒ] ? (j, g, ge)

Observons le monde

1 Quel son entends-tu dans tous les noms représentés sur la page a ?

2 Quel son entends-tu dans tous les noms représentés sur la page b ?

Observons la langue

3 **Comment s'écrit le son [g] dans chaque mot ?** un gorille – une guitare

4 **Comment s'écrit le son [ʒ] dans chaque mot ?** des jouets – une girafe – un pigeon

5 **g ou gu ? Quel son fait la lettre g dans chaque mot ? Quelle lettre vient juste après ? Quand écrit-on gu ?**
un alligator – un gorille – un légume – une église – un tigre – une girafe – une guitare

6 **g ou ge ? Quel son fait la lettre g dans chaque mot ? Quelle lettre vient juste après ? Quand écrit-on ge ?**
un nuage – une girafe – le gymnase – un dragon – un pigeon

Manipulons ensemble

7 **Écris sur ton ardoise la ou les lettres qui font le son [g].**
une guirlande | une gourde | un gâteau

8 **Écris sur ton ardoise la ou les lettres qui font le son [ʒ].**
un plongeon | la joie | le singe

Qu'avons-nous compris ?

9 Comment peux-tu écrire le son [g] ?

10 Comment peux-tu écrire le son [ʒ] ?

Mémo, p. 25

Des mots à connaître

Les mots avec le son [g]
- un magasin – une goutte – une glace – un légume – regarder – gonfler – grimper – gai – gros
- une vague – une guitare – guider

Les mots avec le son [ʒ]
- le sujet – jouer – jaune
- une page – une région – magique – geler
- un pigeon

Je m'entraîne

Parcours 1

1 À deux Chacun reconstitue quatre mots avec ces groupes de lettres.

nei	geon
pi	gue
dra	ge
lan	gon

- **Qui a été le plus rapide ?**

2 Recopie les mots et barre l'intrus dans chaque liste.

a. une goutte – un magasin – une glace – une région
b. une page – une région – une guitare – un pigeon
c. regarder – gonfler – grimper – jouer – guider

3 Remets les groupes de lettres dans l'ordre. Écris les mots.

a. ne | jau
b. ler | ge
c. gi | que | ma
d. me | gu | lé

4 Recopie les mots qui contiennent le son [g].

gai – gros – jouer – une vague – un pigeon – une goutte – jaune – une glace – geler

5 Complète avec les lettres qui servent à écrire le son [g].

Aide : cherche dans la liste « Des mots à connaître ».

a. un ma…asin
b. un lé…ume
c. une va…e
d. …ider

6 Recopie les mots qui contiennent le son [ʒ].

une page – une guitare – grimper – magique – un sujet – une région – gai – un pigeon

7 Complète avec les lettres qui servent à écrire le son [ʒ].

Aide : cherche dans la liste « Des mots à connaître ».

a. un pi…on
b. une ré…ion
c. …ouer
d. ma…ique

8 Écris le mot qui manque. Il contient le son [g] ou le son [ʒ].

Aide : cherche dans la liste « Des mots à connaître ».

a. À la mer, quand il y a du vent, on voit des … .
b. On tourne celle du livre, c'est la … .
c. On peut s'y regarder ou la manger, c'est la … .
d. C'est la couleur du poussin, c'est le … .
e. On les mange cuits ou crus, ce sont les … .

Parcours 2

9 À deux Sans regarder la liste, chacun cherche le plus vite possible :
– trois mots avec le son [g] ;
– trois mots avec le son [ʒ].

- **Qui a été le plus rapide ?**

10 Recopie les mots et barre l'intrus dans chaque liste.

a. le large – bouger – une bague – un gyrophare
b. la joie – la jupe – une orange – un gorille
c. un gâteau – des légumes – un gang – une cage
d. une guitare – une girafe – une guirlande – du gui

11 Recopie les mots et entoure les lettres qui servent à écrire le son [g].

a. un garage
b. le gorille
c. un bagage
d. le gâteau
e. la fatigue
f. une guirlande

12 Recopie les mots et entoure les lettres qui servent à écrire le son [ʒ].

a. un garage
b. gentil
c. le magicien
d. une jupe
e. une orangeade
f. un jaguar

13 Écris un mot de la même famille contenant le son [g] ou le son [ʒ].

a. la guerre → …
b. sage → …
c. un garage → …
d. une guitare → …
e. le jardin → …
f. gourmand → …

14 Complète avec les lettres qui servent à écrire les sons [g] et [ʒ]. Cherche dans la liste « Des mots à connaître » des mots de la même famille.

a. un …oueur
b. la ma…ie
c. …rossir
d. ré…ional
e. un …lacier
f. un …idon

15 Complète avec g ou gu comme il convient.

a. un …épard
b. un han…ar
c. une mar…erite
d. un kan…ourou
e. une rè…le
f. un dé…isement

16 Complète avec g ou ge comme il convient.

a. une bou…ie
b. un plon…oir
c. nous man…ons
d. un …yrophare
e. un …éant
f. la ven…ance

→ Dictée, p. 154

Orthographe

9 Comment écrire le son [k] ? c, qu, k

Observons le monde

1 **Classe les noms de vêtements et d'accessoires dans deux groupes selon leur son. Écoute bien chaque mot.**

2 **Quels sons ont permis de classer les mots ?**

Observons la langue

3 **Comment s'écrit le son [k] dans chaque mot ?**
une cravate – une casquette – un kimono

4 **Quelle lettre vient juste après chaque lettre c ?**
une cagoule – un costume – une culotte – une boucle – une cravate – un sac

5 **Quelle lettre vient juste après chaque groupe de lettres qu ?**
une casquette – du maquillage

Manipulons ensemble

6 **Trie ces mots selon la façon d'écrire le son [k].**

un anorak | une quille | une corne | un arc | une pâquerette | un cube | un képi

Qu'avons-nous compris ?

7 **Combien de façons d'écrire le son [k] as-tu découvertes ?**

8 **Comment peux-tu écrire ce son ?**

Mémo, p. 26

Des mots à connaître

- un coup – une couleur – un conte – une carte – un sac – un cri – courir – croire – content – sec
- une question – la musique – une équipe – un liquide – magique – pratique – indiquer – quitter
- un kilomètre – skier

Je m'entraîne

Parcours 1

1 À deux — Chacun cherche le plus vite possible :
– trois mots avec le son [k] ;
– trois mots avec le son [g].
- Qui a été le plus rapide ?

2 Recopie les mots et barre l'intrus dans chaque liste.
Exemple : du carton – un cartable – ~~la façade~~ (il ne contient pas le son [k])
a. le citron – un coup – une couleur – un conte
b. un parc – un sac – un arc – une glace
c. une question – une grille – la musique – quitter

3 Remets les groupes de lettres dans l'ordre. Écris les mots.
Exemple : une leur cou → une couleur
a. ti pra que
b. rir cou
c. di quer in
d. une qui é pe

4 Recopie seulement les mots qui contiennent le son [k].
un liquide – un galet – une question – un cri – une carte – une guitare – content – skier – sec

5 Complète avec les lettres qui servent à écrire le son [k].
Aide : cherche dans la liste « Des mots à connaître ».
- Le son [k] s'écrit avec une lettre :

a. ...roire
b. un sa...
c. un ...ilomètre
d. se...
- Le son [k] s'écrit avec deux lettres :

e. ...itter
f. magi...e
g. une ...estion
h. la musi...e

6 Écris le mot qui manque. Il contient le son [k].
Aide : cherche dans la liste « Des mots à connaître ».
a. L'histoire du *Petit Chaperon rouge* est un ... .
b. Il peut être à dos ou à main, c'est un ... .
c. Il y a mille mètres dans un ... .
d. Elle peut être de jeu ou routière, c'est la ... .
e. L'eau coule car c'est un ... .

Parcours 2

7 À deux — Sans regarder la liste « Des mots à connaître », chacun cherche le plus vite possible :
– trois mots avec le son [k] qui s'écrit c ;
– trois mots avec le son [k] qui s'écrit qu.
- Qui a été le plus rapide ?

8 Recopie les mots et barre l'intrus dans chaque liste.
a. une cassette – un carré – une caméra – un anorak
b. quitter – un cahier – un équipage – une équipe
c. un koala – un kayak – un colis – un képi

9 Remets dans l'ordre les lettres qui servent à écrire le son [k]. Écris les mots.
a. une éti uq ette
b. une cas uq ette
c. un élasti uq e
d. un co uq illage
e. une bar uq e
f. décal uq er

10 Écris un mot de la même famille contenant le son [k].
a. du chocolat → ...
b. la colle → ...
c. le courage → ...
d. une caisse → ...
e. un copain → ...

11 Complète avec c ou qu comme il convient.
a. une ...orne
b. un ...orbeau
c. le ...anon
d. une pi...e
e. une é...ole
f. une ...ille

12 Recopie les mots et entoure les lettres qui servent à écrire le son [k].
a. le cirque
b. un parc
c. une casquette
d. le képi
e. du cacao
f. un piquet
g. le crocodile
h. une raquette

→ Dictée, p. 155

10 Comment écrire le son [j] ? ill, il, y

Observons le monde

1 **Quel son entends-tu dans tous les noms d'aliments de la caisse a ?**

2 **Quel son entends-tu dans tous les noms d'aliments de la caisse b ?**

Observons la langue

3 **Comment s'écrit le son [j] dans chaque mot ?**

le fenouil	la citrouille	le yaourt
le réveil	un caillou	la mayonnaise

Manipulons ensemble

4 **Trie ces mots selon la façon d'écrire le son [j].**

un noyau — une médaille — une rayure — un écureuil

un orteil — un billet — une oreille — le travail

Qu'avons-nous compris ?

5 **Combien de façons d'écrire le son [j] as-tu découvertes ?**

6 **Comment peux-tu écrire ce son ?**

Mémo, p. 26

Des mots à connaître

- une fille – une feuille – une bouteille – une oreille – la taille – meilleur – réveiller – briller
- le soleil – le travail – un œil – le sommeil – le fauteuil
- les yeux – le voyage – une voyelle – un crayon – joyeux – essayer – envoyer

Je m'entraîne

Parcours 1

1 À deux Chacun cherche le plus vite possible :
– trois mots avec le son [j] ;
– trois mots avec le son [ɲ] de montagne.

- Qui a été le plus rapide ?

2 Recopie les mots et barre l'intrus dans chaque liste.
Exemple : la paille – une fille – ~~la ville~~ (il ne contient pas le son [j])
a. la taille – une fille – une oreille – une balle
b. un œil – le travail – une araignée – le fauteuil
c. les yeux – le voyage – un crayon – un pyjama

3 Remets les groupes de lettres dans l'ordre. Écris les mots.
Exemple : le teuil fau → le fauteuil
a. le mmeil so
b. une reille o
c. le leil so
d. une teille bou

4 Recopie seulement les mots qui contiennent le son [j].
une feuille – une voyelle – une échelle – meilleur – la ville – une baignoire – joyeux – un stylo – briller

5 Complète avec les lettres qui servent à écrire le son [j].
Aide : cherche dans la liste « Des mots à connaître ».

- Le son [j] s'écrit avec une lettre :

a. essa...er
b. envo...er
c. un cra...on

- Le son [j] s'écrit avec deux lettres :

d. le sole...
e. le trava...
f. le fauteu...

- Le son [j] s'écrit avec trois lettres :

g. réve...er
h. la ta...e

6 Écris le mot qui manque. Il contient le son [j].
Aide : cherche dans la liste « Des mots à connaître ».
a. Max est un garçon et Nina est une ... .
b. La lettre « a » est une ... .
c. Quand on veut dormir, c'est qu'on a ... .
d. Elle permet de contenir du liquide, c'est une ... .
e. Quand on part loin, on part en ... .

Parcours 2

7 À deux Sans regarder la liste « Des mots à connaître », chacun cherche le plus vite possible :
– trois mots avec le son [j] qui s'écrit il ;
– trois mots avec le son [j] qui s'écrit ill.

- Qui a été le plus rapide ?

8 Recopie les mots et barre l'intrus dans chaque liste.
a. la paille – une balle – tailler – une médaille
b. un orteil – du champagne – cueillir – la ville
c. un peigne – le soleil – rayer – un appareil

9 Remets dans l'ordre les lettres qui servent à écrire le son [j]. Écris les mots.
a. un coqu lli age
b. la fam lli e
c. une ratatou lil e
d. bou lil r
e. un appare li
f. le porta li

10 Écris le verbe contenant le son [j] qui correspond à chaque nom. Observe l'exemple.
Exemple : un réveil → réveiller
a. le travail → ...
b. le conseil → ...
c. le sommeil → ...
d. un détail → ...

11 Complète avec il ou ill comme il convient. Observe l'exemple.
Exemple : mot féminin : une bouteille
mot masculin : un réveil
a. une grenou...e
b. un orte...
c. un écureu...
d. une abe...e
e. la pa...e
f. un éventa...

12 Recopie les mots et entoure les lettres qui servent à écrire le son [j].
a. un voyou
b. un rayon
c. un papillon
d. un caillou
e. le portail
f. une nouille
g. le réveil
h. un détail

→ Dictée, p. 155

11 Comment trouver la consonne muette à la fin d'un mot ?

Observons le monde

1 **À ton avis, quelle est la règle de ce jeu ?**

Observons la langue

Une consonne qui ne se prononce pas s'appelle **une consonne muette**.

2 **Quelles consonnes vois-tu à la fin des mots ? Se prononcent-elles ?**
le chocolat – un marchand – un tapis – petit – grand

3 **Retrouve la consonne en couleur dans le mot de la même famille. Se prononce-t-elle ?**
a. le chocolat → le chocolatier
b. un tapis → une tapisserie

4 **Retrouve la consonne en couleur dans le mot au féminin. Se prononce-t-elle ?**
a. un marchand → une marchande
b. petit → petite

5 **À quoi servent les consonnes muettes à la fin des mots ?**

Manipulons ensemble

6 **Trouve la consonne muette à la fin de chaque mot.**

un po… | une poterie
ron… | ronde
le retar… | retarder

7 **Cherche un mot qui aide à trouver la consonne muette.**

le bord – ouvert – gris – un rang

Qu'avons-nous compris ?

Mémo, p. 26

8 **Quelles lettres ne faut-il pas oublier d'écrire à la fin de certains mots ?**

9 **Comment fais-tu pour ne pas les oublier ?**

Je m'entraîne

Parcours 1

1 À deux **Associez le plus vite possible les mots qui vont ensemble. Puis, chacun votre tour, trouvez les consonnes muettes.**

liste a : le sport – un accord – vingt – fort – trois

liste b : sportif – accorder – forte – troisième – une vingtaine

2 **Trouve la consonne muette à la fin de chaque mot.**

a. un gourmand
b. un chat
c. le sang
d. un saut
e. le dos
f. cent
g. le chant
h. le galop

3 **Trouve la consonne muette de chaque adjectif en t'aidant du féminin.**

Exemple : grande → grand

a. ouverte → ouver…
b. chaude → chau…
c. longue → lon…
d. haute → hau…
e. mauvaise → mauvai…

4 **Complète les adjectifs en les mettant au féminin.**

a. ron…
b. peti…
c. ver…
d. parfai…
e. compri…
f. méchan…

5 **Trouve la consonne muette de chaque nom en t'aidant du nom de la même famille.**

a. un campement → un cam…
b. un dentiste → une den…
c. bondir → un bon…
d. une biscuiterie → un biscui…
e. un plombier → du plom…

6 **Trouve l'intrus dans chaque liste.**

Exemple : court – ~~joli~~ – lent – bas (il ne finit pas par une lettre muette)

a. vert – long – fleuri – froid
b. connu – rond – fort – petit
c. grand – ouvert – fermé – cuit
d. gris – parfait – haut – bleu

Parcours 2

7 À deux **L'un cherche tous les mots qui se terminent par un d muet. L'autre ceux qui se terminent par un t muet.**

le marchan… – la den… – peti… – gran… – le chan… – un bon… – le ven… – le bor…

- **Comparez vos réponses.**

8 **À partir de chaque verbe, trouve le nom qui se termine par une consonne muette.**

a. galoper → le …
b. bavarder → un …
c. combattre → le …
d. se reposer → le …
e. s'absenter → un …
f. chanter → le …

9 **À partir du féminin, trouve l'adjectif au masculin qui se termine par une consonne muette.**

a. Elle est blonde. → Il est … .
b. Elle est patiente. → Il est … .
c. Elle est froide. → Il est … .
d. Elle est lente. → Il est … .
e. Elle est lourde. → Il est … .
f. Elle est précise. → Il est … .

10 **Trouve un mot de la même famille qui se termine par une consonne muette.**

a. un abricotier → un …
b. une dentition → une …
c. une Allemande → un …
d. champêtre → un …
e. monter → un …
f. un plateau → un …

11 **Complète les mots avec la consonne muette qui convient.**

a. Le cirque itinéran… s'installe dans un cham… .
b. Le tigre a fait un bon… et a sauté très hau… .
c. Les chevaux sont partis au gran… galo… .
d. L'éléphant était gro… et lour… .

12 **Cherche un mot qui permet de trouver la consonne muette.**

a. La sorcière jette un sor… . → …
b. Ce plat a un goû… délicieux. → …
c. Le ri… est une céréale. → …
d. Ce puits est très profon… . → …
e. Il a fait un accro… à son pull. → …

→ Dictée, p. 156

12 Quand écrire et ? Quand écrire ou ?

Observons le monde

Menu

Entrée	Plat	Dessert
une mousse d'asperge **et** des miettes de crabe	une sole **et** des haricots verts	une glace à la vanille **et** au chocolat
ou	ou	ou
un tartare de crevettes **et** son coulis de tomate	une escalope de dinde **et** des frites	un gâteau **et** des fruits

1 Dans ce restaurant, quels choix sont proposés ?

2 Qu'est-ce qui est servi ensemble ?

Observons la langue

3 Quels mots manquent ? Comment s'écrivent ces mots ?

On peut avoir les deux	On doit choisir
un gâteau ___ des fruits	une glace ___ un gâteau

Manipulons ensemble

4 Peut-on commander ces plats ? Tu peux écrire oui ou non sur ton ardoise.

a. une mousse d'asperge et des miettes de crabe

b. une mousse d'asperge et puis des miettes de crabe

c. une escalope de dinde et aussi une sole

d. une escalope de dinde ou bien des frites

e. une glace ou alors un gâteau

f. une glace ou un gâteau

Qu'avons-nous compris ?

Mémo, p. 27

5 À quoi sert le mot et ?

6 À quoi sert le mot ou ?

Je m'entraîne

Parcours 1

1 À deux **L'un pose une question et l'autre y répond sur ce modèle.**
– Tu veux une compote ou un yaourt ?
– Je veux une compote et un yaourt.
- **Inversez les rôles.**

2 **Complète chaque phrase par et ou ou. Écris seulement le mot qui manque.**
a. Que veux-tu faire ? Aller au cinéma ... à la piscine ?
b. L'élève retire son manteau ... il l'accroche au portemanteau.
c. La nuit, la lune ... les étoiles brillent dans le ciel.
d. Je ne sais pas si je veux un croissant ... un éclair au chocolat.

3 **Recopie les phrases. Entoure et et ou. Souligne les mots qu'ils relient.**
Exemple : Mon père et ma mère sont à la plage.
a. Hamed et Laurent vont au cinéma.
b. Il y a le marché le jeudi et le dimanche.
c. Tu regardes la télévision le soir ou le matin ?
d. Tu préfères le poisson ou la viande ?
e. Vas-tu au parc ou à la piscine ?

4 **Réunis les phrases en une seule avec et.**
Exemple : Je me couche. Je m'endors.
→ Je me couche **et** je m'endors.
a. Je me lève. Je me lave le visage.
b. Je m'habille. Je prends mon petit déjeuner.
c. Je vais à l'école. Je travaille.
d. Je regarde le tableau. J'écris sur mon cahier.
e. Je range mon cartable. Je rentre chez moi.

5 **Complète chaque phrase par ou bien ou et aussi. Écris seulement les mots qui manquent.**
a. Tu préfères les films d'horreur ... les films d'aventures ?
b. Quel métier veux-tu faire : policier ... pompier ?
c. Tu vas rentrer ... prendre ton goûter.
d. Tu iras à la boulangerie ... à la poste.
e. Tu pars tout de suite ... on peut encore jouer ?
f. Ce pull est bleu ... vert.

Parcours 2

6 À deux **L'un pose une question qui contient le mot ou. L'autre y répond en utilisant le mot et.**
- **Inversez les rôles.**

7 **Recopie les groupes de mots qui sont reliés par ou – et – ou bien – et puis – ou alors.**
Exemple : Je prendrai des moules ou bien des crevettes. → des moules/des crevettes
a. Je mange une tarte aux fraises et aux framboises.
b. Je mangerai une tarte aux fraises ou bien aux framboises.
c. Je lirai ou alors je jouerai.
d. Je lirai et puis je jouerai.
e. J'aimerais bien boire un jus à la pêche et à la poire.
f. J'aimerais bien boire un jus à la pêche ou bien à la poire.

8 **Dans chaque série, trouve les phrases qui ont le même sens.**

a. Qui commence : toi ou moi ?
b. Qui commence : toi ou bien moi ?
c. Qui commence : toi et moi, ensemble ?

d. Je prendrai du poulet et aussi des frites.
e. Je prendrai du poulet ou des frites.
f. Je prendrai du poulet et des frites.

g. Je viendrai aujourd'hui et demain.
h. Je viendrai aujourd'hui et puis demain.
i. Je viendrai aujourd'hui ou demain.

9 **Forme des phrases avec les mots de la liste. Plusieurs réponses sont possibles.**
et puis – et aussi – ou bien – ou alors
a. maman – va – au supermarché – à la pharmacie
b. Louis – boit – du café – du thé
c. Mohamed – ouvre – les fenêtres – les volets
d. le bateau – est – blanc – très grand

10 **Invente quatre phrases avec les mots de la liste.**
et puis – ou bien – et – ou

→ Dictée, p. 156

13 Quand mettre un accent sur à et où ?

Observons le monde

a

b

1. Où va Lina sur la photo a ?
2. À quelle heure ?
3. Où est Lina sur la photo b ?

Observons la langue

4. Quel mot manque ? Comment s'écrit ce mot ?

Où va Lina ?	À quelle heure ?	Où est Lina ?
Lina va … la cantine.	… 11 heures 30	Lina est … la cantine.

5. Quel mot manque ? Comment s'écrit ce mot ?
   a. … va Lina ? → Lina va à la cantine.
   b. … est Lina ? → Lina est à la cantine.

Manipulons ensemble

6. Classe les phrases dans le tableau.
   a. Où part Quentin à 11 h 15 ?
   b. Lina est à la cantine.
   c. Elle arrive à 11 h 30.
   d. Lina accompagne Quentin à la piscine à 16 h 30.
   e. Où Lina et Quentin sont-ils arrivés ?

à + destination/ lieu	à + temps	où + destination/ lieu
…	…	…

Qu'avons-nous compris ?

Mémo, p. 27

7. Qu'indique le mot à dans une phrase ? À quoi sert le mot où ?
8. Qu'est-ce qu'il ne faut pas oublier quand on écrit ces mots ?

Je m'entraîne

Parcours 1

1 À deux **L'un pose une question et l'autre y répond sur ce modèle.**
– Où pars-tu en vacances ?
– Je pars à la montagne ou à la mer.
- **Inversez les rôles.**

2 **Classe les phrases dans la bonne colonne, comme l'exemple.**
Exemple : a. Je vais à Paris.
b. J'arrive à 15 heures.
c. Je termine à midi.
d. Ils arrivent à la gare.
e. Le train est passé à Lyon.
f. Je vais partir à 8 heures.
g. Je mange à la cantine.

à = le lieu	à = l'heure
a.	…

3 **Réponds par écrit à ces questions en utilisant les mots à et où.**
a. À quelle heure arrives-tu à l'école ?
b. Quand commence l'étude ?
c. Dans quelle ville se trouve ton école ?
d. Où manges-tu le midi ?
e. Où vas-tu quand tu veux nager ?

4 **Recopie les mots qui sont liés au mot à.**
Exemple : Je vais à l'école. → à l'école
a. Je vais à la cantine.
b. Je suis à la maison.
c. Je prends la voiture pour aller à la pharmacie.
d. Le film commence à 21 heures.
e. Qu'est-ce qu'il y a, à la télévision, ce soir ?
f. Qu'est-ce qu'on mange à la cantine ?

5 **Recopie le numéro de chaque question avec la réponse qui convient. Souligne le petit mot à.**
Exemple : 1. à la campagne

1. **Où** pousse le blé ?	à 10 h 00
2. **À** quelle heure ouvre le magasin ?	à la plage
3. **Où** achète-t-on du pain ?	à la boulangerie
4. **Où** va Nolan ?	à 20 h 00
5. **À** quelle heure les enfants dînent-ils ?	à la campagne

Parcours 2

6 À deux **L'un pose une question qui commence par le mot où. L'autre y répond en utilisant le mot à.**
- **Inversez les rôles.**

7 **Classe les phrases dans la bonne colonne.**
a. Raphaël est à l'école.
b. Il va à la mairie.
c. Nous habitons à Marseille.
d. Nous vivons à la montagne.
e. Elle est partie à la mer.
f. Elles mangent à la cantine.

à = la personne se déplace	à = la personne est sur place
…	…

8 **Classe les phrases dans la bonne colonne.**
a. Où vas-tu ?
b. Où es-tu ?
c. Où as-tu trouvé ce ballon ?
d. Où cours-tu si vite ?
e. Où amène-t-il son enfant ?
f. Où ont-ils caché les bonbons ?

où = la personne se déplace	où = la personne est sur place
…	…

9 **Trouve les questions qui correspondent à ces réponses.**
a. Il est à Lyon.
b. À 18 heures.
c. Elle part à la montagne.
d. À midi.
e. Adeline va à Bordeaux.
f. Nous arrivons à 9 heures.

10 **Complète les phrases par à ou où.**
a. Je ne sais plus … j'ai rangé ma montre.
b. Les parents attendent … la grille de l'école.
c. … habites-tu ?
d. Je prends le train … 17 heures.
e. J'accompagne ma petite sœur … la crèche.
f. Tu sais … est la poste ?
g. Je vais … l'hôpital.
h. … vont-ils si tôt ?

→ Dictée, p. 157

14 Quand écrire est ? Quand écrire sont ?

Observons le monde

Les petits des animaux marins

Une baleine donne naissance à un seul baleineau à la fois. À la naissance, le baleineau pèse 120 kilogrammes !

Le poisson-clown pond des centaines d'œufs à la fois. Chaque œuf mesure 3 millimètres de long.

1 Comment est le baleineau à la naissance ?

2 Comment sont les œufs de poisson-clown à la naissance ?

Observons la langue

3 Quels mots manquent ? Comment s'écrivent ces mots ?

Un seul	Plusieurs
Le baleineau ___ énorme.	Les œufs ___ petits.

4 À quel verbe appartiennent les mots que tu as écrits ?

Manipulons ensemble

5 Place les groupes de mots dans la bonne colonne.

a. Les vents | sont | violents.
b. Le dauphin | est | joueur.
c. L'océan | est | pollué.
d. Les tortues | sont | en danger.

La mer	est	agitée.
___	___	___

6 Remplace les mots que tu as mis dans la colonne jaune du tableau par était, semble et étaient, semblent.

Qu'avons-nous compris ?

Mémo, p. 27

7 Quel est l'infinitif des formes conjuguées est et sont ?
8 À quel temps sont-ils conjugués ?
9 Quelle forme est au singulier ? Quelle forme est au pluriel ?

Je m'entraîne

Parcours 1

1 À deux **L'un forme une phrase avec un nom de la liste et être au singulier. L'autre transforme la phrase en utilisant sont.**

Exemple : Le chien est méchant.
→ Les chiens sont méchants.

le voisin – le boulanger – la cliente – la chambre

- **Échangez les rôles.**

2 **Choisis la forme du verbe être qui convient.**

Exemple : Le garçon (est/sont) grand.
→ Le garçon **est** grand.

a. La fille (est/sont) très jolie.
b. Mon père et ma mère (est/sont) des adultes.
c. Ils (est/sont) malades.
d. Il (est/sont) fatigué.

3 **Mets ces phrases au singulier.**

Exemple : Les chiens sont dans la niche.
→ Le chien **est** dans la niche.

a. Tes pulls sont dans le placard. → Ton pull …
b. Ils sont dans l'avion. → Il …
c. Les ascenseurs sont en panne. → L'ascenseur …
d. Les livres sont sur l'étagère. → Le livre …

4 **Complète chaque phrase par est ou était. Écris seulement le mot qui manque.**

a. Hier, il … au cinéma.
b. Aujourd'hui, ma sœur … malade.
c. En ce moment, il … à l'école.
d. Le mois dernier, elle … en vacances.
e. Il y a une semaine, il … à la montagne.

5 **Complète chaque phrase par sont ou étaient. Écris seulement le mot qui manque.**

a. Hier, ils … à Paris.
b. Aujourd'hui, elles … en Italie.
c. En ce moment, elles … à la piscine.
d. Maintenant, ils … au cinéma.
e. La semaine dernière, elles … à la campagne.

6 **Remplace chaque mot en couleur par un mot de la liste qui convient.**

semble – semblent – paraît – paraissent

a. L'avion est immense.
b. Les nuages sont bas.
c. Les vents sont violents.
d. Le ciel est gris.

Parcours 2

7 À deux **L'un forme une phrase avec le verbe être à la 3e personne du singulier. L'autre met la phrase au pluriel.**

- **Échangez les rôles.**

8 **Complète chaque phrase avec le mot qui manque.**

a. Le cheval … rapide.
b. Les éléphants … forts.
c. Les hirondelles … noires et blanches.
d. Le chien … un animal fidèle.
e. La coccinelle … un insecte.

9 **Mets ces phrases au singulier ou au pluriel.**

a. Il est au cinéma.
b. Ils sont dans la classe.
c. Elle est chez Marie.
d. Les enfants sont au parc.
e. Le chat est sur le fauteuil.

10 **Mets les phrases au présent.**

a. L'enfant était malheureux.
b. Les rues étaient vides.
c. Le petit renard était rusé.
d. La forêt était sombre.
e. Les routes étaient dangereuses.

11 **Mets les phrases au futur. Commence chaque phrase par Demain,…**

a. La maison est finie.
b. Il est content.
c. Le gâteau est bon.
d. La voiture est belle.

12 **Forme des phrases avec est et sont.**

a. rouge – la voiture
b. rapides – les avions à réaction
c. gris – Les nuages
d. difficiles – mes exercices
e. super ! – le film

13 **Remplace chaque mot en couleur par le verbe être au présent.**

a. Adrien semble chez lui.
b. Ils semblent de bonne humeur.
c. Elles paraissent contentes.
d. Emma paraît malade.

→ Dictée, p. 157

15 Quand écrire a ? Quand écrire ont ?

Observons le monde

Le lac des cygnes

Le cygne noir est reconnaissable à son tutu noir.

1 Quelle danseuse a un tutu noir ?

2 Combien de danseuses ont un tutu blanc ?

Observons la langue

3 Quels mots manquent ? Comment s'écrivent ces mots ?

Un seul	Plusieurs
Une danseuse … un tutu noir.	Quatre danseuses … un tutu blanc.

4 À quel verbe appartiennent les mots que tu as écrits ?

Manipulons ensemble

5 Place les groupes de mots dans la bonne colonne.

a. Les enfants | ont | un vélo.

b. Les serveurs | ont | des tabliers.

c. Le bébé | a | faim.

d. Ma sœur | a | quatre ans.

Le clown	a	un nez rouge.
Les enfants	ont	froid.
…	…	…

6 Remplace les mots que tu as mis dans la colonne jaune du tableau par avait, aura et avaient, auront.

Qu'avons-nous compris ?

Mémo, p. 28

7 Quel est l'infinitif des formes conjuguées a et ont ?

8 À quel temps sont-ils conjugués ?

9 Quelle forme est au singulier ? Quelle forme est au pluriel ?

Je m'entraîne

Parcours 1

1 À deux **L'un forme une phrase avec un nom de la liste et avoir au singulier. L'autre transforme la phrase en utilisant ont.**

Exemple : Théo a un chien.
→ Théo et Léa ont un chien.

le bébé – mon frère – mon copain – la dame

- **Échangez les rôles.**

2 Choisis la forme du verbe avoir qui convient.

Exemple : Le garçon (a/ont) neuf ans.
→ Le garçon **a** neuf ans.

a. Mon voisin (a/ont) un nouveau ballon.
b. Sarah (a/ont) les cheveux blonds.
c. Elles (a/ont) les joues rouges.
d. Annelise et Laure (a/ont) faim.

3 Mets ces phrases au singulier.

Exemple : Les chiens ont une belle niche.
→ Le chien **a** une belle niche.

a. Tes gants ont des trous. → Ton gant …
b. Ils ont chaud. → Il …
c. Les enfants ont école. → L'enfant …
d. Les requins ont plein de dents. → Le requin …

4 Complète chaque phrase par a ou aura. Écris seulement le mot qui manque.

a. Demain, il … six ans.
b. Aujourd'hui, ma sœur … un nouveau pull.
c. Plus tard, il … le droit de sortir le soir.
d. En ce moment, elle … mal au ventre.
e. La semaine prochaine, il … un chiot.

5 Complète chaque phrase par ont ou auront. Écris seulement le mot qui manque.

a. Maintenant, ils … faim.
b. Ce matin, elles … besoin d'aide.
c. Demain, elles … plus de temps.
d. Bientôt, ils … les résultats.
e. En ce moment, elles … des poux.

6 Récris ces phrases sans la négation et entoure le verbe avoir.

Exemple : Ils n'ont pas de stylo. → Ils [ont] un stylo.

a. Il n'a pas de vélo.
b. Ils n'ont pas école.
c. Elles n'ont pas de livre.
d. Elle n'a pas de gants.

Parcours 2

7 À deux **L'un forme une phrase avec le verbe avoir à la 3e personne du singulier. L'autre met la phrase au pluriel.**

- **Échangez les rôles.**

8 Complète chaque phrase avec le mot qui manque.

a. La maison … un toit.
b. Les oiseaux … un bec.
c. Les poissons … des nageoires.
d. Les félins … des griffes.
e. Les chevaliers … une armure.

9 Mets ces phrases au singulier ou au pluriel.

a. Elle a un cahier rouge.
b. Il a un beau chien.
c. Elles ont des pulls gris.
d. Il a froid.
e. Ils ont faim.

10 Mets les phrases au présent.

a. Noam avait faim.
b. Sandra avait mal aux pieds.
c. Les touristes avaient chaud.
d. Laurent avait une voiture bleue.
e. Mes cousines avaient les cheveux longs.

11 Mets les phrases au futur : Demain,…

a. Tessa a un anorak vert.
b. Luc a un nouveau cartable.
c. Mes parents ont un rendez-vous.
d. Elles ont un cadeau.
e. Il a neuf ans.

12 Forme des phrases avec a et ont.

a. un gros moteur – les camions
b. une voile – le bateau
c. des griffes – le chat
d. deux cornes – les rhinocéros
e. des dents pointues – les requins

13 Remplace chaque mot en couleur par le verbe avoir au présent.

a. Tom possède un trésor.
b. Ils portent des chapeaux.
c. Elles possèdent des bijoux.
d. Elle obtient de bons résultats.

→ Dictée, p. 158

16 Quand écrire son ? Quand écrire ses ?

Observons le monde

Marie Curie

Avec son mari Pierre Curie, Marie Curie a découvert la radioactivité.

Ses recherches ont permis d'inventer la radiothérapie. Son travail a été récompensé par deux prix Nobel.

Elle a obtenu ses prix en 1903 et en 1911.

Marie Curie (1867-1934), physicienne française d'origine polonaise.

1 De qui Pierre Curie est-il le mari ? Comment le sais-tu ?

2 Marie Curie a-t-elle fait une ou plusieurs recherches ? Comment le sais-tu ?

Observons la langue

3 Quels mots manquent ? Comment s'écrivent ces mots ?

Une seule personne ou une seule chose appartient à Marie Curie	Plusieurs choses appartiennent à Marie Curie
… mari … travail	… découvertes … prix

4 Comment s'appellent les mots que tu as écrits ?

Manipulons ensemble

5 Place les étiquettes dans la bonne colonne.

a. Léa prend ses affaires.
b. Léa mange son goûter.
c. Léa surveille son cousin.
d. Léa range ses jouets.

Déterminants	Ce qui est à Léa
…	…

6 Remplace les mots que tu as mis dans la colonne Déterminants par mon, ton et mes, tes.

Qu'avons-nous compris ?

Mémo, p. 28

7 À quoi servent les mots son et ses devant les noms ?

8 Lequel est au singulier ? Lequel est au pluriel ?

Je m'entraîne

Parcours 1

1 À deux **L'un forme une phrase avec un nom de la liste et son. L'autre transforme la phrase en utilisant ses.**

Exemple : Il promène son chien. → … ses chiens.

cahier – pull – frère – jeu

- **Échangez les rôles.**

2 **Complète les phrases comme il convient.**

Exemple : Anne joue avec ses cartes.
→ Les cartes appartiennent **à Anne**.

a. Louis apporte son livre.
→ Le livre appartient à ….
b. Ahmed joue avec son ballon.
→ Le ballon appartient à ….
c. Marc met ses chaussures.
→ Les chaussures appartiennent à ….
d. Chloé porte ses lunettes.
→ Les lunettes appartiennent à ….
e. Laurie enfile ses chaussettes.
→ Les chaussettes appartiennent à ….

3 **Remplace chaque nom en couleur par le nom entre parenthèses.**

Exemple : Julien va chez sa tante. (oncle)
→ Julien va chez **son oncle**.

a. Annie embrasse sa maman. (papa)
b. Lola joue avec sa sœur. (frère)
c. Lucas discute avec sa cousine. (cousin)
d. Paul promène sa chienne. (chien)
e. Zoé dort chez sa copine. (copain)

4 **Mets les groupes de mots en couleur au pluriel.**

Exemple : Il joue avec son frère.
→ Il joue avec **ses frères**.

a. Il retrouve son ami. → Il retrouve ….
b. Il lave son vêtement. → Il lave ….
c. Il déguste son bonbon. → Il déguste ….
d. Il joue avec son jouet. → Il joue avec ….
e. Il mange son biscuit. → Il mange ….

5 **Complète les phrases avec son ou mon comme il convient.**

a. Ce maillot, c'est le mien. C'est … maillot !
b. Ce cartable, c'est le sien. C'est … cartable !
c. Ce manteau, c'est le sien. C'est … manteau !
d. Ce stylo, c'est le mien. C'est … stylo !

Parcours 2

6 À deux **L'un forme une phrase avec son. L'autre met la phrase au pluriel.**

- **Échangez les rôles.**

7 **Forme des phrases sur ce modèle.**

Exemple : Le livre appartient à Jules. → C'est son livre.

a. Le cahier appartient à Clara.
b. Les chaussures appartiennent à Hugo.
c. Le chat appartient à Ethan.
d. Les billes appartiennent à Julie.
e. Le chapeau appartient à Léna.

8 **Remplace chaque nom féminin en couleur par un nom masculin de ton choix.**

a. Inès a perdu sa gomme.
b. Théo fait sa valise.
c. Adrien donne à manger à sa chatte.
d. Clara plie sa jupe.
e. Nolan va au cinéma avec sa mère.

9 **Complète les phrases avec son ou ses comme il convient.**

a. David est content de … notes. … parents sont contents de … bons résultats.
b. Hélène a gagné … combat de judo. … père la félicite. … camarades sont contents.
c. Le chat nettoie … poils avec … langue. Ensuite, il se couche dans … panier pour dormir.
d. L'oiseau prépare … nid dans … arbre. Il y pondra … œufs.

10 **Choisis le nom qui convient.**

a. Elle appelle ses (ami/amis).
b. Elle prend son (téléphone/téléphones).
c. Il parle à son (père/pères).
d. Elle promène ses (chien/chiens).
e. Il parle à son (professeur/professeurs).

11 **Recopie les groupes de mots qui montrent ce qui appartient au capitaine.**

Le capitaine des pirates avait toujours son épée avec lui. À la recherche de trésors, il ordonnait à son équipage d'attaquer même les petits navires. Quand ses pirates repéraient un bateau au loin, le capitaine faisait hisser son pavillon noir.

→ Dictée, p. 158

17 Comment écrire au féminin les adjectifs en -d, -t, -s ?

Observons le monde

1 **Quelle est la règle de ce jeu ?**

2 **Comment est le camion ? la voiture ? le chat ? la souris ? le garçon ? la fille ?**

Observons la langue

3 **Dans chaque groupe de mots, quel est l'adjectif ?**
Quels adjectifs sont au masculin ? Lesquels sont au féminin ?

a. un camion vert
une voiture verte

b. un chat gris
une souris grise

c. un garçon blond
une fille blonde

4 **Lis chaque groupe de mots de l'exercice 3. Quelle différence entends-tu entre l'adjectif au masculin et l'adjectif au féminin ? Quelle différence vois-tu ?**

Manipulons ensemble

5 **La fin des adjectifs s'est effacée ! Écris l'adjectif au féminin. Tu peux utiliser ton ardoise.**

- une jupe court…
- une heure précis…
- une rue étroit…
- une pierre lourd…
- une table rond…
- une leçon appris…

Qu'avons-nous compris ?

→ Mémo, p. 29

6 **Qu'ajoute-t-on à la fin des adjectifs en -d, -t, -s pour les écrire au féminin ?**

7 **Qu'entend-on à la fin de ces adjectifs au féminin ? Que voit-on ?**

Je m'entraîne

Parcours 1

1 À deux **Chacun cherche le plus vite possible tous les adjectifs au féminin dans la liste.**
grande – blond – petite – gris – fort – froide – court – chaude – blonde – petit – précise – chaud
- **Qui a été le plus rapide ?**

2 **Cherche les adjectifs qui se terminent par le son [t].**
a. géant
b. méchante
c. géante
d. petite
e. amusante
f. court
g. piquante
h. courte
i. droite
j. vert

3 **Cherche les adjectifs qui se terminent par le son [d].**
a. grande
b. blonde
c. chaud
d. froid
e. grand
f. froide
g. gourmande
h. blond
i. chaude
j. sourd

4 **Mets ces adjectifs au féminin. Entoure ce qui change.**
a. charmant
b. blond
c. grand
d. petit
e. assis
f. chaud
g. puissant
h. distrait
i. court
j. compris

5 **Mets ces adjectifs au masculin.**
a. courte
b. amusante
c. méchante
d. fatigante
e. piquante
f. blonde
g. ronde
h. géante
i. droite
j. mauvaise

6 **Mets les adjectifs en couleur au féminin si nécessaire.**
a. La nuit, la lune est (rond).
b. Je mange un repas (chaud).
c. Ma sœur est (blond).
d. L'eau est (chaud).
e. Mon anorak est (gris).
f. Mon frère est (content).
g. La valise est (lourd).

Parcours 2

7 À deux **Chacun cherche le plus vite possible :**
– **trois adjectifs au féminin qui se terminent par le son [t] ;**
– **trois adjectifs au féminin qui se terminent par le son [d].**
- **Qui a été le plus rapide ?**

8 **Classe les adjectifs dans un tableau. Entoure la marque du féminin.**
excellente – gourmand – française – confus – profonde – différente – suivante – adroit – allemande – laid – content – surprise

Masculin	Féminin
...	...

9 **Ajoute l'adjectif qui convient.**
droite – amusant – grise – contente – lourde – rond
a. un film ...
b. une ligne ...
c. ma chemise ...
d. le caillou ...
e. une pierre ...
f. une personne ...

10 **Ajoute le nom qui convient.**
une fille – une pomme – du thé – l'eau – un haricot – le voisin
a. ... charmant
b. ... chaud
c. ... bouillante
d. ... verte
e. ... charmante
f. ... vert

11 **Remplace chaque nom en couleur par le nom proposé.**
a. le lion puissant → la lionne ...
b. le chat gris → la chatte ...
c. la lune ronde → un ballon ...
d. une marche fatigante → un travail ...
e. une soupe froide → un plat ...
f. le rocher lourd → une pierre ...

12 **Recopie tous les adjectifs qui sont au féminin.**
La plus grande baleine peut mesurer jusqu'à 33 mètres. Elle est très lourde. Elle pèse 150 tonnes. Son cœur puissant pèse 500 kilos (le poids de trois motos). Elle a une langue géante de 3 tonnes. Pourtant, la baleine n'est pas une bête méchante.

→ Dictée, p. 159

18 Comment écrire au féminin les adjectifs en -eux, -eur, -er ?

Observons le monde

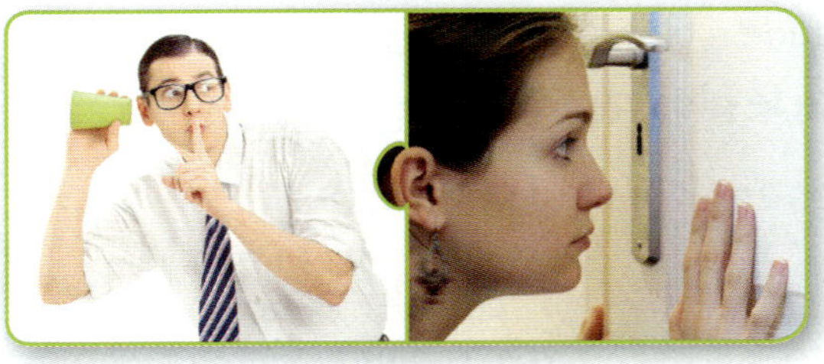

1 **Quelle est la règle de ce jeu ?**

2 **Comment est le garçon ? la fille ? l'homme ? la femme ? le ballon ? la plume ?**

Observons la langue

3 **Dans chaque couple de groupes de mots, quels sont les adjectifs ? Lequel est au masculin ? Lequel est au féminin ?**

a. un garçon boudeur
une fille boudeuse

b. un homme curieux
une femme curieuse

c. un ballon léger
une plume légère

4 **Lis chaque groupe de mots de l'exercice 3. Quelle différence entends-tu entre l'adjectif au masculin et l'adjectif au féminin ? Quelle différence vois-tu ?**

Manipulons ensemble

5 **Forme des groupes de mots au féminin avec les terminaisons euse et ère.**

une route danger… | une enfant grossi… | une fille ri… | une vache laiti…

Qu'avons-nous compris ?

Mémo, p. 29

6 **Quelle est la marque au féminin des adjectifs en -eux et -eur ? Et des adjectifs en -er ?**

7 **Peut-on savoir à l'oral si ces adjectifs sont au féminin ou au masculin ?**

Je m'entraîne

Parcours 1

1 À deux Chacun cherche le plus vite possible tous les adjectifs au féminin dans la liste.

heureux – affreuse – première – dernier – rieuse – joyeuse – rieur – premier – entière – merveilleux

- **Qui a été le plus rapide ?**

2 Cherche les adjectifs qui se terminent par **euse**.

a. paresseux
b. joyeuse
c. sérieux
d. affreuse
e. rêveuse
f. farceuse
g. boudeur
h. courageuse
i. amoureux
j. menteuse

3 Cherche les adjectifs qui se terminent par **ère**.

a. droitière
b. fière
c. léger
d. entière
e. droitier
f. première
g. dernier
h. mensongère
i. familier
j. passager

4 Mets ces adjectifs au féminin. Entoure ce qui change.

Exemple : joueur → joueu[se]

a. boudeur
b. rêveur
c. farceur
d. joyeux
e. sérieux
f. droitier
g. dernier
h. merveilleux
i. premier
j. affreux

5 Mets ces adjectifs au masculin.

a. amoureuse
b. heureuse
c. dormeuse
d. rêveuse
e. farceuse
f. courageuse
g. première
h. dernière
i. passagère
j. moqueuse

6 Mets les adjectifs en couleur au féminin si nécessaire.

a. Ma sœur est (rêveur).
b. Ce clown est (farceur).
c. Ce cartable est (léger).
d. Ma voisine est (droitier).
e. Cette robe est (affreux).
f. Ce chien est (malheureux).
g. Cette publicité est (mensonger).

Parcours 2

7 À deux Chacun cherche le plus vite possible :
– trois adjectifs au féminin en **euse** ;
– trois adjectifs au féminin en **ère**.

- **Qui a été le plus rapide ?**

8 Classe les adjectifs dans un tableau.

jaloux – pluvieuse – familier – neigeuse – odieuse – meurtrier – peureux – bricoleuse – songeur – mensongère – grossière

Masculin	Féminin
...	...

9 Mets les adjectifs au féminin dans un tableau.

jaloux – droitier – couturier – rieur – gaucher – hospitalier – chanceux – songeur – régulier – policier – généreux – affreux – flatteur

Féminin en euse	Féminin en ère
...	...

10 Ajoute le nom qui convient.

une rue – une sauce – un centre – un gâteau – une candidate – un sauveteur

a. ... nerveuse
b. ... piétonnière
c. ... courageux
d. ... hospitalier
e. ... délicieuse
f. ... crémeux

11 Remplace chaque nom en couleur par le nom proposé.

a. le gâteau savoureux → la tarte
b. un garçon amoureux → une fille
c. une jupe affreuse → un pantalon
d. un sac léger → une valise
e. une région pluvieuse → un climat
f. un rire moqueur → une remarque

12 Recopie tous les adjectifs qui sont au féminin.

Un soleil radieux brille sur la merveilleuse montagne. La neige poudreuse et légère rend la skieuse heureuse. Le sauveteur sérieux fait une ronde régulière sur les pistes. Soudain, il entend une voix familière. C'est Sarah, sa fille. Elle a toujours un visage rieur. C'est une enfant joyeuse !

→ Dictée, p. 159

Orthographe

19 Comment accorder au féminin dans le groupe nominal ?

Observons le monde

a

b

c

1 Que vois-tu sur chaque photo ?

2 Comment est la maison a ? la maison b ? la maison c ?

Observons la langue

3 **Quels groupes nominaux sont au féminin ? Qu'est-ce qui change à l'oral ? Et à l'écrit ? Qu'est-ce qui ne change pas ?**

Déterminants	Noms	Adjectifs
un	château	vert
une	maison	verte
le	château	rouge
la	maison	rouge
un	château	bleu
une	maison	bleue

Manipulons ensemble

4 **La fin des adjectifs s'est effacée ! Écris l'adjectif au féminin. Tu peux utiliser ton ardoise.**

a. la petit… maison bleu…

b. la joli… voiture gris…

Qu'avons-nous compris ?

Mémo, p. 30

5 **Quand met-on un adjectif au féminin ?**

6 **Entend-on la différence entre un adjectif au masculin et un adjectif au féminin ?**

7 **Quelle lettre ne faut-il pas oublier pour accorder un adjectif au féminin ?**

Je m'entraîne

Parcours 1

1 À deux **L'un repère les adjectifs dans lesquels on entend le féminin. L'autre ceux dans lesquels on ne l'entend pas.**

la dame polie – une grande montagne – une salopette bleue – la chatte grise – la jolie tourterelle – la petite chatte – la pomme verte – une personne inconnue

- **Vérifiez ensemble.**

2 **Recopie les adjectifs en couleur. Entoure la lettre qui sert à écrire le féminin.**

Exemple : une grande branche → grand[e]

a. la jolie musique
b. une petite mélodie
c. la jupe noire
d. la fleur piquante

3 **Mets ces adjectifs au féminin. Souligne l'adjectif quand tu entends le féminin.**

Exemple : un haricot vert → une pomme **verte**

a. un petit chat → une … chatte
b. un joli chapeau → une … casquette
c. un grand garçon → une … fille
d. un homme heureux → une femme …
e. un peintre connu → une danseuse …

4 **Mets ces adjectifs au masculin. Souligne l'adjectif quand tu entends une différence.**

Exemple : une grande maison → un **grand** bâtiment

a. une infirmière patiente → un infirmier …
b. la route principale → le chemin …
c. une robe légère → un pantalon …
d. une cliente furieuse → un client …
e. une porte fermée → un magasin …

5 **Choisis l'adjectif qui convient.**

a. la salade (vert/verte)
b. la voiture (bleu/bleue)
c. un trou (profond/profonde)
d. un lapin (blanc/blanche)
e. une maison (hanté/hantée)

6 **Accorde les adjectifs au masculin ou au féminin comme il convient.**

a. le grand chien → la … chienne
b. la jolie tourterelle → le … perroquet
c. le savant génial → la savante …
d. la dame distraite → le monsieur …
e. un gâteau entier → une tarte …

Parcours 2

7 À deux **Chacun cherche le plus vite possible :**
– trois adjectifs où on entend le féminin ;
– trois adjectifs où on n'entend pas le féminin.

- **Qui a été le plus rapide ?**

8 **Recopie les groupes nominaux. Entoure la marque du féminin des adjectifs.**

a. la musique mélodieuse
b. une émission spéciale
c. une serviette mouillée
d. une dent pointue
e. une voix familière

9 **Récris ces groupes nominaux avec un nom féminin de ton choix.**

a. un beau village → une … …
b. un pull doux → une … …
c. un collier neuf → une … …
d. un chien gentil → une … …
e. un mur blanc → une … …
f. un garçon roux → une … …
g. un homme sportif → une … …

10 **Accorde les adjectifs en couleur comme il convient.**

a. une (petit) chienne (méchant)
b. un (petit) chien (noir)
c. une pomme (vert) (pourri)
d. un client (patient) et (poli)
e. une (savoureux) tarte (sucré)

11 **Ajoute un nom féminin ou masculin comme il convient. N'oublie pas le déterminant !**

a. … sérieuse
b. … intéressant
c. … jolie
d. … rusé
e. … polie
f. … têtue
g. … rempli
h. … routière

12 **Recopie tous les adjectifs au féminin.**

Notre-Dame de Paris est une grande cathédrale située dans le 4e arrondissement de Paris. Ses vitraux donnent une jolie lumière. Sa construction a duré de nombreuses années. Pour lever les lourdes pierres, on utilisait une roue monumentale appelée « la cage à écureuil ».

Orthographe

→ Dictée, p. 160

20 Comment écrire les noms et les adjectifs au pluriel ?

Observons le monde

1 **Que vois-tu sur chaque photo ?**

2 **Sur quelles photos y a-t-il un seul élément ?**
Sur quelles photos y a-t-il plusieurs éléments ?

Observons la langue

le singulier = un seul
le pluriel = plusieurs

3 **Quels sont les noms et les adjectifs au singulier ? Au pluriel ? Comment le sais-tu ?**

a. le poisson – les poissons
b. petit – petits
c. le chat – les chats
d. noir – noirs

4 **Par quel son se terminent ces noms et ces adjectifs ? Comment s'écrit ce son ? Quelle différence vois-tu à la fin de ces mots ? Pourquoi ?**

e. le bateau – les bateaux
f. beau – beaux
g. le gâteau – les gâteaux
h. nouveau – nouveaux

Manipulons ensemble

5 **La fin des mots s'est effacée ! Écris les noms et les adjectifs au pluriel. Tu peux utiliser ton ardoise.**

des ruisseau…	des cadeau…	des rue…	des vélo…	petit…
des poussin…	des bisou…	des château…	nouveau…	bleu…

Qu'avons-nous compris ?

Mémo, p. 31

6 **Qu'ajoute-t-on à la fin des noms et des adjectifs pour les écrire au pluriel ?**

7 **Entend-on une différence entre le singulier et le pluriel ? Voit-on une différence ? Laquelle ?**

Je m'entraîne

Parcours 1

1 À deux Chacun cherche le plus vite possible tous les noms au pluriel dans la liste.
les chiens – des enfants – le rat – un banc – le camion – l'oiseau – les manteaux – la route
- **Qui a été le plus rapide ?**

2 Recopie les noms et les adjectifs et entoure la lettre qui sert à écrire le pluriel.
a. des clous
b. des râteaux
c. grands
d. beaux
e. des dominos
f. nouveaux

3 Recopie ces noms qui prennent un x au pluriel. Souligne les lettres qui font le son [o].
a. des marteaux
b. des cerceaux
c. des gâteaux
d. des drapeaux
e. des cadeaux
f. des couteaux

4 Trouve les mots qui prennent un x au pluriel. Explique pourquoi.
a. les poteaux
b. les cercles
c. les prunes
d. les pruneaux
e. les chaussures
f. les chameaux

5 Complète par s ou par x.
a. des bateau…
b. des chapiteau…
c. des tasse…
d. des robot…
e. des anneau…
f. des gomme…

6 Choisis le déterminant qui convient devant chaque nom : un ou des.
a. … train
b. … voitures
c. … mots
d. … poussin
e. … avion
f. … mains

7 Choisis le déterminant qui convient devant chaque nom : un ou des.
a. … oiseaux
b. … poteau
c. … pruneaux
d. … roseaux
e. … chapeaux
f. … bureau

8 Mets les noms au pluriel.
a. un morceau → des …
b. un camion → des …
c. un tableau → des …
d. une plume → des …

9 Mets les noms au singulier.
a. des bateaux → un …
b. des museaux → un …
c. des poires → une …
d. des sacs → un …

Parcours 2

10 À deux Chacun cherche le plus vite possible :
– trois noms qui s'écrivent avec un s au pluriel ;
– trois noms qui s'écrivent avec un x au pluriel.
- **Qui a été le plus rapide ?**

11 Classe les noms et les adjectifs dans un tableau.
des livres – un rideau – beaux – des bouchons – les moineaux – les crayons – grands – vide

Singulier	Pluriel
…	…

12 Choisis le déterminant qui convient devant chaque nom : un ou des.
a. … manteaux
b. … chapeau
c. … jouets
d. … poèmes
e. … cerceau
f. … pied
g. … jumeaux
h. … cahiers

13 Mets les noms au pluriel dans un tableau.
un chameau – une lampe – un anneau – un oiseau – un poisson – une poubelle

Pluriel en s	Pluriel en x
…	…

14 Ajoute le pluriel si nécessaire.
a. des carreau…
b. un roseau…
c. des stylo…
d. des lavabo…
e. un numéro…
f. des râteau…
g. un tonneau…
h. des piano…

15 Mets les noms au singulier ou au pluriel.
a. un pantalon → …
b. un manteau → …
c. une voiture → …
d. des trains → …
e. une assiette → …
f. des panneaux → …
g. des tables → …
h. un plateau → …

16 Mets les groupes nominaux au pluriel.
a. le nouveau jouet → les nouveau… jouet…
b. le grand drapeau → les grand… drapeau…
c. le beau poème → les beau… poème…
d. le corbeau noir → les corbeau… noir…

17 Recopie tous les noms qui sont au pluriel.
L'avion a décollé. On est plus haut que les oiseaux. À travers le hublot, on voit le ciel et les nuages. Quand on survolera l'océan, on verra les bateaux.

→ Dictée, p. 160

21 Comment écrire au pluriel les noms et les adjectifs en -al ?

Observons le monde

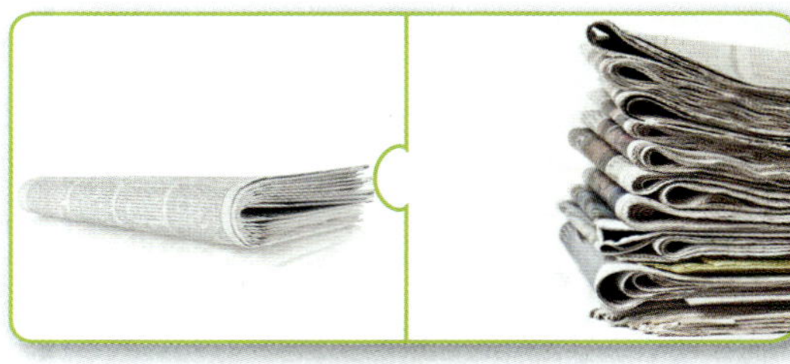

1 **Que vois-tu sur chaque photo ?**

2 **Sur quelles photos y a-t-il un seul élément ?**
Sur quelles photos y a-t-il plusieurs éléments ?

Observons la langue

3 **Quels sont les noms et l'adjectif au singulier ? Au pluriel ? Comment le sais-tu ?**

a. un cheval – des chevaux
b. un journal – des journaux
c. un bocal – des bocaux
d. original – originaux

4 **Lis chaque mot de l'exercice 3. Quelle différence entends-tu entre le mot au singulier et le mot au pluriel ? Quelle différence vois-tu ?**

Manipulons ensemble

5 **La fin des mots s'est effacée ! Écris les noms et les adjectifs au singulier ou au pluriel. Tu peux utiliser ton ardoise.**

Singulier	Pluriel
un can	des canaux
un bocal	des boc
normal	norm
géni	géniaux

Qu'avons-nous compris ?

Mémo, p. 31

6 **Par quel son se terminent les mots de cette unité quand ils sont au singulier ?**

7 **Par quel son se terminent-ils quand ils sont au pluriel ? Comment écrit-on ce son ?**

Je m'entraîne

Parcours 1

1 À deux Chacun cherche le plus vite possible tous les noms au pluriel dans la liste.
des travaux – des généraux – un bocal – un journal – un hôpital – des chevaux – des canaux – des signaux – un animal
- **Qui a été le plus rapide ?**

2 Recopie les mots et entoure les lettres qui servent à écrire le pluriel.
Exemple : des journ[aux]
a. des chevaux
b. des journaux
c. des animaux
d. normaux
e. finaux
f. principaux

3 Recopie les mots et entoure le déterminant et les lettres qui servent à écrire le singulier ou le pluriel.
Exemple : [un] journ[al] – [des] anim[aux]
a. des chevaux
b. un caporal
c. des métaux
d. un canal
e. des végétaux
f. des signaux

4 Retrouve les adjectifs au pluriel. Entoure les lettres qui servent à écrire le pluriel.
a. amical
b. égaux
c. normaux
d. vertical
e. originaux
f. spatiaux

5 Complète par al ou par aux.
a. un sign…
b. un riv…
c. des chev…
d. des boc…
e. un hôpit…
f. des végét…

6 Choisis le déterminant qui convient devant chaque nom : un ou des.
a. … amiral
b. … animaux
c. … métaux
d. … général
e. … signal
f. … tribunaux

7 Mets les noms et les adjectifs au pluriel.
a. un hôpital → des …
b. un bocal → des …
c. un animal → des …
d. amical → …
e. égal → …
f. spatial → …

8 Mets les noms et les adjectifs au singulier.
a. des terminaux → un …
b. des minéraux → un …
c. des locaux → un …
d. commerciaux → …
e. idéaux → …
f. spéciaux → …

Parcours 2

9 À deux Chacun cherche le plus vite possible :
– trois noms qui se terminent par al au singulier ;
– trois adjectifs qui se terminent par al au singulier.
- **Qui a été le plus rapide ?**

10 Classe les noms et les adjectifs dans un tableau.
les tribunaux – le métal – un rival – des bocaux – amical – verticaux – postal – géniaux

Singulier	Pluriel
…	…

11 Mets les noms au pluriel dans un tableau.
un canal – un journal – un château – un minéral – un animal – un oiseau – un poteau – un signal

On ajoute x	Le mot change à l'oral
…	…

12 Choisis le déterminant qui convient devant chaque nom : un ou des.
a. … couteaux
b. … bocal
c. … chevaux
d. … pot
e. … cerceau
f. … général
g. … dominos
h. … tribunal

13 Mets les noms et les adjectifs au singulier ou au pluriel.
a. un cristal → …
b. des végétaux → …
c. des bocaux → …
d. un rival → …
e. central → …
f. égal → …
g. oraux → …
h. tropicaux → …

14 Choisis l'adjectif qui convient.
a. un objet (artisanal/artisanaux)
b. les savants (génial/géniaux)
c. les voyages (intersidéral/intersidéraux)
d. le voyage (international/internationaux)
e. des colis (postal/postaux)

15 Recopie tous les noms et les adjectifs qui sont au pluriel.
Un vaisseau spatial a atterri juste à côté du centre commercial. Des animaux originaux sont alors descendus. Ils portaient des vêtements spéciaux. Un général leur a envoyé des signaux amicaux.

→ Dictée, p. 161

22 Comment accorder au pluriel dans le groupe nominal ?

Observons le monde

a

b

c

1 Que vois-tu sur chaque photo ?

2 Combien sont-ils ?
Comment sont-ils ?

Observons la langue

3 Quels groupes nominaux sont au pluriel ? Qu'est-ce qui change à l'oral ? Et à l'écrit ?

Déterminants	Noms	Adjectifs
un	cheval	blanc
des	chevaux	blancs
le	chat	gris
les	chats	gris
un	enfant	roux
des	enfants	roux
un	jumeau	amical
des	jumeaux	amicaux

4 Classe les noms et les adjectifs selon la façon d'accorder au pluriel.

On ajoute s	On ajoute x	Le mot ne change pas	La fin du mot change à l'oral et à l'écrit
▬	▬	▬	▬

Manipulons ensemble

5 La fin des mots s'est effacée ! Écris les noms et les adjectifs au pluriel.
Tu peux utiliser ton ardoise.

a. les petite▬ souris blanche▬

b. les beau▬ anim▬ sauvage▬

Qu'avons-nous compris ?

Mémo, p. 32

6 Quand met-on un groupe nominal au pluriel ?

7 Est-ce qu'on entend le pluriel dans tous les mots du groupe nominal ?

8 Quelles sont les différentes façons d'écrire le pluriel des noms et des adjectifs ?

Je m'entraîne

Parcours 1

1 À deux L'un repère les adjectifs dans lesquels on entend le pluriel. L'autre ceux dans lesquels on ne l'entend pas.

beau/beaux – petit/petits – idéal/idéaux – amical/amicaux – gris/gris – général/généraux

- **Vérifiez ensemble.**

2 Recopie le deuxième GN de chaque série et entoure ce qui a changé.

Exemple : le beau chat – les beaux chats

a. le cheval sauvage – les chevaux sauvages
b. le parc régional – les parcs régionaux
c. le bocal fermé – les bocaux fermés
d. l'animal féroce – les animaux féroces
e. le bateau royal – les bateaux royaux

3 Classe les noms et les adjectifs de l'exercice 2 selon la façon d'accorder au pluriel.

On ajoute s	On ajoute x	La fin du mot change à l'oral et à l'écrit
chats - …	beaux - …	chevaux - …

4 Recopie les GN et entoure le déterminant pluriel et toutes les lettres qui servent à écrire le pluriel des noms et des adjectifs.

Exemple : Les chiens sont des animaux amicaux.

a. Les juges travaillent dans les tribunaux.
b. Mes parents lisent les journaux.
c. Les confitures sont dans les grands bocaux.
d. Les Indiens montent sur les chevaux sauvages.

5 Complète avec les lettres qui servent à écrire le pluriel.

a. les hôpit…
b. les bouteille…
c. les malade…
d. des génér…
e. des soldat…
f. les maison…
g. les château…
h. les can…
i. des poteau…
j. les donjon…

6 Choisis les mots qui conviennent.

a. les (marteau/marteaux) (solide/solides)
b. le (drapeau/drapeaux) (multicolore/multicolores)
c. (un/des) (superbe/superbes) bateau
d. (le/les) long (couteau/couteaux)
e. les (bon/bons) gâteaux (sucré/sucrés)
f. (le/les) (beau/beaux) manteau (chaud/chauds)

Parcours 2

7 À deux L'un repère les adjectifs dans lesquels on entend le pluriel. L'autre ceux dans lesquels on ne l'entend pas.

rares – amicaux – principaux – nouveaux – oraux – gros – furieux – beaux – mondiaux

- **Vérifiez ensemble.**

8 Complète avec les lettres qui servent à écrire le pluriel.

a. Les Indien… font des sign… de fumée.
b. Les chirurgien… opèrent dans les bloc… chirurgic… .
c. Les journ… donnent des information… intéressante… .
d. Les vaisseau… spati… quittent les base… intergalactique… .

9 Accorde les adjectifs en couleur si nécessaire.

a. les (beau) château (royal)
b. le (gentil) animal (marin)
c. les (grand) chevaux (blanc)
d. les (jeune) filles (sérieux)
e. le (nouveau) parc (naturel)

10 Mets ces groupes nominaux au pluriel.

a. un journal intéressant → des … …
b. un métal lourd → des … …
c. un poteau haut → des … …
d. le nouveau bateau → les … …
e. le grand général → les … …
f. la troupe impériale → les … …
g. le long canal → les … …

11 Ajoute un adjectif de ton choix. Fais les accords nécessaires.

a. un ciel …
b. des livres …
c. des colliers …
d. un animal …
e. des chevaux …
f. des chapeaux …
g. un oiseau …
h. des manteaux …

12 Ajoute un nom singulier ou pluriel comme il convient. N'oublie pas le déterminant !

a. … doux
b. … froids
c. … nouveaux
d. … beau
e. … épais
f. … amical
g. … géniaux
h. … sage

→ Dictée, p. 161

23 Comment faire attention aux accords dans le groupe nominal ?

Observons le monde

a

b

c

d

1 **Que vois-tu sur chaque photo ?**

2 **Combien y a-t-il d'éléments à chaque fois ?**

Observons la langue

3 **Retrouve les groupes nominaux qui correspondent aux photos. Qu'est-ce qui t'aide ?**

a. une maison	1.	grand	bleu
b. un bateau	2.	grands	bleus
c. les maisons	3.	grande	bleue
d. des bateaux	4.	grandes	bleues

4 **À l'oral, quel petit mot permet de savoir que le groupe nominal est au féminin ? Au pluriel ?**

5 **Quels sont les mots qui changent dans le groupe nominal quand il est au féminin ? Au pluriel ?**

Manipulons ensemble

6 **Fais tous les accords nécessaires dans ces groupes nominaux avec ces deux étiquettes.**

e   s

a. les petit… poisson… coloré…

b. l… petit… crevettes gris…

c. la joli… baleine bleu…

d. le grand… requin blanc…

Qu'avons-nous compris ?

Mémo, p. 33

7 **Que veut dire : faire l'accord dans le groupe nominal ?**

8 **Quels sont les mots qui s'accordent dans un groupe nominal ?**

9 **Les accords s'entendent-ils toujours à l'oral ? Qu'est-ce qu'il ne faut pas oublier à l'écrit ?**

Je m'entraîne

Parcours 1

1 À deux **Chacun retrouve les noms et les adjectifs qui s'accordent ensemble.**

Noms	Adjectifs
une plante	verts
des crayons	vert
des jupes	verte
un pull	vertes

- **Qui a été le plus rapide ?**

2 **Recopie le petit mot qui permet de savoir que le GN est au pluriel ou au féminin singulier.**

a. les chats sauvages
b. la belle maison
c. deux beaux bateaux
d. ma splendide voiture
e. tes feutres noirs
f. ta jupe verte

3 **Recopie le deuxième GN de chaque série et entoure ce qui a changé.**

Exemple : le cheval rapide – les chevaux rapides

a. les coiffeurs habiles – les coiffeuses habiles
b. le merveilleux bateau – les merveilleux bateaux
c. la fermière heureuse – les fermiers heureux
d. l'animal domestique – les animaux domestiques

4 **Entoure les lettres qui servent à écrire le féminin. Souligne celles qui servent à écrire le pluriel.**

Exemple : les chansons joyeuses

a. les personnes heureuses
b. les gens heureux
c. une fille contente
d. des garçons contents
e. des notes aiguës
f. des sons aigus

5 **Accorde les adjectifs et les noms en couleur.**

Exemple : les (élève) (attentif) → les élèves attentifs

a. les (boulanger) (content)
b. la (policier) (sérieux)
c. les (maître) (gentil)
d. la (coiffeur) (nerveux)
e. les (banquier) (triste)

6 **Construis deux GN selon les indications.**

a. déterminant + adjectif + nom féminin singulier
Exemple : la grande girafe
b. déterminant + adjectif + nom féminin pluriel
Exemple : les petites maisons

Parcours 2

7 À deux **Choisissez le même nom. Chacun retrouve tous les adjectifs qui s'accordent avec ce nom.**

Noms : une porte – un toit – des vitres – des volets
Adjectifs : cassé – cassés – cassée – cassées – vert – vertes – ouverte – ouverts – arraché – arrachée – gris – grise – crasseux – crasseuses

- **Avez-vous trouvé les mêmes adjectifs ?**

8 **Complète avec les lettres qui servent à accorder quand c'est nécessaire.**

a. les gentil... moniteur...
b. les grand... oiseau...
c. les lion... féroce...
d. la joli... robe...
e. les eau... chaud...
f. les sauce... piquant...
g. le géant... sympathique...

9 **Récris ces groupes nominaux avec les noms proposés. Fais les accords nécessaires.**

a. un homme amoureux → des femme... ...
b. des chaises pliantes → un tabouret... ...
c. une montagne enneigée → des mont... ...
d. les animaux sauvages → des oie... ...
e. le verre plein → une assiette... ...
f. la route dangereuse → les chemin... ...
g. des rues désertes → des village... désert...

10 **Ajoute un adjectif de ton choix. Fais les accords nécessaires.**

a. le chien ...
b. les aviatrices ...
c. les sauveteurs ...
d. les lionnes ...
e. la jument ...
f. le cheval ...
g. les voitures ...
h. les autobus ...

11 **Ajoute un nom de ton choix qui convient. N'oublie pas le déterminant !**

a. ... heureux
b. ... spéciaux
c. ... agréables
d. ... vertes
e. ... douce
f. ... légères

12 **Construis quatre GN selon les indications.**

a. déterminant + adjectif + nom féminin singulier
b. déterminant + adjectif + nom féminin pluriel
c. déterminant + adjectif + nom masculin singulier
d. déterminant + adjectif + nom masculin pluriel

→ Dictée, p. 162

24 Comment accorder le verbe avec le sujet ?

Observons le monde

1 **Sur quelles photos y a-t-il une seule personne ?**
Sur quelles photos y a-t-il plusieurs personnes ?

2 **Que font les enfants sur chaque photo ?**

Observons la langue

3 **Dans quelles phrases une seule personne fait-elle l'action ? Dans quelles phrases plusieurs personnes font-elles l'action ? Qu'est-ce qui change dans le verbe à l'oral ? À l'écrit ?**

a. Une fille saute à la corde.
b. Des enfants sautent à la corde.
c. Un garçon écrit.
d. Des enfants écrivent.

Manipulons ensemble

4 **La fin des verbes s'est effacée ! Ajoute la terminaison nt quand c'est nécessaire. Tu peux utiliser ton ardoise.**

a. Le chien grogne… .
b. Deux moutons bêle… .
c. Plusieurs abeilles bourdonne… .
d. La cloche sonne… .
e. Aucun enfant ne crie… .
f. Tous les villageois dorme… .

Qu'avons-nous compris ?

Mémo, p. 33

5 **Quand met-on le verbe au pluriel ?**

6 **Entend-on toujours la différence entre le verbe au singulier et le verbe au pluriel ? Voit-on une différence ? Laquelle ?**

Je m'entraîne

Parcours 1

1 À deux **L'un cherche les phrases où une seule personne fait l'action. L'autre celles où plusieurs personnes font l'action.**
a. Les spectateurs applaudissent.
b. La danseuse salue.
c. Le sportif court.
d. Les touristes arrivent.
e. Les enfants dorment.
• **Vérifiez ensemble.**

2 **Trouve les terminaisons des verbes au singulier.**
a. Le garçon court vite.
b. Les vaches broutent.
c. Le bébé apprend à parler.
d. L'éléphant lève sa trompe.
e. Les clowns entrent sur la piste.

3 **Trouve les sujets des verbes au pluriel.**
a. Les enfants crient dans la cour.
b. Ce garçon parle trop fort.
c. Les voitures se garent.
d. Le camion double un tracteur.
e. Les clients arrivent.
f. Des oiseaux volent.

4 **Remplace le GN sujet par le pronom sujet qui convient : il, ils, elle ou elles.**
a. Les vaches regardent passer le train.
b. Le général donne un ordre.
c. Les policières surveillent la rue.
d. Le boulanger fait du pain.
e. Les aviateurs pilotent les avions.

5 **Choisis le verbe qui convient.**
a. Elle (ronfle/ronflent) fort.
b. Les enfants (regarde/regardent) les étoiles.
c. Il (observe/observent) la souris.
d. La fusée (décolle/décollent) de la base.
e. Les pâtissières (finit/finissent) les gâteaux.
f. Ils (regarde/regardent) au loin.

6 **Complète avec un GN sujet de ton choix qui convient.**
a. … nage dans la piscine.
b. … allument un feu de camp.
c. … soulèvent une lourde pierre.
d. … observe le ciel.

Parcours 2

7 À deux **L'un propose une phrase avec un verbe et un sujet au singulier. L'autre avec un sujet au pluriel.**
danser – venir – regarder – applaudir
• **Inversez les rôles avec un autre verbe.**

8 **Classe les phrases dans un tableau.**
a. Toutes les abeilles butinent des fleurs.
b. Le cachalot plonge à 200 mètres de profondeur.
c. Certains insectes volent.
d. Plusieurs spectateurs applaudissent.
e. Un seul joueur marque un but.
f. Trois enfants se baignent.

Sujets + verbes au singulier	Sujets + verbes au pluriel
…	…

9 **Ajoute un pronom sujet qui convient.**
a. … marchent le long de la mer.
b. … prend le métro.
c. … se lave les mains.
d. … plongent dans la mer chaude.
e. … cultivent des tomates.
f. … partage son goûter avec ses amis.

10 **Mets le verbe au présent et accorde-le avec son sujet.**
a. Ces Indiens (vivre) dans un tipi.
b. La pluie (couler) dans mon cou.
c. La tour Eiffel (briller) dans la nuit.
d. Le clocher (dominer) tout le village.
e. Elles (jouer) du violon.
f. Les dromadaires (résister) bien à la chaleur.

11 **Complète les phrases avec un GN sujet ou un verbe de ton choix qui convient.**
a. … mangent une pomme.
b. La lionne … les gazelles.
c. … veut danser.
d. Elle … un sandwich.
e. Le chevalier … sur son cheval.

12 **Récris le texte en commençant par Le chat.**
Les chats ronronnent. Ils voient bien la nuit. Ils se lavent en se léchant. Ils chassent les souris et les petits oiseaux.

→ Dictée, p. 162

25 Comment faire attention à l'accord sujet/verbe lorsqu'ils sont éloignés ?

Observons le monde

a

b

1 **Quel animal vois-tu sur chaque photo ? Combien sont-ils à chaque fois ?**

2 **Que font-ils ? À qui appartiennent-ils ? Comment sont-ils ?**

Observons la langue

3 **Dans chaque phrase, avec quel nom sujet le verbe s'accorde-t-il ?**
Avec quel nom ne faut-il pas confondre ?
a. Le chien des enfants mange.
b. Les vaches du fermier mangent.

4 **Qu'y a-t-il après le nom sujet dans chaque phrase ?**
Qu'est-ce qu'il ne faut pas oublier quand tu écris le verbe ?
a. Le chien noir et blanc mange.
b. Les vaches noires et blanches mangent.

Manipulons ensemble

5 **Choisis le verbe qui convient. Tu peux l'écrire sur ton ardoise.**

a. La voiture blanche et rouge
b. Les enfants joyeux
c. Les parents de ma copine
d. La copine de mes parents

arrive.

arrivent.

Qu'avons-nous compris ?

Mémo, p. 34

6 **Qu'est-ce qui peut être difficile quand on doit accorder le verbe avec le sujet ?**

7 **Que faut-il repérer pour accorder le verbe ?**

Je m'entraîne

Parcours 1

1 À deux **L'un cherche le verbe de la phrase a. L'autre cherche le nom sujet avec lequel il s'accorde.**

a. Les enfants de mon voisin crient.
b. Le bateau bleu aux voiles blanches accoste.

- **Échangez les rôles pour la phrase b.**

2 **Recopie les phrases. Entoure le verbe et souligne le nom sujet avec lequel il s'accorde.**

a. Le volcan de l'île de La Réunion gronde.
b. Les oiseaux migrateurs font de longs voyages.
c. Les éléphants d'Asie ont de petites oreilles.
d. Les musiciens de l'orchestre jouent.

3 **Associe chaque sujet avec le verbe qui convient.**

a. Un élève calme et sérieux
b. Les bûcherons du village
c. Le charpentier, dans son atelier,
d. Les élèves du premier rang

1. coupe du bois.
2. écoutent le maître.
3. écoute le maître.
4. coupent du bois.

4 **Complète les verbes avec e ou ent.**

a. Le chirurgien de l'hôpital opèr… le patient.
b. Les arbres de la vallée pouss… très haut.
c. Une petite fourmi aux ailes noires pass… sur la table.
d. Les poissons volants de l'océan Pacifique vol… au-dessus du bateau.

5 **Remplace chaque GN en couleur par le pronom personnel qui convient.**

a. Les moutons à la laine douce broutent.
b. La pie aux plumes noires et blanches vole.
c. Le loup solitaire et féroce cherche une proie.
d. Deux lions à la crinière dorée boivent dans l'étang.

6 **Accorde les verbes en couleur avec leur sujet.**

a. Les grandes baleines bleues (nager) dans l'océan.
b. Les Inuits du Grand Nord (chasser) les phoques.
c. Le coiffeur de mon frère (couper) bien les cheveux.
d. La fusée immense et puissante (s'élancer) vers le ciel.

Parcours 2

7 À deux **L'un cherche les sujets qui sont au singulier. L'autre ceux qui sont au pluriel.**

a. Les peintres en bâtiment repeignent la maison.
b. Le marcheur rapide et entraîné avance à grands pas.
c. Le chaton de mes grandes cousines dort dans son panier.
d. Les hirondelles noires et blanches volent vers leur nid.

- **Vérifiez ensemble.**

8 **Recopie le verbe et le nom sujet avec lequel il s'accorde.**

a. Les chaises pliantes au bord de la piscine sont cassées.
b. Le nouveau magasin de mes anciens collègues ouvre demain.
c. Les chatons joueurs et malins s'amusent sur le tapis.
d. En hiver, les skieurs en haut de la piste admirent la vallée enneigée.
e. Les passagers de la voiture derrière le camion discutent joyeusement.

9 **Ajoute un GN de ton choix qui convient.**

a. … concentrés et attentifs observent les oiseaux.
b. … de mon quartier fait du bon pain.
c. … du train annoncent le départ.
d. … du pommier tombent au sol.
e. … porté par les vagues avance vite.

10 **Ajoute un verbe de ton choix qui convient.**

a. Les fleurs du jardin … .
b. Le chat de mes voisins … .
c. Les grands chevaux blancs … .
d. Les élèves de la classe … .
e. Le petit de la lionne et du lion … .

11 **Mets les sujets au pluriel.**

a. Le train de nuit arrive en gare.
b. Le bébé affamé appelle ses parents.
c. Le lapin rapide et rusé se cache du renard.
d. L'élève de l'école fait une sortie.

12 **Invente quatre phrases sur ce modèle.**

1	2	3
Les lionnes du clan	guettent	les antilopes.

→ Dictée, p. 163

26 Comment faire attention à tous les accords dans la phrase ?

Observons le monde

Dictée

Les poissons-clowns

Tu connais sûrement les aventures de Némo et ses amis. Ces poissons existent vraiment. Ils vivent dans les océans tropicaux. Les poissons-clowns vivent dans des anémones colorées. Les tentacules de l'anémone forment un abri idéal.

1. **De quoi parle ce texte ?**
2. **Où vivent les poissons-clowns ?**
3. **Qu'est-ce que des tentacules ? Cherche des informations.**

Observons la langue

4. **Cherche les autres groupes nominaux du texte et repère les accords. Explique-les.**

déterminant	nom
les	poissons-clowns

déterminant	nom	adjectif
les	océans	tropicaux

5. **Cherche les autres verbes et leur sujet et repère les accords. Explique-les.**

sujet	verbe
tu	connais

Manipulons ensemble

6. **Fais tous les accords nécessaires dans ces phrases avec ces quatre étiquettes.**

e s x nt

a. Les petit___ enfant___ fredonne___ une joli___ chanson.

b. Les abeille___ noir___ et jaune___ vole___ à côté des oiseau___.

Qu'avons-nous compris ?

Mémo, p. 34

7. **Que veut dire : faire les accords dans la phrase ?**
8. **Quels sont les mots qui s'accordent dans une phrase ?**
9. **Comment peux-tu vérifier que tu as bien fait tous les accords ?**

Je m'entraîne

Parcours 1

1 À deux **Avec ces mots, chacun construit une phrase avec un sujet au singulier et une phrase avec un sujet au pluriel.**
ours – polaire – manger – phoque
- **Comparez vos phrases.**

2 **Recopie le mot qui permet de savoir que l'adjectif sera au masculin ou au féminin.**
a. La reine furieu… appelle son fidèle… serviteur.
b. Le grand… magicien prépare un tour merveilleu… .
c. Le papa heureu… chante une joli… chanson.
d. La gentil… maîtresse lit un conte connu… .

3 **Recopie le mot qui permet de savoir que le verbe sera au singulier ou au pluriel.**
a. Le soleil brill… dans le ciel bleu.
b. Les étoiles brill… dans le ciel bleu.
c. Ma cousine dor… chez moi ce soir.
d. Des voitures pass… sur la route.
e. Les pompiers port… secours aux personnes.
f. Elle mang… à la cantine.

4 **Recopie les phrases. Entoure les lettres qui servent à écrire les accords au pluriel.**
Exemple : Les grande[s] fille[s] joue[nt] avec les enfant[s].
a. Les écureuils malins cachent les noisettes.
b. Les mouettes pêchent les petits poissons.
c. Les navettes spatiales décollent de la base de lancement.
d. Les ouvriers peignent les nouveaux bâtiments.

5 **Recopie les phrases. Relie tous les mots qui s'accordent entre eux.**
Exemple : Les élèves concentrés recopient les phrases.
a. Les avions militaires décollent des grands aéroports.
b. Le restaurant chinois propose une nourriture variée.
c. Les voitures de sport foncent sur le circuit.
d. Les champignons comestibles poussent sous les grands chênes.

Parcours 2

6 À deux **Chacun construit deux phrases qui commencent selon les indications données.**
a. dét. + adjectif + nom masculin pluriel + verbe
b. dét. + adjectif + nom féminin singulier + verbe
- **Comparez vos phrases.**

7 **Fais tous les accords nécessaires dans les phrases.**
a. Les lionceau… grandiss… près des lionne… affectueu… .
b. Le chocolat noir… donn… des force… à tes muscle… .
c. Les anim… carnivore… chass… les proie… isolé… .
d. La coccinelle… noir… et rouge… se pos… sur mon doigt.

8 **Recopie les groupes nominaux, puis les verbes et leur sujet. Repère tous les accords.**
Ulysse et Polyphème
Ulysse veut rentrer chez lui. Mais les vents se mettent à souffler. Son navire arrive chez les Cyclopes géants. Leur chef s'appelle Polyphème. Il dévore les compagnons d'Ulysse. Ulysse offre du vin à Polyphème. Polyphème s'endort. Ulysse et ses amis enfoncent un bâton dans son œil. Ils peuvent enfin se sauver.

9 **Regarde ces images du *Petit Chaperon rouge*. Raconte cette histoire par écrit. Pense à vérifier les accords entre :**
– les déterminants et les noms ;
– les sujets et les verbes.

a. 
b. 
c. 
d. 

Dictée, p. 163

Dictées accompagnées

Dictées accompagnées

1 Comment écrire le son [ɛ̃] ? in, ain, ein

Le chocolat

Le chocolat est bon pour la santé. Il donne plein d'énergie au corps humain. Il t'aide à te concentrer quand tu travailles et il te donne de la force quand tu joues avec tes copains. Quand tu as faim, le matin, tu peux en croquer deux carrés.

Je comprends le texte

1. Est-ce que le chocolat est bon pour la santé ? Pourquoi ?
2. Est-ce que tu aimes le chocolat ? Pourquoi ?

Je fais attention à la ponctuation

3. Il y a quatre phrases dans cette dictée. Regarde bien où sont les majuscules et les points.

J'apprends à écrire des mots invariables

pour · corps · quand · avec · en

Mémo, p. 22

2 Comment écrire le son [ɑ̃] ? an, en

L'eau

Les océans et les mers recouvrent presque toute la planète.
Les premiers êtres vivants sont apparus dans l'océan. Sans l'eau, il n'y a pas de vie. Elle prend plusieurs formes : les nuages, la banquise, les torrents, la pluie, la neige. Pourtant l'eau potable est rare. Beaucoup d'enfants dans le monde manquent d'eau.

Je comprends le texte

1. Par quoi est recouverte presque toute notre planète ?
2. Quelles formes l'eau peut-elle prendre ?
3. Que veut dire « eau potable » ?
4. Est-ce que tous les enfants ont de l'eau ? Pourquoi ?

Je fais attention à la ponctuation

5. Il y a six phrases dans cette dictée. Regarde bien où sont les majuscules et les points.
6. À quoi servent les deux points « : » ?

J'apprends à écrire des mots invariables

presque · dans · sans · pas · plusieurs · pourtant · beaucoup

Mémo, p. 22

Dictées accompagnées

3 Quand n devient-il m ?

L'invention du four à micro-ondes

Il cuit ou il réchauffe simplement à la bonne température tout ce qu'on veut manger. Impossible de rater un plat !
C'est le savant Percy Spencer qui a découvert qu'on pouvait faire cuire les aliments grâce aux ondes.
Avec ce four, on est tous des champions en cuisine !

Je comprends le texte

1. De quel objet parle la dictée ?
2. À quoi sert-il ?
3. Comment s'appelait le savant qui a inventé cet objet ?

Je fais attention à la ponctuation

4. Il y a quatre phrases dans cette dictée. Regarde bien où sont les majuscules et les points.
5. Pourquoi y a-t-il des majuscules à Percy Spencer ?
6. À quoi sert le point d'exclamation « ! » ? Combien y en a-t-il ?

J'apprends à écrire des mots invariables

ou | simplement | qui
grâce à | avec | en

Mémo, p. 22

4 Comment écrire le son [ɛ] ? e

L'escargot

Dans la verdure humide, l'escargot avance lentement dans l'herbe verte. Il cherche de la nourriture. Il est herbivore. Il se déplace en rampant à la vitesse de six centimètres par minute. Il doit faire très attention au bec du merle. Sa coquille est une protection très fragile.

Je comprends le texte

1. Comment se nourrit l'escargot ?
2. Comment se déplace-t-il ?
3. À ton avis, à quoi lui sert sa coquille ?

Je fais attention à la ponctuation

4. Il y a six phrases dans cette dictée. Regarde bien où sont les majuscules et les points.

J'apprends à écrire des mots invariables

dans | lentement | en | par | très

Mémo, p. 23

5 Comment écrire le son [ɛ] ? ai, è, ê, ei, et

Les abeilles et les guêpes

Les abeilles vivent dans des ruches. Elles butinent les fleurs. Elles piquent une seule fois. Les guêpes construisent des nids. Elles préfèrent manger ce qui est sucré, des petits insectes ou de la viande comme du poulet. Les guêpes peuvent piquer plusieurs fois de suite.

La guêpe a la taille très fine.

Je comprends le texte

1. Où vivent les abeilles ?
2. Comment s'appelle la maison des guêpes ?
3. Que mangent les guêpes ?
4. Que sais-tu d'autres au sujet des abeilles et des guêpes ?

Je fais attention à la ponctuation

5. Il y a six phrases dans cette dictée. Regarde bien où sont les majuscules et les points.

J'apprends à écrire des mots invariables

dans fois qui

comme plusieurs

Mémo, p. 23

6 Comment écrire le son [e] ? é, er, ez

L'énergie durable

Pour avoir de l'énergie, on utilise différentes sources : le pétrole pour fabriquer de l'essence, le nucléaire pour faire de l'électricité, le charbon, le gaz, le bois pour donner de la chaleur. Mais bientôt, il n'y en aura plus assez.

Le Soleil et le vent sont des énergies durables. Ils existeront toujours ou presque.

Installation de panneaux solaires sur un toit.

Je comprends le texte

1. À quoi sert l'énergie ?
2. Avec quoi fabrique-t-on de l'énergie ?
3. Y aura-t-il toujours du pétrole, du charbon, du bois ? Pourquoi ?
4. Que veut dire « durable » ?
5. Quelles sont les deux énergies durables ? En connais-tu d'autres ?

Je fais attention à la ponctuation

6. Il y a quatre phrases dans cette dictée. Regarde bien où sont les majuscules et les points.
7. À quoi servent les deux points « : » ?
8. Pourquoi y a-t-il une majuscule à Soleil ?

J'apprends à écrire des mots invariables

pour gaz bois mais bientôt en

plus assez toujours presque

Mémo, p. 23

Dictées accompagnées

7 Comment écrire le son [s] (s, ss, c, ç) et le son [z] (z, s) ?

Les Gaulois savaient-ils l'heure ?

Nos ancêtres les Gaulois, qui avaient des grandes moustaches, ne regardaient pas l'heure toutes les cinq minutes.
Les journées étaient divisées entre le jour et la nuit. Pendant la journée, ils repéraient l'heure sur des cadrans solaires. Le soleil au zénith* indiquait midi.

D'après I. de Fromont et S. Bloch, *Petite histoire amusante du Progrès*, © éd. Bayard.

* Le soleil est au zénith quand il atteint son point le plus haut dans le ciel.

L'ombre de l'aiguille sur le cadran solaire indique l'heure.

Je comprends le texte

1. Comment les Gaulois savaient-ils l'heure ?
2. Et toi, comment fais-tu pour savoir l'heure ?
3. Que sais-tu d'autre sur les Gaulois ?

Je fais attention à la ponctuation

4. Il y a quatre phrases dans cette dictée. Regarde bien où sont les majuscules et les points.
5. Pourquoi y a-t-il une majuscule à Gaulois ?

J'apprends à écrire des mots invariables

qui – pas – entre – pendant – sur

Mémo, p. 24

8 Comment écrire le son [g] (g, gu) et le son [ʒ] (j, g, ge) ?

Un enfant noble au Moyen Âge

À sept ans, Geoffroy quitte sa famille. Il est engagé par son parrain, un grand seigneur, pour devenir galopin[1]. Il s'occupe des chevaux dans l'écurie. Dans deux ans, il deviendra page[2]. Un jour, quand il sera jeune homme, il sera adoubé[3]. Devenu chevalier, il fera la guerre.

[1] un galopin : un garçon qui s'occupe des chevaux qui galopent.
[2] un page : un enfant noble qui sert un seigneur, un roi, une reine.
[3] adoubé : le jeune homme est fait chevalier par le seigneur.

Un page du Moyen Âge (14e siècle).

Je comprends le texte

1. Qu'est-ce que le Moyen Âge ?
2. À ton avis, où vivaient les seigneurs ?
3. Qu'est-ce qu'une écurie ?
4. Comment devenait-on chevalier ?
5. Que faisait un chevalier ?

Je fais attention à la ponctuation

6. Il y a six phrases dans cette dictée. Regarde bien où sont les majuscules et les points.
7. Pourquoi y a-t-il une majuscule à Geoffroy ?

J'apprends à écrire des mots invariables

par – pour – dans – quand

Mémo, p. 25

9 Comment écrire le son [k] ? c, qu, k

La vie du chevalier

Pendant l'hiver, il n'y avait pas de guerre. Le chevalier s'entraînait à se battre dans la cour du château. Il se battait avec un faux adversaire, un mannequin recouvert d'une armure. Parfois ses équipiers faisaient semblant de l'attaquer. Il aimait beaucoup la chasse et les tournois.

Un tournoi de chevaliers au Moyen Âge (13e siècle).

Je comprends le texte

1. À quelle époque vivaient les chevaliers ?
2. Où habitaient les chevaliers ?
3. Y avait-il des guerres en hiver au Moyen Âge ?
4. Comment le chevalier s'entraînait-il à se battre ?

Je fais attention à la ponctuation

5. Il y a cinq phrases dans cette dictée. Regarde bien où sont les majuscules et les points.

J'apprends à écrire des mots invariables

pendant — pas — dans — avec — parfois — beaucoup

Mémo, p. 26

10 Comment écrire le son [j] ? ill, il, y

Les abeilles

Le papi d'Élodie est apiculteur. Il dit que dans chaque ruche, on trouve beaucoup d'abeilles. Chaque abeille a un métier. Au lever du soleil, la reine se réveille et pond des œufs, les ouvrières travaillent. Elles fabriquent des rayons de cire et du miel.

La reine est plus grande que les abeilles ouvrières.

Je comprends le texte

1. Quel est le métier du papi d'Élodie ?
2. Que fait un apiculteur ?
3. Que fait la reine des abeilles ?
4. Que font les ouvrières ?

Je fais attention à la ponctuation

5. Il y a cinq phrases dans cette dictée. Regarde bien où sont les majuscules et les points.
6. Pourquoi y a-t-il une majuscule à Élodie ?

J'apprends à écrire des mots invariables

que — dans — beaucoup

Mémo, p. 26

Dictées accompagnées

11 Comment trouver la consonne muette à la fin d'un mot ?

Le panda géant

Il ressemble à un grand ours. Il vit en Chine. Il est souvent de bonne humeur sauf quand on le réveille de sa sieste. Le bambou est très important pour lui. Il en mange et en fait un petit tas pour prendre du repos ou dormir.

Je comprends le texte

1. As-tu déjà vu un panda en vrai, dans un zoo ?
2. Connais-tu un dessin animé qui a un panda pour héros ?
3. Où vit le panda ? Que mange-t-il ?

Je fais attention à la ponctuation

4. Il y a cinq phrases dans cette dictée. Regarde bien où sont les majuscules et les points.
5. Pourquoi y a-t-il une majuscule à Chine ?

J'apprends à écrire des mots invariables

en – souvent – sauf – quand
très – pour – tas – repos

Mémo, p. 26

12 Quand écrire et ? Quand écrire ou ?

Les coccinelles

Il y a deux mille espèces de coccinelles dans le monde. Elles peuvent être roses ou jaunes ou rouges. Elles peuvent avoir des points noirs ou des damiers sur le dos. Elles mangent des pucerons et des cochenilles ou encore du pollen et du nectar de fleur. Elles vivent entre quatre et cinq mois.

Je comprends le texte

1. Combien y a-t-il d'espèces de coccinelles dans le monde ?
2. De quelles couleurs peuvent-elles être ?
3. Que mangent les coccinelles ?
4. Combien de temps vivent-elles ?

Je fais attention à la ponctuation

5. Il y a cinq phrases dans cette dictée. Regarde bien où sont les majuscules et les points.

J'apprends à écrire des mots invariables

dans – sur – dos
encore – entre – mois

Mémo, p. 27

13 Quand mettre un accent sur à et où ?

Les boucaniers

Où vivaient les boucaniers ? Sur des îles où passaient beaucoup de navires, comme à la Réunion, à la Martinique, à la Guadeloupe. Ils chassaient le gibier pour le faire fumer. Cela permettait de faire sécher la viande et de mieux la conserver. Ils vendaient ensuite la viande aux pirates et aux corsaires.

Poulet fumé, dit boucané, en train de cuire.

Je comprends le texte

1. Où vivaient les boucaniers ?
2. Connais-tu l'île de la Réunion ? La Martinique ? La Guadeloupe ?
3. Sais-tu où se trouvent ces îles ? Regarde sur une carte.
4. Que faisaient les boucaniers ?

Je fais attention à la ponctuation

5. Il y a cinq phrases dans cette dictée. Regarde bien où sont les majuscules et les points.
6. Pourquoi y a-t-il une majuscule à Réunion, à Martinique et à Guadeloupe ?
7. À quoi sert le point d'interrogation « ? » ?

J'apprends à écrire des mots invariables

sur – beaucoup – comme – pour – mieux – ensuite

Mémo, p. 27

14 Quand écrire est ? Quand écrire sont ?

Merci, monsieur Biro !

Ils sont rangés dans ta trousse. Ils sont de toutes les couleurs. Quand tu en prends un, il est toujours prêt à écrire. Il est le stylo le plus vendu dans le monde. Il a été inventé par monsieur Laszlo Biro, un journaliste. Aujourd'hui, les stylos à bille sont partout. Ils sont aussi appelés bic.

Je comprends le texte

1. Qui a inventé le stylo à bille ?
2. Quel métier faisait-il ?
3. Les stylos à bille sont-ils les stylos les plus vendus dans le monde ?

Je fais attention à la ponctuation

4. Il y a sept phrases dans cette dictée. Regarde bien où sont les majuscules et les points.
5. Pourquoi y a-t-il des majuscules à Laszlo Biro ?

J'apprends à écrire des mots invariables

dans – quand – en – toujours – plus – par – partout – aussi

Mémo, p. 27

Dictées accompagnées

15 Quand écrire a ? Quand écrire ont ?

Qu'est-ce qu'un tsunami ?

Un tsunami est une immense vague de trente mètres de haut. Cette vague a une très grande force quand elle arrive sur la côte. Les tsunamis ont pour origine un tremblement de terre sous-marin. Un tsunami a des conséquences terribles. C'est pourquoi les humains ont très peur des tsunamis.

Je comprends le texte

1. As-tu déjà entendu parler d'un tsunami ? As-tu vu des photos ou des vidéos ?
2. Quelle est l'origine d'un tsunami ?
3. Est-ce que les humains en ont peur ? Pourquoi ?

Je fais attention à la ponctuation

4. Il y a cinq phrases dans cette dictée. Regarde bien où sont les majuscules et les points.

J'apprends à écrire des mots invariables

quand | sur | très | pour | pourquoi

Mémo, p. 28

16 Quand écrire son ? Quand écrire ses ?

L'Amazonie

L'Amazonie est la plus grande forêt tropicale de la Terre. Son fleuve s'appelle l'Amazone. Son climat est chaud et humide. Ses arbres sont tellement nombreux et hauts que les rayons du soleil n'arrivent pas jusqu'au sol. Ses animaux et ses plantes vivent tout le temps dans l'ombre.

Vue aérienne de la forêt amazonienne en Bolivie.

Je comprends le texte

1. Où se trouve l'Amazonie ? Cherche sur une carte.
2. Quelle est la différence entre l'Amazonie et l'Amazone ?
3. Que veut dire le mot « climat » ?
4. Comment sont les arbres de l'Amazonie ?
5. Pourquoi ses animaux et ses plantes vivent-ils dans l'ombre ?

Je fais attention à la ponctuation

6. Il y a cinq phrases dans cette dictée. Regarde bien où sont les majuscules et les points.
7. Pourquoi y a-t-il une majuscule à Amazonie, à Terre et à Amazone ?

J'apprends à écrire des mots invariables

plus | tellement | que | pas | jusqu' | temps | dans

Mémo, p. 28

17 Comment écrire au féminin les adjectifs en -d, -t, -s ?

Le caméléon

Comment fait cet animal pour changer de couleur ? Sous sa peau froide, il possède des petites cellules remplies d'un produit coloré. Elles permettent au caméléon de changer la couleur de sa peau. Quand il subit une attaque surprise, il grimpe sur une haute branche et sa peau devient verte comme les feuilles.

Je comprends le texte

1. Qu'est-ce que le caméléon fait de spécial ?
2. Grâce à quoi change-t-il de couleur ?
3. De quelle couleur devient-il lorsqu'il est dans le feuillage d'un arbre ?
4. À ton avis, de quelle couleur devient-il lorsqu'il est sur du sable ?

Je fais attention à la ponctuation

5. Il y a quatre phrases dans cette dictée. Regarde bien où sont les majuscules et les points.
6. À quoi sert le point d'interrogation « ? » ?

J'apprends à écrire des mots invariables

comment · pour · sous · quand · sur · comme

Mémo, p. 29

18 Comment écrire au féminin les adjectifs en -eux, -eur, -er ?

La famille lion

La mère courageuse est une chasseuse prodigieuse. Le père n'est pas un chasseur. Avec sa crinière majestueuse, il est le chef du groupe. Il mange le premier. La première bouchée est pour lui ! Les lionceaux grandissent entourés par les lionnes joueuses qui les élèvent.

Je comprends le texte

1. Qui rapporte de la nourriture à la famille ?
2. Qu'apprends-tu sur les lions grâce à ce texte ?
3. Sais-tu d'autres choses à ce sujet ?

Je fais attention à la ponctuation

4. Il y a six phrases dans cette dictée. Regarde bien où sont les majuscules et les points.
5. À quoi sert le point d'exclamation « ! » ?

J'apprends à écrire des mots invariables

pas · avec · pour · par · qui

Mémo, p. 29

Dictées accompagnées

19 Comment accorder au féminin dans le groupe nominal ?

La petite danseuse

Elle se prépare pour la répétition. Elle porte une jolie robe blanche transparente. Elle étire ses longues jambes. Elle fait des pointes. Elle s'entraîne une grande partie de la journée. Sur scène, elle doit être une danseuse élégante, délicate et forte en même temps.

Edgar Degas, *Le Foyer de la danse à l'Opéra de la rue Pelletier*, 1872.

Je comprends le texte

1. De qui est ce tableau ? Que vois-tu ?
2. Que font les demoiselles ?
3. À ton avis, quel est le métier du monsieur avec le bâton ?

Je fais attention à la ponctuation

4. Il y a six phrases dans cette dictée. Regarde bien où sont les majuscules et les points.

J'apprends à écrire des mots invariables

pour · sur · même · temps

Mémo, p. 30

20 Comment écrire les noms et les adjectifs au pluriel ?

Le château fort

Entouré par des douves remplies d'eau ou par des fossés, le château fort est la demeure du seigneur. Ses murailles épaisses se terminent par des créneaux. Les soldats pouvaient jeter des énormes cailloux sur les ennemis. Pendant les attaques, les paysans apeurés trouvaient refuge dans le château.

Le château fort de Bonaguil (15e siècle).

Je comprends le texte

1. Où vivaient les seigneurs ?
2. Où se trouvent les créneaux ?
3. Par quoi sont entourées les murailles ?
4. Quelle est la différence entre des fossés et des douves ? Cherche la réponse dans un livre documentaire.

Je fais attention à la ponctuation

5. Il y a quatre phrases dans cette dictée. Regarde bien où sont les majuscules et les points.

J'apprends à écrire des mots invariables

par · sur · pendant · dans

Mémo, p. 31

21 Comment écrire au pluriel les noms et les adjectifs en -al ?

À quoi servait un canal ?

Pour transporter des marchandises et amener l'eau dans les villes, les hommes ont creusé des canaux. C'était un travail long et difficile. Les péniches, tirées par des chevaux depuis la berge, traversaient toute la France. Elles transportaient du blé, des métaux, des animaux et des colis postaux.

Le canal du Centre (1950).

Je comprends le texte

1. Qui a creusé des canaux ?
2. À quoi servent les canaux ?
3. Connais-tu le nom d'un canal ?
4. À ton avis, quelles sont les différences entre un canal et une rivière ?

Je fais attention à la ponctuation

5. Il y a quatre phrases dans cette dictée. Regarde bien où sont les majuscules et les points.
6. Pourquoi y a-t-il une majuscule à France ?

J'apprends à écrire des mots invariables

pour | dans | par | depuis

Mémo, p. 31

22 Comment accorder au pluriel dans le groupe nominal ?

Comment se forment les cailloux ?

Les cailloux se forment à partir des morceaux d'immenses blocs de roche. Dans les ruisseaux, les rivières et les fleuves, ces morceaux sont portés par le courant. Ils se frottent les uns contre les autres et se transforment en petits cailloux. Les vents, la pluie, la neige et la glace transforment aussi les rochers en petites pierres.

Je comprends le texte

1. De quoi parle la dictée ?
2. Explique comment les grands morceaux de roche deviennent de petits cailloux.
3. Qu'est-ce qui rapetisse les morceaux de roche ?
4. À ton avis, faut-il beaucoup de temps ou non ?

Je fais attention à la ponctuation

5. Il y a quatre phrases dans cette dictée. Regarde bien où sont les majuscules et les points.

J'apprends à écrire des mots invariables

dans | par | contre | en | aussi

Mémo, p. 32

Dictées accompagnées

23 Comment faire attention aux accords dans le groupe nominal ?

Les taches de rousseur

Vers cinq ans, les taches de rousseur apparaissent sur les peaux claires des enfants blonds, roux ou bruns. On les trouve surtout sur le nez et les joues. Ces taches sont sensibles aux rayons du soleil. Quand les gens bronzent, elles foncent. Ces petites taches sont très jolies !

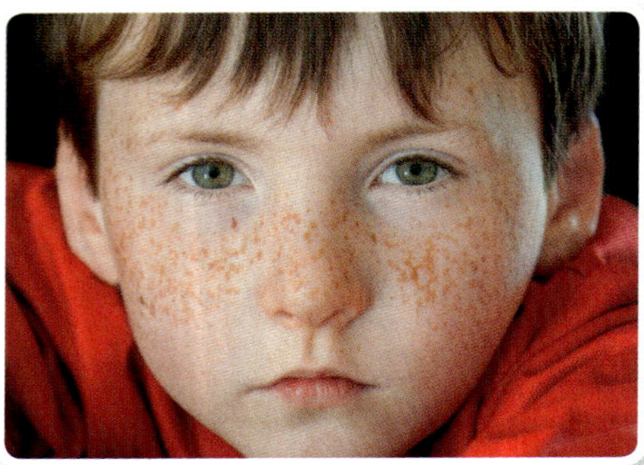

Je comprends le texte

1. Vers quel âge apparaissent les taches de rousseur ?
2. Sur quelles parties du visage trouve-t-on ces taches ?
3. À quoi sont sensibles les taches de rousseur ?

Je fais attention à la ponctuation

4. Il y a cinq phrases dans cette dictée. Regarde bien où sont les majuscules et les points.
5. À quoi sert le point d'exclamation « ! » ?

J'apprends à écrire des mots invariables

vers – sur – surtout – nez – quand – très

Mémo, p. 33

24 Comment accorder le verbe avec le sujet ?

Qu'est-ce qu'une étoile ?

Une étoile est une grosse boule de gaz très chaud. Elle produit beaucoup de lumière et de chaleur. Des milliers d'étoiles brillent dans le ciel. Le Soleil est une étoile. Il nous permet de vivre. Sa lumière avance très vite. Ses rayons très puissants peuvent nous brûler : c'est un coup de soleil !

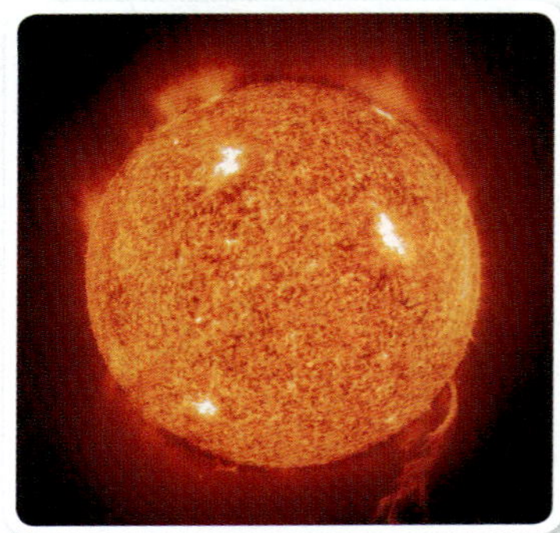

Le Soleil.

Je comprends le texte

1. De quoi est constituée une étoile ?
2. Que produit une étoile ?
3. Est-ce que la lumière d'une étoile se déplace dans l'univers ?
4. Pourquoi attrape-t-on un coup de soleil ?

Je fais attention à la ponctuation

5. Il y a sept phrases dans cette dictée. Regarde bien où sont les majuscules et les points.
6. Pourquoi y a-t-il une majuscule à Soleil ?
7. À quoi servent les deux points « : » ?
8. À quoi sert le point d'exclamation « ! » ?

J'apprends à écrire des mots invariables

gaz – très – beaucoup – dans – vite

Mémo, p. 33

25 Comment faire attention à l'accord sujet/verbe lorsqu'ils sont éloignés ?

Les œufs des poules

Les poules fabriquent des ovules. Ces ovules se transforment en jaune d'œuf en dix jours. Le blanc, autour du jaune, se forme lentement. Si les poules, à ce moment, s'accouplent avec des coqs, il y aura des poussins. Sinon, ce seront des œufs que tu pourras manger. Ensuite la coquille, solide et toute lisse, recouvre le blanc. Puis, les poules, généralement le matin, pondent les œufs !

Je comprends le texte

1. À quoi sert un œuf ?
2. À quel moment se forme la coquille ?
3. Que faut-il pour qu'il y ait un poussin dans l'œuf ?

Je fais attention à la ponctuation

4. Il y a sept phrases dans cette dictée. Regarde bien où sont les majuscules et les points.
5. À quoi sert le point d'exclamation « ! » ?

J'apprends à écrire des mots invariables

en | autour | lentement | avec | sinon
que | ensuite | puis | généralement

Mémo, p. 34

26 Comment faire attention à tous les accords dans la phrase ?

Les poissons-clowns

Tu connais sûrement les aventures de Némo et ses amis. Ces poissons existent vraiment. Ils vivent dans les océans tropicaux. Les poissons-clowns vivent dans des anémones colorées. Les tentacules de l'anémone forment un abri idéal.

Je comprends le texte

1. Où vivent les poissons-clowns ?
2. Où se trouvent les tropiques ? Regarde sur un planisphère.
3. Qu'est-ce que des tentacules ? Cherche des informations.

Je fais attention à la ponctuation

4. Il y a cinq phrases dans cette dictée. Regarde bien où sont les majuscules et les points.
5. Pourquoi y a-t-il une majuscule à Némo ?

J'apprends à écrire des mots invariables

sûrement | dans

Mémo, p. 34

1 Comment classer les mots dans l'ordre alphabétique ?

Observons le monde

Livre de recettes

Liste 1

	Page
Truffes	2
Tarte au citron	4
Éclair au chocolat	6
Moelleux au chocolat	8
Poires au chocolat	10
Tarte au chocolat	12
Crêpes sucrées	14
Crumble aux pommes	16
Dattes fourrées	18
Rose des sables	20
Cake aux noix	22

Liste 2

	Page
Cake aux noix	22
Crêpes sucrées	14
Crumble aux pommes	16
Dattes fourrées	18
Éclair au chocolat	6
Moelleux au chocolat	8
Poires au chocolat	10
Rose des sables	20
Tarte au chocolat	12
Tarte au citron	4
Truffes	2

1 **Comment sont classées les recettes dans la liste 1 ? Dans la liste 2 ?**

2 **Dans quelle liste trouves-tu le plus vite toutes les recettes de tartes ? Explique comment tu fais.**

Observons la langue

> L'ordre alphabétique est une manière de classer les mots.

3 **Comment a-t-on fait pour classer ces recettes dans l'ordre alphabétique ?**

Dattes fourrées
Éclair au chocolat
Moelleux au chocolat

4 **Comment a-t-on fait pour classer ces recettes dans l'ordre alphabétique ?**

Cake aux noix
Crêpes sucrées
Crumble aux pommes

5 **Où placerais-tu ces recettes dans la liste 2 du livre de recettes ?**

a. Clafoutis aux cerises b. Croustillant au chocolat

Manipulons ensemble

6 **Classe les prénoms dans l'ordre alphabétique sur l'affiche Activités. Puis classe-les de nouveau sur l'autre affiche.**

Poterie : Mickaël – Éléonore – Tom – Lucas – Mohamed – Flora

Théâtre : Léo – Jules – Mourad – Judith – Marine – Léa

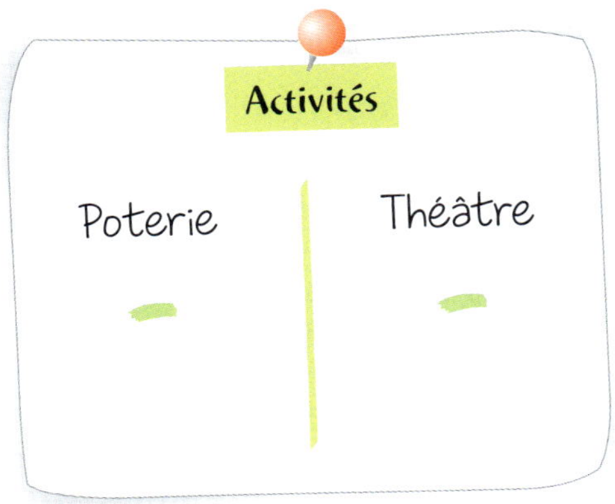

7 **Où ajouterais-tu ces prénoms dans la liste des filles ?**

Justine – Éloïse – Éléna

8 **Remets ces articles de dictionnaire dans l'ordre alphabétique.**

cible *n. f.* Objet que l'on vise avec une carabine ou des flèches.

cigale *n. f.* Insecte à quatre ailes, au cri strident.

chuchoter *v.* Parler tout bas.

cidre *n. m.* Jus de pomme pétillant qui contient un peu d'alcool.

cicatrice *n. f.* Marque laissée sur la peau par une blessure.

ciel *n. m.* Espace que l'on voit dehors au-dessus de nos têtes.

Qu'avons-nous compris ?

Mémo, p. 38

9 **Dans quels cas utilise-t-on l'ordre alphabétique ? À quoi sert-il ?**

10 **Comment fait-on pour classer dans l'ordre alphabétique ordinateur – imprimante – clavier ?**

11 **Et pour classer bêtise – bavarder – batterie ?**

Je m'entraîne

Parcours 1

1 À deux L'un dit une lettre au hasard. L'autre récite l'alphabet à partir de cette lettre. Vérifiez sur une frise alphabétique.

- Puis inversez les rôles.

2 Trouve la série de lettres qui est dans l'ordre alphabétique.

Exemple : cedf – cdfe – efcd – cdef

a. rsut – rstu – utrs – rtsu
b. dcbe – bdce – bcde – bced
c. gihj – jigh – ghji – ghij

3 Complète avec les deux lettres suivantes.

Exemple : a ▬ ▬ → a b c

a. d ▬ ▬
b. l ▬ ▬
c. o ▬ ▬
d. u ▬ ▬
e. f ▬ ▬
f. n ▬ ▬
g. r ▬ ▬
h. x ▬ ▬

4 Complète avec les deux lettres précédentes.

Exemple : ▬ ▬ c → a b c

a. ▬ ▬ d
b. ▬ ▬ l
c. ▬ ▬ o
d. ▬ ▬ u
e. ▬ ▬ f
f. ▬ ▬ n
g. ▬ ▬ r
h. ▬ ▬ x

5 Classe chaque série de lettres dans l'ordre alphabétique.

Exemple : r p m → m p r

a. k o i
b. p l f
c. j l g
d. f h n c
e. y r w n
f. s p v g

6 Choisis le mot qui vient **après** dans l'ordre alphabétique.

Exemple : mal – (duvet/sable) : → mal – **sable**

a. eau – (jeudi/cacher)
b. poisson – (lourd/tout)
c. montrer – (île/sel)
d. non – (rien/horaire)

7 Choisis le mot qui vient **avant** dans l'ordre alphabétique.

a. (pirate/coton) – garage
b. (lundi/fort) – jardin
c. (journal/rire) – quand
d. (quatre/voiture) – tache

8 Classe chaque série de mots dans l'ordre alphabétique. Regarde la première lettre.

Exemple : jeu – mot – avec → avec – jeu – mot

a. maison – villa – chalet
b. chaussette – anorak – pull
c. vert – orange – gris – bleu

9 Classe chaque série de mots dans l'ordre alphabétique. Regarde la deuxième lettre.

Exemple : **bi**lle – **bo**nd – **ba**lai → balai – bille – bond

a. douche – dromadaire – demain
b. guêpe – glace – griffe
c. cri – classe – cygne – col

10 Classe chaque série de mots dans l'ordre alphabétique. Regarde la troisième lettre.

Exemple : **lam**pe – **lac** – **lar**ge → lac – lampe – large

a. fruit – frange – frotter
b. rose – rond – robe – rougir
c. peur – peigne – petit – pelle

Je lis

Petit Abécédaire musical

E comme Eugène
(musique : Cadet Roussel)
Eugène épluche des épinards *(bis)*
Et les entass' dans l'entonnoir *(bis)*
Les épinards s'enfonc'nt et tombent
Et la maman s'étonne et gronde
Ah Ah, c'est effrayant
Tu es étourdi mon enfant […]

G comme Gaston
(musique : Sur le pont d'Avignon)
Gaston goûte un gâteau
Garni de grains de groseille
Gaston se goinfre trop
Gaston sera gras et gros

© Boris Vian – 1957.

a. ✱ Comment Boris Vian a-t-il choisi les mots de la première strophe ? Et ceux de la deuxième strophe ?

b. ✱✱ Classe dans l'ordre alphabétique tous les mots de la deuxième strophe qui commencent par la lettre g.

Je m'entraîne

Parcours 2

11 À deux **Récitez l'alphabet en disant trois lettres chacun votre tour. Recommencez en partant d'une lettre tirée au sort (par exemple e : efg / hij…).**

12 Trouve la série de lettres qui est dans l'ordre alphabétique.
a. lmnpo – lnmop – lmnop – mlnop
b. oqprs – opqsr – oqpsr – opqrs
c. vuwxy – uvwxy – uvxwy – uvwyx
d. hjiklmn – hijklnm – hijlkmn – hijklmn

13 Complète avec les deux lettres précédentes et les deux lettres suivantes.
a. … … d … …
b. … … t … …
c. … … h … …
d. … … o … …
e. … … e … …
f. … … x … …
g. … … j … …

14 Complète chaque phrase par avant ou après.
a. f est … l dans l'ordre alphabétique
b. r est … o dans l'ordre alphabétique
c. m est … h dans l'ordre alphabétique
d. t est … v dans l'ordre alphabétique

15 Classe chaque série de mots dans l'ordre alphabétique.
a. travailler – dormir – courir – pleurer – voler
b. fragile – dur – solide – mauvais – pâle
c. étoile – sable – mer – baignade – parasol
d. fatigué – rare – lourd – jeune – naturel

16 Complète chaque phrase par avant ou après.
a. garage est … grange dans l'ordre alphabétique
b. journal est … jeudi dans l'ordre alphabétique
c. puissant est … public dans l'ordre alphabétique
d. croiser est … crier dans l'ordre alphabétique
e. mimer est … miser dans l'ordre alphabétique

17 Trouve le mot qui n'est pas dans l'ordre alphabétique dans chaque liste.
a. cahier – crayon – livre – gomme – stylo – trousse
b. belle – percer – peser – pelle – pince – rue
c. piano – poche – triste – truc – toucher
d. salle – sel – soleil – voie – vache – vague

18 Place le mot en couleur au bon endroit dans l'ordre alphabétique.
a. stopper : skier – sottise – souffrir
b. escargot : écrevisse – épervier – espadon
c. mignon : mince – minuscule – muguet
d. total : tard – toujours – tout
e. place : pêche – pioche – proche

19 Classe chaque série de mots dans l'ordre alphabétique.
a. fripé – nouveau – myrtille – figue – frais
b. tricher – tomber – tacher – tracer – toucher
c. écrevisse – école – éclat – écaille – eau – ennui
d. moqueur – mode – mou – manuel – mauvais

20 Complète la liste alphabétique avec les trois mots qui conviennent. Attention aux intrus !
cuillère – château – curieux – courage – cidre
chaussette – … – ciel – … – crochet – … – culture

Vocabulaire

J'écris

Au cirque alphabétique

ABCDE Un acrobate boit du café sur le dos d'un éléphant,
HIJK Une hirondelle immense jongle avec un koala,
MNOPQ Un mammouth nerveux et un ouistiti posent des questions.

a. * **Complète ces deux nouveaux vers du *Cirque alphabétique*.**
DEFG Un(e) d… e… f… g…
RSTU Un(e) r… s… t… u…

b. ** **Choisis des suites de lettres et continue la poésie.**

2 Qu'y a-t-il sur une page de dictionnaire ?

Observons

l'horizon avec sa longue-vue. – Au pl. *Des longues-vues.* ▷ Mot de la famille de long et de voir.

look [luk] n. m. Familier. Allure, apparence. *Avec ses cheveux courts, Léa a complètement changé de look.*
▶ C'est un mot anglais qui veut dire «aspect, allure».

looping [lupiŋ] n. m. Acrobatie qui consiste à faire une boucle dans le ciel avec un avion. *Regarde l'avion qui fait des loopings !*
▶ Ce mot vient de l'expression anglaise *looping the loop* «action de boucler la boucle».

4 **lopin** n. m. Petit morceau de terrain. *Il cultive un lopin de terre derrière sa maison.*

loquace [lɔkas] adj. Qui parle beaucoup. ➜ **bavard.** *Ton ami n'est pas très loquace.*

loque n. f. Morceau de tissu usé ou déchiré. *Ce pantalon tombe en loques, il faut le jeter.*
▶ Ce mot s'emploie surtout au pluriel.

loquet n. m. Petite tige de métal mobile qui sert à fermer une porte. *Il a abaissé le loquet.* ➜ aussi **targette, verrou.**

5 **lorgner** v. (conjug. 3) Regarder quelque chose avec envie. *Alex lorgne le morceau de gâteau qui reste.* ➜ **guigner.**

▸ **lorgnette** n. f. Petite lunette qui permet de voir les objets éloignés. *Le marin observe les dauphins avec sa lorgnette.* – *Voir, regarder par le petit bout de la lorgnette,* ne voir que l'aspect le moins important des choses, avoir l'esprit étroit.

▸ **lorgnon** n. m. Paire de lunettes sans branches qui tient sur le nez grâce à un ressort. ➜ **binocle.** *On ne porte plus de lorgnon de nos jours.*

loriot n. m. Petit oiseau au plumage jaune et noir qui vit dans les régions tempérées et tropicales.

lors [lɔʀ] adv. **1.** *Lors de,* au moment de, pendant. *Ils se sont connus lors d'un voyage en Italie.* **2.** *Depuis lors,* depuis ce moment-là. *Ils ne s'étaient pas revus depuis lors.*

▸ **lorsque** [lɔʀsk(ə)] conjonction Au moment où. ➜ **quand.** *Lorsque tu auras fini ce livre, tu me le prêteras. J'allais sortir lorsqu'il a téléphoné.*
▶ Autres mots de la famille : alors, alors que.

lotte

losange n. m. Figure géométrique à quatre côtés égaux dont les angles ne sont pas forcément droits. ➜ planche **Géométrie.**

① **lot** n. m. Argent ou objet que l'on gagne dans une loterie. *Théo a gagné le gros lot,* le lot le plus important.
▶ Autres mots de la famille : loterie, loti.

② **lot** n. m. **1.** Partie d'une chose que l'on a partagée. *Pour vendre son terrain, le propriétaire l'a divisé en lots.* ➜ **parcelle, portion** et aussi **lotir, lotissement. 2.** Paquet de marchandises de la même sorte. *Elle a donné un lot de vêtements à une association.*
▶ Autres mots de la famille : lotir, lotissement.

loterie n. f. Jeu de hasard où l'on distribue des billets numérotés et où des lots sont donnés aux personnes qui sont désignées par le sort. *Il a acheté un billet de loterie.* ➜ **tombola.** ▷ Mot de la famille de ① lot.

loti, lotie adj. *Être bien, mal loti,* être favorisé, défavorisé. ▷ Mot de la famille de ① lot.

lotion [lɔsjɔ̃] n. f. Liquide utilisé pour rafraîchir ou soigner le visage, le corps, les cheveux. *Sa mère lui applique sur les cheveux une lotion contre les poux.*

lotir v. (conjug. 11) Partager en lots. *Il a loti son terrain pour le vendre.*

Le Robert Junior, © Le Robert

3 2

▸ **lotissement** n. m. Grand terrain divisé en parcelles que l'on vend pour y construire des maisons. *Ils ont acheté un terrain dans un lotissement au bord de la mer.*
▷ Mots de la famille de ② lot.

loto n. m. **1.** Jeu de société où il faut être le premier à remplir une carte portant des cases numérotées, avec des numéros qu'un participant tire au hasard et annonce à voix haute. *Ils font une partie de loto.* **2.** Sorte de loterie organisée par l'État, en France. *La télévision donne les résultats du loto.*
▶ Ce mot vient de l'italien.

lotte n. f. Poisson dont le corps est presque cylindrique et la peau épaisse et gluante. *Nous avons mangé de la lotte à l'américaine.*

lotus [lɔtys] n. m. Plante à fleurs blanches ou bleues qui ressemble au nénuphar. *Le lotus pousse dans les eaux calmes des fleuves, des lacs et des marais.*

louable adj. Qui mérite d'être loué, félicité. *Julie a fait de louables efforts pour ranger ses affaires.* ➜ **méritoire.** ▷ Mot de la famille de ① louer.

louange n. f. **1.** Fait de rendre hommage aux qualités, aux mérites d'une personne. *Son attitude est digne de louange.* **2.** *Des louanges,* des compliments, des félicitations. ➜ aussi **éloge.** *À la suite de ce succès on l'a couvert de louanges.* ▮ contraire : ② **critique.** ▷ Mot de la famille de ① louer.

① **louche** adj. Pas clair et malhonnête. *Cette affaire est louche.* ➜ **suspect,** ① **trouble.** *Cet individu a l'air louche,* bizarre et inquiétant.

② **louche** n. f. Grande cuillère à long manche destinée à servir la soupe. *Une louche en argent.*

loucher v. (conjug. 3) **1.** Avoir l'œil gauche qui regarde vers la droite et l'œil droit qui regarde vers la gauche. *Elle louche légèrement.* **2.** Familier. *Loucher sur,* regarder avec envie. *Paul louche sur les gâteaux.* ➜ **guigner, lorgner.**

① **louer** v. (conjug. 3) **1.** Déclarer digne d'admiration, de grande estime. *On loue les pompiers pour leur courage.* ➜ **féliciter.** ▮ contraires : **blâmer, critiquer. 2.** *Se louer de,* être très content de. ➜ **se féliciter.** *Je me loue d'avoir*

1 la frise alphabétique **2** les mots repères À quoi servent-ils ?

3 un article de dictionnaire Quel mot est expliqué dans cet article ?
Combien d'articles y a-t-il dans ces deux pages de dictionnaire ?

4 la définition et l'exemple À quoi servent-ils ? Qu'est-ce qui permet de bien distinguer la définition et l'exemple ?
Dans l'article du mot loto, à quoi correspondent les numéros en rouge ?

5 une abréviation Que signifie-t-elle ? Pourquoi le mot louche est-il indiqué deux fois ?

1

louper

ccepté son offre. ▮ contraires : **regretter**, se **re-entir.**

Autres mots de la famille : louable, louange.

② **louer** v. (conjug. 3) **1.** Donner en location. *u mois d'août, elle a loué son appartement à es Américains,* elle leur a permis d'y habiter t, en échange, ils lui ont versé une somme 'argent. **2.** Prendre en location. *Il a loué un ppartement à Limoges,* il y habite en payant n loyer au propriétaire. ➜ aussi **locataire, lo-ation, loyer.** *Elle a loué une voiture. Ils louent ouvent des DVD.* **3.** Réserver en payant. *Elle a oué deux places de concert.* ➜ **retenir.**

ouis n. m. *Un louis d'or,* c'est une ancienne ièce d'or française.

Ce mot vient du nom du roi Louis XIII qui fit frapper ette monnaie.

oup n. m. **1.** Animal sauvage à museau ointu qui ressemble à un gros chien et se ourrit de viande. ➜ aussi **louve, louveteau.** ➜ planche **Montagne.** *Les loups vivent en meute.* *Avoir une faim de loup,* une grande faim. *Les oups ne se mangent pas entre eux,* les mé-hants ne se font pas de mal entre eux. **2.** *Un ieux loup de mer,* c'est un marin qui a beau-oup navigué. **3.** Poisson argenté à chair dé-cate qui vit dans la Méditerranée. ➜ ② **bar.** . Petit masque de satin ou de velours noir que on porte sur les yeux.

Autres mots de la famille : chien-loup, loup-garou, ouve, louveteau, vesse-de-loup.

oupe n. f. Instrument formé d'un verre ombé à travers lequel on voit les objets grandis. *L'horloger examine le mécanisme de a montre avec une loupe.*

loupe

ouper v. (conjug. 3) Familier. Ne pas réussir, nanquer. *Elle a loupé son examen. S'il loupe e train, il prendra le suivant.* ➜ **rater.**

639

a b c d e f g h i j k **l** m n o p q r s t u v w x y z

Manipulons ensemble

6 À quoi correspondent ces abréviations ? Tu peux écrire la réponse sur ton ardoise. Puis cherche un exemple dans les pages du dictionnaire.

v. adj. n. m. n. f.

v. = verbe
→ lorgner

7 Retrouve le nom de chaque dessin à l'aide de ces articles de dictionnaire.

a.

b.

c.

d.

fût [fy] n. m. **1.** Tronc d'un arbre. *Ces arbres ont un fût très haut.* **2.** *Le fût d'une colonne,* c'est la partie allongée, entre la base et le chapiteau. **3.** Tonneau. *Le vin vieillit dans des fûts.* ➜ **barrique.**

frégate n. f. **1.** Autrefois, navire de guerre à trois mâts. **2.** Bateau de guerre, spécialisé dans la chasse aux sous-marins. **3.** Oiseau de mer à grandes ailes fines et à long bec crochu. ➜ planche **Tropiques.**

console n. f. **1.** Petite table appuyée contre un mur. *Il y a un bouquet de fleurs sur la console de l'entrée.* **2.** *Une console de jeux,* c'est un terminal d'ordinateur que l'on relie à un téléviseur pour jouer à des jeux électroniques.

② **niche** n. f. **1.** Abri en forme de petite maison, où couche un chien. *Le chien dort dans sa niche.* **2.** Renfoncement dans l'épaisseur d'un mur, où l'on met un objet décoratif. *La statuette est placée dans une niche.* ▷ Mot de la famille de niche**r**.

8 Dessine ce qui pourrait illustrer les autres définitions des mots niche et fût.

Qu'avons-nous compris ?

Mémo, p. 38

9 Comment sont classés les mots dans le dictionnaire ?
10 Qu'est-ce qui permet de trouver rapidement un mot dans un dictionnaire ?
11 Quelles informations te permettent de comprendre le sens d'un mot ?
12 Comment fais-tu pour vérifier si le mot lotir est un nom ou un verbe ?

Je m'entraîne

Parcours 1

1 **À deux** **L'un lit une définition qu'il choisit sur les pages de dictionnaire du manuel. L'autre doit retrouver le mot qui correspond.**

- **Vérifiez ensemble qu'il s'agit du mot correct.**

2 **Recopie seulement les mots qui sont avant le mot en couleur, dans un dictionnaire.**
Aide : regarde bien la première ou la deuxième lettre de chaque mot.
a. gant : doubler – mal – fusée – koala – gras
b. oncle : noter – inviter – piquant – ogre
c. requin : quand – pion – rose – rire – sapin

3 **Recopie le mot qui vient entre les deux mots en couleur, dans un dictionnaire.**
a. cirque – ___ – citron
(crier – cinéma – cloche – ciseaux)
b. fixer – ___ – foire
(filet – flairer – fois – frais)
c. enfoncer – ___ – enjamber
(enlever – ennemi – énigme – entendre)

4 **Recopie seulement les adjectifs.**
Aide : regarde les abréviations indiquées sur les pages du dictionnaire de ton manuel.
louable – loquet – loti – louis – louche – loquace

5 **Réponds aux questions en utilisant les pages de dictionnaire de ton manuel.**
a. Quel adjectif est avant lorsque ?
b. Quels noms féminins sont entre losange et loto ?
c. Quels verbes sont entre loque et loto ?
d. Quels noms masculins sont entre lotte et loupe ?

6 **Associe chaque dessin au mot qui convient.**
Aide : vérifie le sens des mots dans les pages de dictionnaire de ton manuel.
a. loriot b. loquet c. looping d. louis

1. 
2. 
3. 
4. 

7 **Réponds par vrai ou par faux.**
Aide : vérifie le sens des mots dans les pages de dictionnaire de ton manuel.
a. Un lorgnon est une grosse lorgnette.
b. La lotte est un poisson à la peau gluante.
c. Louper, c'est regarder à travers une loupe.
d. Le loup est un poisson.
e. Être loquace, c'est être bavard.
f. Un homme louche est un homme qui louche.

8 **Complète chaque phrase avec un mot présent dans les pages de dictionnaire de ton manuel.**
a. Quel beau ___ : le pilote de l'avion est vraiment doué !
b. Malo prend sa ___ pour observer une plante minuscule.
c. Elsa a pris du poulet à la place du ___ car elle n'aime pas le poisson.
d. Les ___ du lac ont fleuri.

Je lis

Le camembar

C'est un fromage très bon qui colle aux dents, et qu'on trouve à la cantine ou à la maison. Il contient un truc magique qui nous rend très, très, très forts : ABRACAMEMBAR !

La sorsœur

Quand ton petit frère vient t'embêter, tu peux devenir une sorsœur : taper du pied, faire les joues rouges et préparer une potion magique pour le transformer en crapaud. Quelle peur !

Sophie Loubière, *Éléphanfare*, illustré par O. Latyk,
© éd. Albin Michel Jeunesse.

Je m'entraîne

Parcours 2

9 À deux **L'un choisit un mot sur les pages de dictionnaire du manuel. L'autre pose des questions pour trouver le mot.**
Exemple : La 2e lettre est-elle un **o** ? Est-ce un verbe ?

10 Recopie seulement les mots qui sont avant le mot en couleur, dans un dictionnaire.
a. film : finir – fiche – forêt – feu – figer
b. lourd : lunette – long – loyer – loterie
c. pluie : planter – pli – palais – pull – pneu
d. trousse : triangle – tube – tracer – truffe – toit

11 Recopie tous les mots qui viennent entre ces deux mots repères, dans un dictionnaire.
éblouir – … – écarlate
ébrécher – éboueur – ébouler – eau – échanger – ébouriffer – ébène

12 Cherche, sur les pages de dictionnaire de ton manuel, le mot qui correspond à chaque définition.
a. n. f. Lunette grossissante.
b n. m. Système de fermeture de porte.
c. adj. Qui manque d'honnêteté, de clarté.
d. v. Prendre en location.
e. adj. Que l'on peut féliciter.

13 Cherche, sur les pages de dictionnaire de ton manuel, à quel sens correspondent ces phrases.
a. loucher : Max louche sur les bonbons de Théo.
b. le loto : Pierre a gagné au loto.
c. louer : On peut louer un film, ce soir ?
d. un loup : Flora porte un loup sur le visage.

14 Recopie le numéro qui correspond au sens du mot fixer dans chaque phrase.

fixer v. 1. Attacher solidement. 2. Regarder fixement. 3. Décider avec précision.

a. Les sièges du cinéma sont fixés au sol.
→ n° …
b. J'ai fixé une date pour fêter mon anniversaire.
→ n° …
c. Arrête de me fixer, ton regard me fait peur !
→ n° …
d. N'appuie pas sur le lavabo, il n'est pas bien fixé.
→ n° …

15 Complète chaque phrase avec le mot qui convient. N'oublie pas le déterminant devant chaque mot !

bourdon n. m. 1. Insecte qui ressemble à une grosse abeille. 2. Grosse cloche au son grave.

cantine n. f. 1. Endroit où l'on sert des repas. 2. Grosse malle en métal ou en bois.

clavicule n. f. Os en forme de S très allongé, qui constitue une partie de l'épaule.

mélèze n. m. Arbre de la même famille que le sapin mais qui perd ses aiguilles en hiver.

a. Des oiseaux ont fait leur nid dans … du jardin.
b. Sofia s'est cassé … en jouant au rugby.
c. Au grenier, il y a … remplie de vieux jouets.
d. Quand … sonne, on l'entend dans toute la vallée.

a. ✱ **À ton avis, ces mots existent-ils ? À partir de quels mots ont-ils été fabriqués ?**
b. ✱✱ **Retrouve dans chaque texte ce qui correspond à chaque partie du mot inventé.**

J'écris

fromagicien n. m. *Le fromagicien a fait sortir un camembert de son chapeau !*

a. ✱ **Comment a été fabriqué ce mot ? Invente sa définition. Aide-toi de la phrase exemple. Tu peux aussi ajouter un dessin.**
b. ✱✱ **Invente un mot et écris un article de dictionnaire. Pense à l'abréviation, à la définition et à la phrase exemple. Tu peux aussi ajouter un dessin.**

3 Qu'est-ce qu'un mot étiquette ?

Observons le monde

Des aliments d'été

Choisis de préférence des aliments de saison.
Ils sont moins chers et ils ont meilleur goût !

Les légumes

l'aubergine, la batavia, la carotte, la courgette, les haricots verts, la laitue, le poivron, le radis, la scarole, la tomate…

Les fruits

l'abricot, le cassis, la cerise, la figue, la fraise, la framboise, la groseille, le melon, la myrtille, la pastèque, la pêche, la prune…

Les produits de la mer

le colin, la coque, le maquereau, le homard, la moule, le rouget, la sardine, le thon blanc, le tourteau…

1 De quoi parle cette affiche ?
2 Comment sont classés les aliments ?
3 À ton avis, pourquoi sont-ils classés de cette manière ?

Observons la langue

Pour nommer une catégorie de mots, on utilise un mot étiquette.

4 Dans quelle catégorie est classé chaque aliment sur l'affiche ?
a. la groseille b. la carotte c. le thon blanc

5 Quels aliments de l'affiche peux-tu classer sous chaque mot étiquette ?
les fruits rouges | les salades | les poissons

6 Par quel mot étiquette peux-tu nommer chaque catégorie ?

a. 

le cèpe

la girolle

la morille

b. 

les lentilles

les pois chiches

les pois cassés

Manipulons ensemble

7 Classe les noms dans deux catégories : vivants/non vivants.

8 Classe les noms de la catégorie vivants. Trouve le mot étiquette qui manque.

9 Trouve deux mots étiquettes pour classer les noms de la catégorie animaux en deux catégories.

- un pigeon
- une casserole
- une chouette
- un garçon
- un radiateur
- une truite
- un aigle
- une fille
- une sardine
- un homme
- un requin
- un crayon
- une femme
- une fenêtre
- une hirondelle
- un thon

10 Trouve un mot étiquette pour raccourcir chaque phrase. Tu peux l'écrire sur ton ardoise.

La visite du château

En nous promenant dans le parc du château, nous avons observé beaucoup de peupliers, de pins, de cèdres, de hêtres et de châtaigniers.
Dans le donjon, il y avait une collection d'épées, de lances et d'arbalètes qui nous a beaucoup intéressés.
Nous avons dessiné les coffres, les fauteuils, les tables et les armoires du château.

Qu'avons-nous compris ?

Mémo, p. 39

11 À quoi sert un mot étiquette ?

12 Un mot appartient-il toujours à une seule catégorie ? Donne un exemple.

Je m'entraîne

Parcours 1

1 À deux **Cherchez le plus de mots possible correspondant à ce mot étiquette.**

le matériel scolaire

Exemple : une trousse, une gomme…

2 **Trouve le mot étiquette de chaque catégorie.**

les métiers – les habits – les véhicules – les meubles

a. ___ une table – une armoire – un lit
b. ___ une veste – un pull – une chemise
c. ___ un banquier – un couturier – un menuisier
d. ___ un bus – une moto – une voiture

3 **Trouve le mot étiquette dans chaque liste.**

Exemple : mars – mois – avril – juin → **mois**

a. printemps – automne – saison – été – hiver
b. trompette – guitare – instrument – piano
c. boucherie – épicerie – bijouterie – magasin
d. hirondelle – oiseau – chouette – pigeon

4 **Trouve l'intrus dans chaque catégorie. Lis bien le mot étiquette !**

a. les gâteaux — une tarte – un éclair – un pruneau – une galette – une gaufre
b. les sports — la natation – le judo – la lutte – le rugby – la lecture
c. les habitations — un appartement – un couloir – une villa – un chalet – une tente

5 **Choisis le mot étiquette de chaque catégorie.**

a. ___ la rougeole – le rhume – la grippe (les maladies / les médicaments)
b. ___ un poirier – un pommier – un cerisier (les fruits / les arbres)
c. ___ une glace – une tarte – un gâteau (les desserts / les bonbons)

6 **Complète chaque catégorie avec le mot qui convient. Lis bien le mot étiquette !**

a. les fleurs — une pivoine – du lilas – ___ (une jonquille/le printemps/un pétale)
b. les arbres — un chêne – un pommier – ___ (une pomme/un sapin/un fruit)
c. les insectes — une mouche – une abeille – ___ (une aile/un moineau/une fourmi)
d. les fruits — une prune – une orange – ___ (une rose/un radis/du raisin)

7 **Trouve trois mots étiquettes dans la liste et classe les mots dans les trois catégories.**

bague – insecte – hache – bourdon – bracelet – bijou – collier – pince – mouche – outil – moustique – scie

8 **Trouve le mot de la liste qui correspond à chaque définition.**

un canapé – une chaise – une table – un tabouret

a. ___ : siège à 4 pieds avec un dossier.
b. ___ : meuble à 4 pieds avec un plateau.
c. ___ : siège à 4 pieds, sans bras ni dossier.
d. ___ : siège long et confortable avec un dossier.

9 **Remplace les mots en couleur par un mot étiquette.**

Exemple : Samuel a acheté des baskets et des bottes.
→ Il a acheté **des chaussures**.

a. Paul a emprunté un roman et une BD.
→ Il a emprunté des ___.
b. Amina a apporté ses dominos et son Monopoly.
→ Elle a apporté ses ___.
c. Thelma fait du karaté, du judo et de la natation.
→ Elle fait plusieurs ___.

Je lis

Ma gazelle

Ma jolie gazelle,
Mon petit lapin,
Mon canard doré,
Mon éléphant rose,
Ma biche adorée,
Mon poussin des îles,
Mon chat à la crème,
Mon oiseau de fée,
Mon enfant chéri,
Quel drôle d'animal
Tu es.

Liska.

Je m'entraîne

Parcours 2

10 À deux **Cherchez deux mots étiquettes pour le mot un bureau.**
Pensez aux deux sens du mot !
Puis cherchez le plus de mots possible correspondant à chaque mot étiquette.

11 **Trouve le mot étiquette de chaque catégorie.**

a. ▭ Marseille – Lille – Paris – Lyon
b. ▭ l'Angleterre – l'Italie – l'Allemagne
c. ▭ Émilie – Michel – Sacha – Erwan
d. ▭ Vénus – Mars – Saturne – Pluton

12 **Trouve le mot étiquette dans chaque liste.**

a. chignon – coiffure – natte – tresse – couette
b. peur – tristesse – joie – sentiment – amour
c. dormir – verbe – manger – jouer – boire
d. pirogue – canoë – voilier – péniche – bateau
e. pierre – tissu – plastique – matière – bois

13 **Trouve l'intrus dans chaque liste. Explique ton choix.**

a. le goûter – le dîner – le déjeuner – le boucher
b. la cuisine – le salon – le jardin – la chambre
c. le bras – la jambe – l'orteil – la nageoire – le nez
d. le mouton – la girafe – la poule – l'oie – la vache
e. le lait – l'eau – le pain – la limonade – le thé

14 **Trouve deux mots étiquettes pour chaque mot.**
un fruit – un animal – un végétal – un objet – un aliment – une fleur – un outil – un mammifère

a. une tulipe → ▭ et ▭
b. une poire → ▭ et ▭
c. une vache → ▭ et ▭
d. une scie → ▭ et ▭

15 **Choisis le mot étiquette qui correspond au mot en couleur.**
Aide : fais attention au sens du mot dans la phrase.

a. Le parquet du bureau est ciré.
→ une pièce — un meuble
b. Karl a mis son goûter dans sa banane.
→ un fruit — un sac
c. Le chou est meilleur avec de la chantilly.
→ un légume — une pâtisserie
d. Ta mule est sous ton lit.
→ un animal — une chaussure

16 **Remplace les mots en couleur par un mot étiquette pour éviter la répétition.**

a. Un camion et une voiture sont garés sur le trottoir, les piétons sont gênés par le camion et la voiture.
b. Il y a beaucoup de chaises et de bancs dans le parc mais les chaises et les bancs sont tous occupés.
c. Lola a attrapé une bronchite puis une otite et elle a manqué l'école à cause de sa bronchite et de son otite.

17 **Repère le mot étiquette dans chaque phrase. Puis remplace-le par deux mots plus précis de ton choix.**
Exemple : Émile achète **des gâteaux.**
→ un éclair et une tarte

a. Zoé observe des oiseaux avec ses jumelles.
b. Max a oublié des vêtements dans le vestiaire.
c. Élodie a emprunté des bijoux à sa sœur.
d. Manu a vu des animaux sauvages au zoo.

a. ✱ **Trouve dans le poème un mot étiquette qui permet de regrouper presque tous les autres noms du poème.**
b. ✱✱ **Cherche un autre mot étiquette dans le poème. Quels noms du poème font partie de cette catégorie ?**

J'écris

a. ✱ **Récris les quatre premiers vers du poème *Ma gazelle* en utilisant des noms d'animaux de la forêt. Donne un titre à ton poème.**
b. ✱✱ **Et si le poème *Ma gazelle* se terminait ainsi ?**
Mon enfant chéri,
Quel drôle d'oiseau
Tu es.
Écris quatre vers de ce nouveau poème.

Vocabulaire

4 Qu'est-ce qu'une famille de mots ?

Observons le monde

Tiens, dans certains mots, on entend le même mot !

Les premiers pas de l'homme sur la Lune

Le 21 juillet 1969, l'Homme a marché sur la Lune pour la première fois.

a L'alunissage des astronautes américains, Neil Armstrong et Edwin B. Aldrin, a lieu après quatre jours de voyage dans l'espace.

b Armstrong est le premier à poser le pied sur le sol lunaire.

c Mission accomplie ! Le 24 juillet, l'équipage amerrit avec succès.

1 **Où s'est posé le vaisseau des astronautes (photo a) ? Quel nom te l'indique ?**

2 **Où les astronautes se sont-ils posés le 24 juillet (photo c) ? Quel verbe te l'indique ?**

3 **Où se trouve l'empreinte de pas (photo b) ? Quel adjectif te l'indique ?**

Observons la langue

4 **À partir de quel mot sont formés les mots en couleur ?**
a. L'alunissage aura lieu à 2 h 56.
b. Le vaisseau va alunir à 2 h 56.

> Des mots formés à partir d'un même mot font partie de la même famille.

5 **Remplace alunissage et alunir par des mots de la famille de terre. Quels éléments as-tu ajoutés au mot terre ?**

6 **Comment sont formés ces mots de la famille de terre ? Quel rapport chaque mot a-t-il avec la « terre » ?**
déterrer – enterrer – terrien – terrestre – un terrain – un terrier

7 **À ton avis, terrible fait-il partie de la famille de terre ? Pourquoi ?**

Manipulons ensemble

8 **Classe les mots dans trois familles. Puis trouve le mot qui a permis de former chaque famille.**

la colle — décolleté — un autocollant — le col — coléreux — un collage — coller — la colère — l'encolure — collant

9 **Trouve des mots de la même famille en t'aidant du dessin.**

a. un patin

b. coiffer

c. un garage

10 **Forme des mots de la même famille que les mots des étiquettes vertes.**

re — dé — en

fleur — bond — froid — chant

er — iste — eur — ir

11 **Ces couples de mots sont-ils de la même famille ? Écris oui ou non sur ton ardoise. Explique ta réponse.**

affaiblir	la faiblesse
pirater	une pirogue
lessiver	laver
la justice	injuste
le souffle	l'essoufflement
un coup	recouper

Qu'avons-nous compris ?

Mémo, p. 39

12 **Comment sont formés les mots d'une même famille ?**

13 **Les mots qui se ressemblent font-ils tous partie de la même famille ? Donne un exemple.**

Je m'entraîne

Parcours 1

1 À deux **Choisissez ensemble un mot de la liste. Puis chacun cherche deux mots de la même famille.**
un jardin – clair – monter
- **Avez-vous trouvé les mêmes mots ?**

2 **Trouve, dans chaque liste, le mot à partir duquel sont formés les autres mots.**
Exemple : la lenteur – lentement – [lent] – ralentir
a. arrondir – la rondeur – rond – une rondelle
b. dentaire – un dentier – édenté – une dent
c. propre – la propreté – malpropre – proprement
d. allongé – la longueur – long – longuement

3 **Trouve l'intrus dans chaque famille de mots. Réfléchis bien au sens de chaque mot !**
a. le vent : un éventail – le ventre – s'éventer
b. courir : un coureur – accourir – une couronne
c. le lait : un laitage – le laitier – la laideur
d. le chant : la chance – un chanteur – chantonner

4 **Complète chaque famille avec le mot qui convient.**
Aide : fais attention au sens des mots en couleur !
a. le froid – refroidir – le refroidissement (la froideur/rafraîchir)
b. coudre – recoudre – la couture (le coude/décousu)
c. une recharge – une charge – le téléchargement (décharger/échanger)
d. solide – la solidité – solidement (solaire/consolider)

5 **Trouve les deux mots de la même famille dans chaque liste.**
Exemple : [savonner] – savoureux – [le savon]
a. vendre – vendredi – un savant – un vendeur
b. la caisse – incassable – une cassure – classer
c. secouer – le séchoir – secourir – sec
d. salissant – la salière – la salade – la saleté

6 **Recopie seulement les couples de mots de la même famille.**
a. pêcher / se dépêcher
b. la lenteur / ralentir
c. la douceur / adoucir
d. le regard / garder
e. dévisser / le visage
f. la sécheresse / sécher

7 **Forme un mot contraire de la même famille. Ajoute mal ou im.**
Exemple : heureux → malheureux
a. habile → …
b. honnête → …
c. possible → …
d. chanceux → …
e. prévu → …
f. buvable → …

8 **Complète chaque définition avec un mot de la même famille. Aide-toi du mot en couleur.**
a. dénoyauter v. Enlever le … .
b. paysagiste n. m. Peintre qui peint des … .
c. méconnu adj. Qui est mal … .

9 **Complète chaque phrase avec un mot de la même famille que le mot en couleur.**
a. Il ne fait pas chaud, habille-toi … !
b. Le canari perd ses plumes. Il est tout … .
c. Tu vas plonger ? Attention, le … est haut !

Je lis

Déménager

Quitter un appartement. Vider les lieux. Décamper.
Faire place nette. Débarrasser le plancher.
Inventorier ranger classer trier
Éliminer jeter fourguer
Casser
Brûler
Descendre desceller déclouer décoller dévisser décrocher
Débrancher détacher couper tirer démonter plier couper
Rouler

Empaqueter emballer sangler nouer
empiler rassembler entasser
ficeler envelopper protéger recouvrir
entourer serrer
Enlever porter soulever
Balayer
Fermer
Partir

Georges Perec, *Espèces d'espaces*, © éd. Galilée.

Je m'entraîne

Parcours 2

10 À deux **Chacun votre tour, choisissez un mot de la liste et donnez au moins trois mots de la même famille.**
une dent – chaud – couper

11 Trouve le mot à partir duquel est formée la famille de mots.
Exemple : le feuillage – effeuiller – feuilleter → feuille
a. alourdir – la lourdeur – lourdaud → ...
b. rebondir – le rebondissement – le rebond → ...
c. s'envoler – la volière – un survol → ...
d. éclaircir – l'éclairage – clairement → ...
e. s'attarder – un retardement – tardif → ...

12 Trouve l'intrus dans chaque famille de mots. Explique ton choix.
a. la cafetière – décaféiné – le cafard – le caféier
b. le séchoir – le séchage – le sécateur – dessécher
c. rempoter – la poterie – le potiron – le potier
d. un colorant – décolorer – décorer – multicolore

13 Complète chaque famille avec deux mots de la liste. Attention aux intrus !
le murmure – le couchage – démanger – mural – immangeable – la muraille – irremplaçable – la mangeoire – la couchette – l'emplacement
a. un mur – emmurer – un muret – ... – ...
b. manger – un mangeur – remanger – ... – ...
c. coucher – découcher – couchant – ... – ...
d. la place – le remplaçant – déplacer – ... – ...

14 Supprime le début ou la fin du mot pour trouver un mot de la même famille.
Exemple : ~~ami~~~~cal~~ → un ami / le ~~sur~~nom → le nom
a. irrespect → ...
b. librement → ...
c. inutile → ...
d. illisible → ...
e. surnaturel → ...
f. la plomberie → ...

15 Forme un nom de la même famille. Ajoute ment ou age.
a. Il range → le ...
b. Il démarre → le ...
c. Il lave → le ...
d. Elle colle → le ...
e. Elle déménage → le ...
f. Elle change → le ...

16 Réponds par vrai ou par faux.
a. secouer, c'est rendre plus sec
b. délirer, c'est arrêter de lire
c. s'agenouiller, c'est se mettre à genoux
d. reprocher, c'est être plus proche
e. ridiculiser, c'est rendre ridicule

17 Classe les mots dans deux familles.
une habitation – inhabité – l'habillement – l'habitat – déshabiller – un habit – inhabitable

18 Trouve le mot de la même famille que le mot en couleur. Aide-toi de la définition.
a. ... : v. enlever le givre.
b. ... : n. m. personne qui écrit des romans.
c. ... : v. fermer ce qui a été ouvert.
d. ... : v. mettre dans un cadre.
e. ... : adj. qui n'est pas capable.

a. ✱ **Remplace le titre du poème par un nom de la même famille. Puis remplace-le par un nom de sens contraire.**
b. ✱✱ **Cherche, dans le poème, au moins trois verbes construits à partir d'un nom.**

J'écris

a. ✱ **Récris ces passages du poème *Déménager* en remplaçant chaque verbe par un nom de la même famille.**
Inventorier ranger classer trier
Empaqueter emballer empiler entasser
→ Faire un inventaire…

b. ✱✱ **Fais une liste de verbes et de noms de la même famille sur le thème des vacances. Puis, à la manière de Georges Perec, écris deux poèmes sur les vacances en n'utilisant que des verbes, puis que des noms.**
Commence tes poèmes par : Partir puis Le départ
Termine-les par : Revenir puis Le retour

Vocabulaire

5 Qu'est-ce qu'un mot contraire ?

Observons le monde

Le Chat, de Fernando Botero.

Chat tuant un serpent, marbre romain.

1 **Comment sont les chats de ces deux sculptures ?**
Décris-les précisément : la taille, la couleur, l'expression, la position…

2 **As-tu employé les mêmes mots pour décrire les deux chats ? Pourquoi ?**

Observons la langue

3 **S'agit-il du même chat ? Repère les mots qui changent dans chaque couple de phrases.**

a. Comme ce chat est grand !
Comme ce chat est petit !

b. Il a l'air content.
Il a l'air mécontent.

c. Ce chat adore le lait.
Ce chat déteste le lait.

4 **Que peux-tu dire à propos du sens des mots que tu as repérés ?**
Et à propos de leur catégorie grammaticale ?

5 **Qu'a-t-on ajouté à** content **pour dire le contraire ?**

Manipulons ensemble

6 **Observe Tom et Léo. Quels mots décrivent Tom ? Quels mots décrivent Léo ?**

sale | pleurer | joyeux | assis | propre | debout | triste | rire | malheureux | heureux | bouclés | raides

a b

7 **Forme le plus de phrases possible avec les étiquettes pour décrire ce qui oppose Tom et Léo.**
Exemple : Tom pleure alors que Léo rit.

8 **Choisis un mot dans ta tête et mime-le devant la classe. Le premier qui a trouvé vient mimer le mot de sens contraire.**

grand | *reculer* | *allumer* | *malheureux* | *chuchoter* | *calme*

9 **Regroupe les étiquettes par deux pour former des couples de contraires. Explique comment tu as fait.**

fermer | une ouverture | fermé | ouvert | ouvrir | une fermeture

10 **Forme des mots de sens contraire avec les étiquettes et les mots du tableau. Tu peux utiliser ton ardoise.**

in | mal | dé | im

noms	verbes	adjectifs
la justice la chance	coller brancher	possible adroite

Qu'avons-nous compris ?

Mémo, p. 39

11 **Pourquoi a-t-on regroupé ces mots par deux ?** gros/maigre grossir/maigrir

12 **Les mots triste et rire sont-ils des contraires ? Pourquoi ?**

13 **Qu'ajoute-t-on devant certains mots pour dire le contraire ?**

Vocabulaire

Je m'entraîne

Parcours 1

1 À deux — **Choisissez le même mot dans la liste. Chacun cherche un contraire.**

devant – silencieux – impatient – coller – la pauvreté

- **Avez-vous trouvé le même contraire ?**

2 **Trouve dans la liste le contraire de chaque adjectif.**

léger – rapide – triste – désagréable – gentil

a. méchant /
b. gai /
c. lent /
d. lourd /
e. agréable /

3 **Trouve dans la liste le contraire de chaque nom.**

le départ – le bonheur – la chance – la chaleur – la saleté

a. le froid /
b. le malheur /
c. l'arrivée /
d. la propreté /
e. la malchance /

4 **Associe chaque verbe de la liste a à son contraire de la liste b.**

Exemple : Ouvre ! / Ferme !

liste a : Monte ! – Entre ! – Arrête ! – Avance !
liste b : Continue ! – Descend ! – Recule ! – Sors !

5 **Associe chaque adjectif de la liste a à son contraire de la liste b.**

liste a : vide – fragile – difficile – court
liste b : facile – plein – long – solide

6 **Recopie seulement les couples de contraires.**

Aide : réfléchis bien au sens de chaque mot !

a. parfait / imparfait
b. boucher / déboucher
c. faux / défaut
d. possible / impossible
e. pêcher / se dépêcher
f. verser / inverser

7 **Trouve un couple de contraires dans chaque série.**

Exemple : la ruse – le silence – le repos – le bruit
→ le silence / le bruit

a. se lever – se cacher – s'enfuir – se montrer
b. dessus – derrière – avec – sans – pour
c. facile – haut – énervé – prudent – calme

8 **Remplace chaque mot en couleur par son contraire.**

Exemple : Lola a trouvé un gant derrière la mairie.
→ Lola **a perdu** un gant **devant** la mairie.

a. Paulo ouvre le robinet et remplit son arrosoir.
b. Solal est fatigué, il s'est couché très tard.
c. Martin est mécontent : il a perdu la course contre Théo.

9 **Écris le contraire de chaque mot.**

Aide : le contraire d'un nom est un nom, celui d'un verbe est un verbe, celui d'un adjectif est un adjectif.

a. le début /
b. la saleté /
c. aimer /
d. arriver /
e. allumer /
f. mou /
g. beau /
h. courageux /

Je lis

Les bons conseils de la fée Soissage

- Il faut être poli !
- Il faut se laver les mains !
- Il faut attacher ses lacets pour courir !
- Il faut arrêter de renifler !
- Il faut combattre la méchanceté et la malhonnêteté !

Les mauvais conseils de la sorcière Toulcontraire

- Il faut être malpoli !
- Il faut se salir les mains !
- Il faut détacher ses lacets pour courir !
- Il faut continuer de renifler !
- Il faut combattre la gentillesse et l'honnêteté !

Je m'entraîne

Parcours 2

10 À deux **Choisissez le même mot dans la liste. Chacun cherche un contraire en ajoutant dé-. Attention aux pièges !**

chausser – manger – ranger – penser – serrer

- **Avez-vous trouvé le même contraire ?**

11 Trouve dans la liste le contraire de chaque mot. Attention aux intrus !

noir – âgé – mince – nouveau – immense – clair

a. épais / …
b. sombre / …
c. minuscule / …
d. ancien / …

12 Associe chaque mot de la liste a à son contraire de la liste b.

liste a : construire – ami – présent – qualité – ôter
liste b : défaut – ajouter – absent – démolir – ennemi

13 Forme des contraires en ajoutant : mal- – in- ou dé-.

a. rouler / …
b. chanceux / …
c. coiffer / …
d. capable / …
e. habité / …
f. l'honnêteté / …

14 Complète les couples de contraires. Attention à la catégorie grammaticale du mot !

adjectifs	verbes
a. gros / …	e. grossir / …
b. raté / …	f. … / réussir
c. mouillé / …	g. … / sécher
d. … / long	h. raccourcir / …

15 Complète les couples de contraires. Attention à la catégorie grammaticale du mot !

adjectifs	noms
a. vieux / …	e. vieillesse / …
b. poli / …	f. … / impolitesse
c. pauvre / …	g. … / richesse
d. … / maladroit	h. adresse / …

16 Associe chaque mot en couleur à son contraire.

a. descendre : descente – montée – monter – haut
b. fort : force – faible – faiblesse – fortement
c. ralentir : lent – rapide – accélérer – lenteur – vite
d. interdiction : permis – interdit – mission – permission

17 Trouve le contraire de chaque mot en couleur. Attention au sens de la phrase !

a. Il a perdu ses gants.
b. Il a perdu le match.
c. Elle prend un tournevis pour monter l'armoire.
d. Elle prend l'ascenseur pour monter au troisième étage.

18 Transforme ces phrases pour rétablir la vérité.

a. La glace est un dessert qui se mange chaud.
b. Il faut se coucher tard pour être en forme.
c. Pour envoyer une lettre, on décolle un timbre.
d. On allume la lumière avant de quitter une pièce.

19 Récris la phrase pour dire le contraire.

Exemple : Lâchez la corde devant vous.
→ **Attrapez** la corde **derrière** vous.

a. Collez la feuille et ouvrez vos cahiers !
b. Croisez vos bras et parlez doucement !
c. Avancez de trois pas puis descendez par l'échelle.
d. Ralentissez et tournez à droite.

a. ✱ La fée et la sorcière donnent-elles les mêmes conseils ? Trouve les couples de contraires dans les deux listes.

b. ✱✱ Classe les couples de contraires : noms / verbes / adjectifs.

J'écris

a. ✱ Transforme les conseils de la fée en mauvais conseils de la sorcière.

Il faut bien ranger ta trousse !
Ton écriture doit être lisible !
Il faut être prudent à la piscine !
Il faut mettre ta chambre en ordre !

b. ✱✱ Écris trois bons conseils de la fée. Puis transforme-les en mauvais conseils.

6 Qu'est-ce qu'un synonyme ?

Observons le monde

Le tigre du Bengale

Régime : carnivore

Quand cet animal chasse, sa fourrure rayée lui permet de se cacher dans les grandes herbes.

a

Le tigre de Sumatra

Régime : carnivore

Quand cette bête chasse, son pelage rayé lui permet de se camoufler parmi les hautes herbes.

b

1. Ces deux fiches parlent-elles du même animal ?
2. Que fait le tigre du Bengale quand il chasse ? Et que fait le tigre de Sumatra ? Font-ils la même chose ?
3. Ces tigres ont-ils tous les deux des poils rayés ? Quels mots te l'indiquent ?

Observons la langue

4. Regroupe par deux les mots qui changent entre les deux fiches.
5. Que peux-tu dire à propos du sens de ces mots ? Et à propos de leur catégorie grammaticale ?
6. Le mot tigre a-t-il un synonyme ?

Des mots qui ont à peu près le même sens s'appellent des synonymes.

Manipulons ensemble

7 **Quelles étiquettes permettent de récrire ce texte avec d'autres mots, sans en changer le sens ?**

Le tigre se nourrit de viande.
Les proies favorites sont les cerfs.
Lorsqu'il tue un cerf, il le saisit par le cou. Il le dissimule derrière un fourré avant de le savourer.

cache — la patte — s'alimente — boit — déguster — les lions — un buisson — prend — un bois — préférées

8 **Cherche des synonymes pour les mots de l'activité 7 que tu n'as pas utilisés. Est-ce possible pour tous les mots ?**

9 **Retrouve les paires de synonymes qui décrivent le monstre.**
Retrouve les paires de synonymes qui décrivent l'enfant.

minuscule — effrayant — hurler — gigantesque
velu — fuir — bégayer — apeuré
immense — petit — crier — terrifiant
poilu — terrorisé — bredouiller — se sauver

10 **Synonymes ou pas synonymes ? Écris oui ou non sur ton ardoise pour chaque domino.**

déguerpir	fuir
la peur	apeuré
murmurer	hurler
un poil	poilu
épouvanté	terrorisé
la peur	la frayeur

Qu'avons-nous compris ?

Mémo, p. 40

11 **Pourquoi a-t-on regroupé ces mots par deux ?** chuchoter/murmurer glacé/gelé

12 **Les mots chaleur et chaud sont-ils des synonymes ? Pourquoi ?**

Je m'entraîne

Parcours 1

1 À deux **Choisissez le même mot dans la liste. Chacun cherche un synonyme.**
une bête – bouillant – drôle – s'amuser – aimer

- **Avez-vous trouvé le même synonyme ?**

2 **Cherche dans la liste le synonyme de chaque verbe.**
partir – hurler – attraper – bavarder
a. prendre / …
b. discuter / …
c. s'en aller / …
d. crier / …

3 **Cherche dans la liste le synonyme de chaque nom.**
l'erreur – l'endroit – la peur – le chagrin
a. la frayeur / …
b. le lieu / …
c. la faute / …
d. la tristesse / …

4 **Associe chaque adjectif de la liste a à son synonyme de la liste b.**
Exemple : froid / gelé
liste a : étonné – cruel – vieux – horrible
liste b : méchant – affreux – surpris – âgé

5 **Recopie seulement les couples de synonymes.**
Aide : réfléchis bien au sens de chaque mot !
a. vrai / faux
b. retirer / ôter
c. un habit / un vêtement
d. un colis / un paquet
e. marcher / bondir
f. mou / tordu

6 **Réponds par oui ou par non.**
Aide : réfléchis bien au sens des mots en couleur !
a. Bouger est synonyme de remuer ?
b. Fabriquer est synonyme de cuire ?
c. Un livre est synonyme d'un cahier ?
d. Un client est synonyme d'un acheteur ?
e. Maladroit est synonyme de malheureux ?

7 **Trouve le synonyme du mot en couleur.**
a. mouillé : sec – propre – sale – humide
b. gêner : prêter – déranger – rire – fuir
c. un bruit : un goût – un saut – un son – la vue
d. cher : beau – fort – bien – brillant – coûteux

8 **Trouve un couple de synonymes dans chaque série.**
Exemple : [un rond] – un dessin – [un cercle]
a. critiquer – battre – observer – frapper – nouer
b. collant – propre – élégant – curieux – poisseux
c. malin – effrayé – apeuré – musclé – dur
d. un bateau – un trajet – un navire – un marin

9 **Trouve dans chaque série les deux phrases qui ont le même sens.**
Exemple : [J'ai mal !] – Je pleure ! – [Je souffre !]
a. J'ai hâte de partir. – Je suis inquiet de partir. – Je suis impatient de partir.
b. Ça va bien ! – Ça commence bien ! – Ça débute bien !
c. Interdit de doubler ! – Interdit d'accélérer ! – Interdit de dépasser !
d. On s'entend bien ! – On écoute bien ! – On parle bien ! – On s'exprime bien !
e. Ils se regardent. – Ils se parlent. – Ils s'écoutent. – Ils s'observent.

Je lis

La chambre de Lili Graffiti

Ma mère est folle de rage après moi parce que ma chambre est un vrai bazar. […] En résumé : je suis une fille désordonnée. […] Elle m'a dit que je ne sortirai pas tant que ma chambre ne sera pas « propre comme un sou neuf ». […]

« Propre comme un sou neuf »… Je n'ai jamais rien entendu d'aussi bête ! C'est presque aussi stupide que de vouloir une chambre bien rangée. Ma mère ne comprend donc pas que sans mon petit fouillis à moi, je ne m'y retrouve plus ?

Paula Danziger, *Courage Lili Graffiti !*, illustré par T. Ross, © éd. Gallimard.

a. * Relis la phrase du texte où Lili emploie le mot bête. Cherche dans le texte un synonyme de ce mot. Connais-tu un autre synonyme ?

b. ** Comment est la chambre de Lili ? Cherche dans le texte deux mots synonymes qui le montrent.

Je m'entraîne

Parcours 2

10 À deux **Choisissez la même phrase dans la liste. Chacun transforme la phrase en utilisant deux synonymes.**

Gomme une ligne ! – As-tu la permission de jouer ? – Prends le chemin à travers le bois !

- **Avez-vous trouvé les mêmes synonymes ?**

11 Cherche dans la liste le synonyme de chaque mot. Attention aux intrus !

désirer – bougonner – complimenter – dire – déplaisant – demeure – punir

a. désagréable / ...
b. grommeler / ...
c. féliciter / ...
d. habitation / ...

12 Associe chaque mot de la liste a à son synonyme de la liste b.

liste a : instant – fatigué – court – fermer – frapper
liste b : épuisé – clore – taper – moment – bref

13 Trouve l'intrus dans chaque liste de synonymes.

a. la maîtresse – l'institutrice – l'élève – l'enseignante
b. la peur – la terreur – la franchise – la frayeur
c. abandonner – quitter – chercher – laisser
d. percer – trouer – attacher – perforer
e. brillant – étincelant – étourdissant – scintillant

14 Regroupe les verbes qui ont le même sens. Tu dois trouver trois groupes.

nouer – exaspérer – escalader – agacer – ficeler – gravir – monter – lier – énerver – horripiler – grimper – attacher

15 Trouve les couples de synonymes. Attention aux intrus !

superbe	surprenant	agacé
étouffant	inattendu	interminable
étonnant	énervé	suffocant
moqueur	splendide	imprévisible

16 Remplace chaque mot en couleur par un synonyme. Aide-toi du sens de la phrase ou du dictionnaire.

a. La balançoire est au centre du parc, sous un arbre gigantesque.
b. Corto a égaré sa trousse. Où est-elle ? Il ne s'en souvient plus.
c. Après plusieurs tentatives, Garance a réussi à bâtir un grand château de cartes.
d. Émilio est navré d'avoir brisé les lunettes de Paloma.

17 Remplace le plus de mots possible par un synonyme. Attention, la phrase ne doit pas changer de sens !

a. Des ouvriers démolissent un immeuble à côté de la boutique de jouets.
b. Andréa a dérobé la gomme d'un camarade et l'a dissimulée dans son sac.
c. Tom a fait une sottise : il a endommagé son lit en s'amusant à rebondir dessus !

18 Récris la phrase en employant des synonymes pour éviter les répétitions.

Le petit garçon a trouvé un tout petit escargot à côté d'une pierre à côté du mur de pierres du château.

J'écris

a. * **Récris la première phrase du texte en remplaçant au moins trois mots par un synonyme.**

b. ** **Récris cette fiche d'identité sur la grenouille en remplaçant au moins trois mots par des synonymes. Puis écris des phrases à partir des informations.**

Mode de déplacement : le saut
Alimentation : des insectes
Signe particulier : longues pattes postérieures

Vocabulaire

7 Comment faire quand un mot a plusieurs sens ?

Observons le monde

Histoire drôle

Un journaliste demande à un célèbre chirurgien :
– À quel âge avez-vous fait votre première opération ?
– À six ans.
– À six ans ? Mais c'est incroyable !
– Oh ! Vous savez, c'était juste une addition !

1 **Le chirurgien a-t-il compris la question du journaliste ? Qu'a-t-il compris ?**

2 **Pourquoi la réponse du chirurgien est-elle drôle ?**

Observons la langue

Le contexte, ce sont les autres mots de la phrase et ce que l'on sait de la personne qui parle.

3 **Quel est le sens du mot opération dans chaque phrase ? Sers-toi du contexte pour répondre.**

a. Le résultat de mon opération est faux.

b. Tu vas manquer l'école pendant huit jours après ton opération.

4 **Sait-on quel sens du mot opération est utilisé dans cette phrase ? Explique pourquoi.**

C'est une opération compliquée !

5 **Remplace l'adjectif dur par un contraire puis par un synonyme dans chaque phrase. Que remarques-tu ?**

a. Cet exercice est très dur !

b. Je donne du pain dur aux oiseaux.

Manipulons ensemble

6 **Trouve les deux dessins qui illustrent chaque phrase. Pense à tous les sens du mot.**

C'est trop fort ! | Il y a du courant ! | C'est dur !

a.

b.

c.

d.

e.

f.

7 **Classe les mots en deux catégories : vivants / non vivants.**
Quels mots vont dans les deux catégories ? Explique pourquoi.

une girafe | une puce | un stylo
un marteau | une chenille
une souris | un sanglier

8 **Replace chaque morceau de dictionnaire au bon endroit dans l'article.**

Monter v. **1.** Aller du bas vers le haut.
2. Augmenter.
3. Assembler les différentes parties d'un tout. *Monter un meuble.*

- contraire : diminuer
- contraire : descendre
- contraire : démonter
- synonyme : gravir
- synonyme : construire

Qu'avons-nous compris ?

Mémo, p. 40

9 **Les mots ont-ils un seul sens ? Donne un exemple.**

10 **À quoi faut-il faire attention pour comprendre le sens d'un mot ?**

Je m'entraîne

Parcours 1

1 À deux **Cherchez le sens de ces mots en mathématiques. Puis cherchez un autre sens.**
une addition – un problème – une table

- **Chacun choisit un sens et emploie le mot dans une phrase.**

2 **Remplace le verbe faire par un mot de la liste.**
Exemple : faire une maison → **construire** une maison
écrire – prendre – peindre – mesurer
a. faire 1 m 50 → …
b. faire une photo → …
c. faire un tableau → …
d. faire une lettre → …

3 **Trouve le groupe de mots dans lequel le mot en couleur a un autre sens.**
Aide : réfléchis bien au sens des mots en couleur !
a. un feu tricolore / un feu de cheminée / un feu de forêt
b. l'accent aigu / l'accent du Midi / l'accent circonflexe
c. le bouton du gilet / le bouton de la télé / le bouton de l'ordinateur
d. un kiwi mûr / un kiwi blessé / une tranche de kiwi

4 **Trouve dans la liste le contraire du mot en couleur.**
Exemple : une couleur claire → une couleur **foncée**
froide – sombre – gazeuse – légère – creuse
a. une chambre claire → …
b. une assiette plate → …
c. de l'eau plate → …
d. une veste chaude → …
e. une boisson chaude → …

5 **Choisis le groupe de mots qui convient.**
a. Il faut payer la note (de musique / d'électricité).
b. Il faut nettoyer la glace (de l'entrée / à la fraise).
c. Regarde le résumé au dos (du chat / du livre).
d. Réponds à la lettre (de l'alphabet / de ton cousin) !

6 **Choisis la bonne définition du mot en couleur.**
a. Il faut frapper avant d'entrer !
1. Porter un coup à quelqu'un.
2. Donner un coup contre quelque chose.

b. Le devoir de Méline est rangé dans une chemise.
1. Vêtement boutonné devant.
2. Feuille cartonnée, pliée en deux.

7 **Choisis la bonne explication pour chaque phrase.**
Aide : tu peux utiliser le dictionnaire.
a. Malo est accueilli avec chaleur par ses amis.
1. Ses amis sont très gentils.
2. Ses amis ont très chaud.

b. Le père de Léa a mis son nouveau costume pour aller travailler.
1. Il s'est déguisé pour aller travailler.
2. Il a mis sa veste et son pantalon neufs.

8 **Complète chaque phrase avec le mot qui convient.**
Aide : lis la phrase en entier avant de choisir.
a. Ce … est très chaud, je me suis brûlé. (pull / plat)
b. Ma … est trop courte, je n'ai pas le temps de jouer. (récréation / jupe)
c. Ce … est fort, je n'aime pas trop son goût. (garçon / fromage)
d. Tes … sont justes, tu aurais dû prendre la taille au-dessus. (réponses / chaussures)

Je lis

Devinettes

1 J'ai des feuilles mais je n'ai pas de branches. **Qui suis-je ?**

Réponse : le cahier

2 J'ai des branches mais je n'ai pas de feuilles. **Qui suis-je ?**

Réponse : la paire de lunettes

3 J'ai un lit mais je ne dors jamais. **Qui suis-je ?**

Réponse : la rivière

Je m'entraîne

Parcours 2

9 À deux **Cherchez deux sens pour chaque mot.**

un bouchon – perdre – grave

- **Chacun choisit un sens et emploie le mot dans une phrase.**

10 **Remplace le verbe prendre par un mot de la liste. Attention aux intrus !**

emporter – préparer – boire – manger – ranger – attraper

a. Tu vas prendre froid. → …
b. Tu veux prendre un verre avec moi ? → …
c. Pense à prendre ton parapluie. → …
d. Tu veux prendre un dessert ? → …

11 **Trouve les deux groupes de mots dans lesquels le mot en couleur a le même sens.**

a. une coupure au doigt / une coupure profonde / une coupure de courant
b. un repas lourd / un cartable lourd / un colis lourd
c. le bout de la rue / au bout du couloir / un bout de pain
d. l'entrée de l'école / une entrée trop salée / le placard de l'entrée
e. la caisse d'oranges / la caisse à outils / la caisse du supermarché

12 **Trouve le mot qui correspond aux deux définitions. Attention aux intrus dans la liste !**

un marathon – unique – une rayure – une course – un cadeau – une ligne – un paquet

a. ① Action de courir. ② Achat. → …
b. ① Objet emballé. ② Grande quantité. → …
c. ① Seul. ② Exceptionnel. → …
d. ① Trait continu. ② Trajet du bus. → …

13 **Trouve le mot qui peut compléter les trois phrases. Attention, ce mot a plusieurs sens !**

a. Le maître a une voix … . – Léa est … en calcul. – Une … tempête se lève.
b. Théo a eu une bonne … à son contrôle. – Il faut payer la … du restaurant. – Léon a fait une fausse … au piano.
c. L'hiver a été très … . – Le rôti cuit à feu … . – Le chien de Kim a un regard … .

14 **Lis chaque couple de phrases. Puis réponds à la question.**

a. Il a pris la fuite.
b. Il est venu pour la fuite.
Dans quelle phrase quelqu'un s'est-il sauvé ?
c. Il a jeté ses jouets au lieu de les donner.
d. Il est puni car il a jeté une pierre.
Dans quelle phrase quelqu'un a-t-il utilisé une poubelle ?
e. Il veut commander tous ses amis.
f. Il va le commander sur Internet.
Dans quelle phrase quelqu'un veut-il faire un achat ?

15 **Choisis le groupe de mots qui convient. Attention à la définition du mot souligné !**

a. Amina a manqué (la cible/de temps/l'école).
Manquer : ne pas avoir en quantité suffisante.
b. (Le bébé/L'appartement/Le marronnier) est nu.
Nu : sans décoration.
c. (Sa réponse/Sa photo/Sa jupe) n'est pas nette.
Net(te) : propre.
d. Il a un (regard/sirop/film) mauvais.
Mauvais : méchant.

a. ✱ **À quoi te font penser les mots branches et feuilles ? Quels sens ont ces deux mots dans ces devinettes ?**

b. ✱✱ **Explique la réponse de la devinette 3.**

J'écris

a. ✱ **Cherche dans un dictionnaire les deux sens des mots en couleur puis complète les devinettes.**

J'ai une mèche mais je n'ai pas de … .
Qui suis-je ? Réponse : …
J'ai des aiguilles mais je ne suis pas … .
Qui suis-je ? Réponse : …

b. ✱✱ **Invente une devinette avec un mot de la liste.**

un bouton – une couverture – une lettre

8 Comment savoir si l'on doit dire bonjour ou salut ?

Observons le monde

Ariol – Oh ! la mer !, E. Guibert, M. Boutavant, © Bayard Presse, 2004.

1 **Qui sont les personnages ? Quels liens ont-ils entre eux ?**

2 **Ariol et Ramono disent-ils bonjour de la même façon ? Que disent-ils ?**

Observons la langue

3 **Ces phrases veulent-elles dire la même chose ? Qu'est-ce qui change ?**

a. Mon copain a un papi super sympa.

b. Mon ami a un grand-père très gentil.

4 **Dans l'exercice 3, quelle est la phrase, en langage courant, qui convient le mieux pour parler à la maîtresse ou au maître ? À qui pourrais-tu dire la phrase en langage familier ?**

On peut utiliser le langage familier ou le langage courant : cela dépend de la personne à qui l'on parle.

Manipulons ensemble

5 **Trie les phrases.**

On se gèle !

C'est trop chouette !

En Iran, le marché s'appelle le bazar.

Il gèle.

Le pneu du vélo s'est dégonflé !

Quel bazar sur ta table !

Matéo s'est dégonflé !

Regarde la photo de la jolie chouette !

6 **Continue la chaîne des dominos.**

fatigué | costaud — musclé | radin

a. écraser | une baraque

b. le désordre | une patate

c. avare | le bazar

d. une pomme de terre | écrabouiller

e. une maison | crevé

7 **Choisis une phrase et transforme-la en langage familier ou en langage courant. Tes camarades doivent retrouver la phrase que tu as choisie.**

a. *Trop fastoche, l'exo !*

b. *C'est fragile, fais attention !*

c. *On va au cinoche, cet aprèm ?*

d. *Je m'en vais.*

8 **Invente un dialogue en langage familier entre ces deux personnes.
Puis imagine un autre dialogue en langage courant.**

Qu'avons-nous compris ?

Mémo, p. 41

9 **Parle-t-on de la même manière avec tout le monde ?**

10 **Quand emploie-t-on plutôt le langage familier ? Et le langage courant ?**

Je m'entraîne

Parcours 1

1 À deux **Choisissez la même phrase. Chacun remplace le mot en couleur par un mot familier.**

a. C'est ta chaussure ?

b. Il est fou !

c. C'est amusant !

- **Avez-vous utilisé le même mot ?**

2 Trouve le mot familier dans chaque série.

Exemple : un ami – un pote – un camarade

a. l'automobile – la voiture – la bagnole

b. laid – moche – affreux

c. se marrer – s'amuser – se distraire

d. du bruit – du boucan – du vacarme

3 Associe chaque mot courant de la liste a à un mot familier de la liste b.

Aide : les mots doivent avoir le même sens.

liste a : l'eau – le travail – le frère – le chien

liste b : le frangin – le clébard – la flotte – le boulot

4 Classe les mots dans deux colonnes : langage courant/langage familier.

une baffe – une chose – la tignasse – des vêtements – des fringues – les cheveux – un truc – une gifle

5 Remplace l'abréviation familière par le mot en entier.

Exemple : C'est l'heure de la récré. → la récréation

a. Tu me prêtes ton dico ? →

b. L'ordi est en panne. →

c. Tu vas voir l'expo ? →

d. Tu regardes les infos ? →

e. Tu vas au ciné ? →

f. Ce soir, on mange au restau. →

6 Recopie la phrase dans laquelle le mot en couleur est en langage familier.

a. Elle m'a piqué la joue. / Elle m'a piqué mon goûter.

b. Elle a pompé l'exercice. / Elle a pompé l'eau.

c. Tu dépasses les bornes ! / La piscine est à cinq bornes de l'école.

d. Notre caisse est en panne d'essence. / La caisse d'oranges s'est renversée.

7 Remplace le mot chouettes par un synonyme. Attention aux intrus dans la liste !

neuves – longues – bonnes – jolies – curieuses – gentilles

a. Tes chaussures sont chouettes !

b. Flora et sa sœur sont chouettes, elles m'ont prêté leur console de jeu.

c. Lili a passé de chouettes vacances.

8 Trouve dans chaque série les deux phrases qui ont le même sens.

a. Ça va barder. – On va se faire gronder. – Ça va aller.

b. J'en ai marre. – J'en ai trop. – J'en ai assez.

c. Je suis couché. – Je suis à plat. – Je suis épuisé.

d. On se tire ? – On se pousse ? – On s'en va ?

9 Choisis la bonne explication pour chaque phrase.

a. Ahmed a eu un coup de barre, il s'est endormi.

① Il s'est cogné.

② Il est fatigué.

b. Lou est malade d'ouvrir la fenêtre, il fait froid !

① Ce n'est pas une bonne idée d'ouvrir la fenêtre.

② Lou est déjà malade, elle a attrapé froid !

Je lis

Igor dort chez Achille

Quand la cloche sonne pour annoncer la sortie des classes, je suis déjà debout, mon cartable sur le dos. C'est la fête ! Ce soir je dors chez Achille. Achille est mon meilleur copain depuis la maternelle. En plus il est fils unique. À la maison, moi, j'ai trois sœurs dans les pattes ; chez lui je me repose ! […]

– Je dois d'abord passer à la bibliothèque, dit Achille avec autorité.

Les livres, il ne les lit pas, il les avale ! Deux par jour, c'est un truc dingue.

– Grouille-toi, j'ai peur que ça ferme !

Agnès de Lestrade, *Le livre qui rend chèvre*, © éd. Nathan.

a. ✱ **Qui raconte cette histoire ? Est-il content d'avoir des sœurs ? Explique pourquoi.**

b. ✱✱ **Quelles sont toutes les expressions en langage familier dans le texte ? Explique ce qu'elles veulent dire.**

Je m'entraîne

Parcours 2

10 À deux **Choisissez la même phrase. Chacun transforme la phrase en utilisant un langage familier.**

a. Quel désordre dans cette chambre !
b. Tu me prêtes de l'argent ?
c. Je suis très fatigué, je vais me coucher.

- **Avez-vous fait la même phrase ?**

11 Trouve le mot familier dans chaque série.

a. froussard – peureux – craintif
b. une enfant – une môme – une fillette
c. fauché – ruiné – pauvre
d. perdre – paumer – égarer
e. beau – joli – canon

12 Associe chaque mot courant de la liste a à un mot familier de la liste b.

liste a : fou – frais – raté – compris – fort
liste b : loupé – balaise – frisquet – cinglé – pigé

13 Indique si la phrase est en langage courant (C) ou familier (F).

a. C'est trop rigolo ! →
b. Passe-moi ton bouquin ! →
c. Tu as une bosse ! →
d. J'ai chopé la grippe ! →
e. Tu as timbré ta carte ? →

14 Trouve le synonyme en langage courant de chaque série de mots familiers.

a. du pognon – des sous – du fric →
b. se marrer – se bidonner – rigoler →
c. la frousse – la trouille – la pétoche →
d. un gosse – un mioche – un gamin →
e. barbant – rasant – enquiquinant →

15 Trouve le mot de la liste qui correspond aux deux définitions. Attention aux intrus !

une claque – une brioche – une auto – percé – une tarte – givré – crevé – une caisse – gelé

a. (1) couvert de givre (2) fou →
b. (1) grande boîte (2) voiture →
c. (1) sorte de gâteau (2) gifle →
d. (1) qui est percé (2) très fatigué →

16 Choisis les mots qui conviennent. Regarde bien qui parle à qui.

a. Arrête de (chialer/pleurer), tu as peut-être (fourré/rangé) ton stylo dans ton sac, dit le maître à Matthieu.
b. J'ai souvent mal au (bide/ventre) ; quel médicament pourriez-vous me (filer/donner) ? demande Sam au docteur.
c. (Dépêchez-vous/Grouillez-vous), on va être à la bourre (à la cantoche/au restaurant scolaire), crie Lou à ses copines.

17 Lis les dialogues puis réponds aux questions avec le prénom qui convient.

– J'ai une de ces dalles ! s'écrie Aurélie.
– Tu veux que je te file un truc à grignoter ? propose Thomas.
– J'ai pas la pêche aujourd'hui…, dit Paul.
– Et moi, j'ai attrapé la crève ! ajoute Anne.
– Ça caille ici ! s'exclame Laura.
– T'es malade, on crève de chaud ! s'écrie Martin.

a. Qui a froid ?	d. Qui est malade ?
b. Qui a faim ?	e. Qui a de la nourriture ?
c. Qui a trop chaud ?	f. Qui n'est pas en forme ?

J'écris

a. ✱ **Relis la dernière phrase du texte, puis écris la réponse d'Igor à Achille. Utilise un langage familier.**

b. ✱✱ **Achille cherche un livre à la bibliothèque. Invente un dialogue entre Achille et le ou la bibliothécaire. Utilise un langage courant.**

Vocabulaire

9 Comment faire pour comprendre le sens d'un mot ?

Observons le monde

Qu'est-ce qu'un volcan ?

Un volcan est un trou dans la Terre par où jaillit une roche liquide brûlante, le magma. L'explosion d'un volcan, ou éruption volcanique, est l'un des phénomènes naturels les plus spectaculaires. Cendres, roches et gaz sont éjectés dans l'atmosphère et obscurcissent le ciel en refroidissant le climat. Il existe des volcans de toutes formes et de toutes tailles.

Coulées de lave

Quand le magma atteint la surface, on le nomme lave. Parfois des coulées de lave descendent du volcan, dessinant comme une rivière de plusieurs centaines de mètres de profondeur. En refroidissant, la lave durcit et se transforme en nouvelles roches.

Éruption volcanique

Lorsqu'un volcan entre en éruption, des blocs de magma incandescents sont projetés à plusieurs centaines de mètres de hauteur. Certains atterrissent à plus d'un kilomètre du volcan.

Les volcans, coll. « Mon petit monde », 6-9 ans, © éd. Nathan.

Voyons si je comprends bien les mots de ce texte…

1 **Y a-t-il des mots que tu ne connais pas dans ce texte ? Lesquels ?**

2 **Comment pourrais-tu faire pour comprendre leur sens ?**

Observons la langue

3 **Quel est le sens de ces mots ? Pour répondre, sers-toi du contexte, c'est-à-dire des autres mots de la phrase où ils sont employés.**

a. le magma b. une éruption volcanique

4 **Quels mots de la même famille t'aideraient à comprendre ces mots du texte ?**

a. un volcanologue b. une coulée c. obscurcir d. spectaculaire

5 **Retrouve ces mots dans le texte. Le contexte te permet-il de comprendre leur sens ? Peux-tu t'aider d'un mot de la même famille ? Comment peux-tu faire si tu ne connais pas ces mots ?**

a. incandescents b. l'atmosphère c. des phénomènes

Manipulons ensemble

6 **Choisis un mot et cherche-le dans le dictionnaire. Lis le mot et sa définition à haute voix. Tes camarades doivent retrouver le dessin qui correspond. Attention, il y a des dessins en trop !**

un boléro — un bicorne — un escarpin — un cardigan

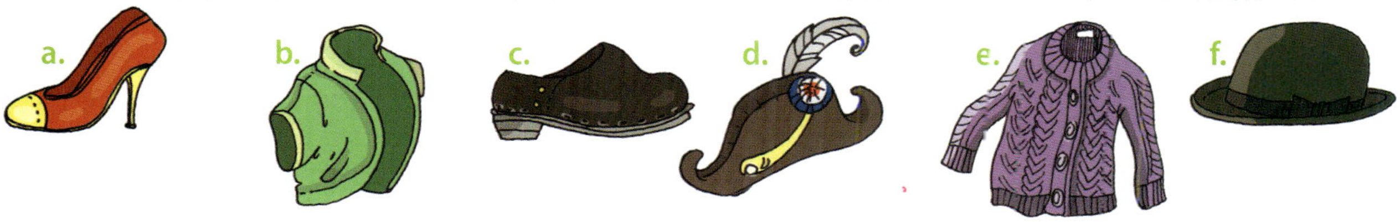

7 **Utilise les étiquettes pour former des mots correspondant aux définitions. Tu peux les écrire sur ton ardoise. Attention aux étiquettes en trop !**

a. Que l'on ne peut pas manger.
dé — im — oire — able

b. Récipient contenant la nourriture d'un animal.
mange

c. Action de corriger.
ion — in — ment — eur

d. Qui n'est pas correct.
correct

e. Action de retirer des broussailles.
age — eux — dé — euse

f. Outil servant à retirer les broussailles.
broussaill(e)

8 **Place chaque mot au bon endroit sur le dessin. Aide-toi du texte pour comprendre les mots.**

le thorax — l'abdomen — l'aiguillon — les mandibules

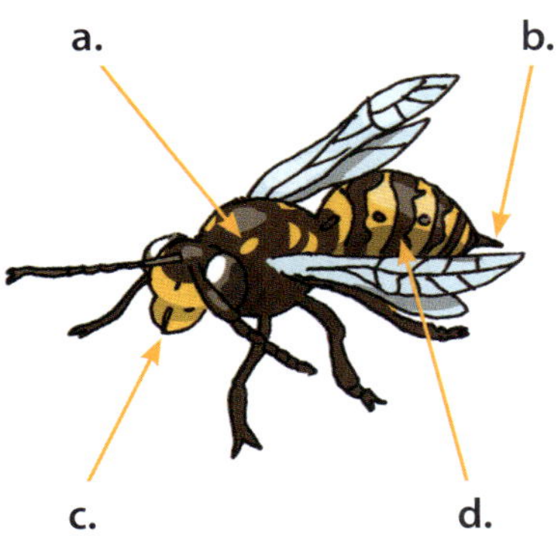

La guêpe

La guêpe possède quatre ailes et six pattes fixées sur son thorax. Son abdomen aux rayures noires et jaunes se termine par un aiguillon. Pour découper sa nourriture, la guêpe utilise deux grosses pinces situées sur le devant de sa bouche : les mandibules.

Qu'avons-nous compris ?

Mémo, p. 41

9 **Pourquoi est-ce important de comprendre le sens des mots ?**

10 **Quelles sont les trois méthodes que tu peux utiliser pour comprendre un mot ?**

Je m'entraîne

Parcours 1

1 À deux **Chacun cherche ces mots dans son dictionnaire. Le premier qui a trouvé lit la définition.**
une haie – un hameau – isolé – défricher

2 **Indique le mot qui t'aide à comprendre le mot en couleur.**
Exemple : J'ai mis du poivre dans la farce.
(« poivre » indique que la farce est un aliment)
a. Il y a de gros éclairs dans le ciel.
b. Les éclairs de ce pâtissier sont énormes !
c. Tu peux manger un peu de crème si tu veux.
d. Veux-tu de la crème pour les mains ?

3 **Complète la définition en t'aidant de la formation du mot.**
Exemple : Un volcanologue est un spécialiste des volcans.
a. Un climatologue est un spécialiste du ….
b. Un océanologue est un spécialiste de l'….
c. Un météorologue est un spécialiste de la ….
d. Un musicologue est un spécialiste de la ….

4 **Trouve, dans la liste, le mot de la même famille qui t'aide à comprendre le mot souligné. Attention aux intrus !**
table – épée – limer – feu –
limite – feuille – mettre – pépin
a. <u>feuilleter</u> un magazine → mot de la famille de …
b. <u>épépiner</u> une orange → mot de la famille de …
c. une durée <u>illimitée</u> → mot de la famille de …
d. un pull <u>immettable</u> → mot de la famille de …

5 **Trouve le synonyme du mot en couleur. Explique ce qui t'a aidé(e).**
a. Max porte un pantalon très collant.
Il aurait dû prendre une taille plus grande.
→ poisseux ? serré ?
b. Fadel ne veut pas mettre son manteau sur l'herbe, il ne veut pas le salir.
→ poser ? enfiler ?
c. Il y a une profonde trace de pneu sur le chemin.
→ une empreinte ? une tache ?
d. Remonte la glace, il fait froid dans la voiture !
→ une crème glacée ? une vitre ?

6 **La phrase te permet-elle de choisir la définition du mot en couleur ? Réponds par oui ou par non.**
a. C'est à son tour de piocher.
→ creuser ? prendre une carte ?
b. Il s'est froissé, il faut le repasser.
→ vexé ? fripé ?
c. Elle marche mal, je ne sais pas pourquoi.
→ se déplacer ? fonctionner ?
d. Le coucou ne sonne plus.
→ un oiseau ? une pendule ?

7 **Trouve les phrases qui parlent d'un animal.**
Aide : sers-toi du contexte de la phrase.
a. Je n'aime pas les raies, je préfère les franges.
b. Il y a une punaise sur le bureau, laisse-la s'envoler.
c. À qui est cette mule qui court sur la route ?
d. Il y a une grue au zoo, les travaux commencent.
e. La souris est derrière l'ordinateur, remets-la dans sa cage !

Je lis

© Peyo - 2013 - Licensed through I.M.P.S. (Brussels) - www.smurf.com

Je m'entraîne

Parcours 2

8 À deux **L'un cherche un mot de la liste dans son dictionnaire et lit la définition. L'autre utilise le mot dans une phrase de son choix.**
la végétation – un bourgeon – fertile – germer
- **Échangez les rôles.**

9 **Indique le mot qui t'aide à comprendre le mot en couleur.**
a. Tu as soigné ton ampoule, ce matin ?
b. As-tu pris une ampoule pour la lampe ?
c. Il y a du courant, sois prudent en nageant.
d. Il y a une coupure de courant dans le salon.
e. Si tu as fini l'entrée, tu peux peindre le salon.
f. Tu as mis trop de sel dans l'entrée.

10 **Complète la définition en t'aidant de la formation du mot en couleur.**
a. rechargeable : que l'on peut de nouveau … .
b. incultivable : qu'on ne peut pas … .
c. décolérer : cesser d'être en … .
d. irrespectueux : qui manque de … .
e. sablonneux : qui est couvert de … .

11 **Écris un mot de la même famille qui t'aide à comprendre le mot en couleur.**
a. La Seine est un fleuve navigable.
→ mot de la famille de …
b. Ce monsieur a les cheveux grisonnants.
→ mot de la famille de …
c. Kim a planté sa tente sur un terrain ombragé.
→ mot de la famille de …
d. Zoé aime passionnément le sport.
→ mot de la famille de …

12 **Recopie la phrase si elle te permet de comprendre le sens du mot en couleur. Sinon, cherche sa définition dans le dictionnaire.**
a. Manu est très méticuleux, contrairement à son frère.
b. Autrefois, les marins attrapaient le scorbut, et beaucoup mouraient de cette maladie.
c. Une petite ondée est tombée mais elle n'a pas suffi à mouiller le sol très sec.
d. Il y a une usine désaffectée près du gymnase.

13 **Classe les mots en couleur dans un tableau. Qu'est-ce qui t'aide à répondre ?**
a. Les dynastes combattent avec leurs cornes.
b. La grelinette est utile au jardinier, avec ses deux manches en bois !
c. Le saïmiri est agile et rapide.
d. Le pyracantha pique et ses fruits sont toxiques.

un animal	une plante	un objet
…	…	…

14 **Trouve le sens général du mot en couleur grâce au contexte. Puis vérifie son sens précis dans un dictionnaire.**
a. Les écoliers d'autrefois portaient une longue pèlerine à capuche.
→ un sac – un vêtement – un stylo
b. La mangouste s'attaque aux serpents pour manger leurs œufs.
→ une arme – une maladie – un animal
c. La yole a un fond plat pour naviguer dans les marais peu profonds.
→ une plante – un bateau – un aliment

a. * Quels sont les mots inventés ? Comment fais-tu pour comprendre leur sens ?
b. ** Que s'est-il passé entre les deux Schtroumpfs ? Comment as-tu fait pour le comprendre ?

J'écris

a. * Choisis au moins deux mots inventés dans la liste et utilise-les dans des phrases : schtroumpfer – schtroumpfage – schtroumpfante – déschtroumpfer. Attention, le contexte de ta phrase doit permettre de comprendre leur sens !
b. ** Imagine que le Grand Schtroumpf arrive… Écris ce qu'il va dire aux deux Schtroumpfs en inventant certains mots. Attention, on doit comprendre leur sens grâce au contexte et à leur formation !

10 Comment parler du temps qu'il fait ?

Observons le monde

a

b

c

d

e

f

g

1. Quelles personnes vois-tu sur les photos ?
2. Où se trouvent ces personnes ?
3. Que font-elles ?
4. Comment sont-elles habillées ? Pourquoi ?
5. Quel temps fait-il sur chaque photo ?
6. Observe la carte de France. Qu'indique chaque pictogramme ?

Répertoire de mots ➡ Mémo, p. 42

Manipulons la langue

7 Classe dans ces quatre boîtes tous les mots utilisés pour décrire les photos.

des êtres vivants — des objets — des actions — des qualités

8 Classe à nouveau les mots dans ces deux boîtes.

le beau temps — le mauvais temps

9 Explique ces classements. Puis cherche d'autres mots.

a.

une tempête le vent une bourrasque un ouragan une brise	la grêle les grêlons la neige les flocons le crachin la pluie	le soleil la canicule la chaleur une éclaircie

b.

la pluie le crachin	la grêle les grêlons	la neige les flocons

10 Cherche des mots de la même famille.

la chaleur — la pluie — un nuage — la neige

11 Associe chaque accessoire au temps qui lui correspond.

- une casquette
- des gants
- un parapluie
- une écharpe
- un imperméable
- des lunettes de soleil
- un anorak
- des bottes

- la pluie
- la canicule
- la neige

Allons plus loin

la glace

a. Il fait tellement froid qu'il y a de la glace sur le lac.
b. Inès mange une glace au caramel.

1. À quoi penses-tu en lisant le mot **glace** dans chaque phrase ?
2. Qu'y a-t-il de commun entre la **glace** sur le lac et la **glace** au caramel ?
3. Est-ce le même mot ? Peux-tu donner une seule définition du mot **glace** ?

le tonnerre

c. L'orage s'approche car le tonnerre est de plus en plus fort.
d. Les comédiens sont félicités par un tonnerre d'applaudissements.

4. À quoi penses-tu en lisant le mot **tonnerre** dans chaque phrase ?
5. Qu'y a-t-il de commun entre le **tonnerre** d'un orage et le **tonnerre** d'applaudissements ?
6. Est-ce le même mot ? Peux-tu donner une seule définition du mot **tonnerre** ?

un nuage

e. Un gros nuage cache le soleil.
f. Les Anglais boivent leur thé avec un nuage de lait.

7. À quoi penses-tu en lisant le mot **nuage** dans chaque phrase ?
8. Qu'y a-t-il de commun entre un **nuage** dans le ciel et un **nuage** dans du thé ?
9. Est-ce le même mot ? Peux-tu donner une seule définition du mot **nuage** ?

Je lis

La tempête de neige

Rosalie et sa famille vont passer le Nouvel An chez leur tante Natacha qui habite à la campagne, en Russie. Ils voyagent sur un traîneau, une troïka, tiré par trois chevaux.

La troïka fonce à travers la forêt, soulevant un nuage de neige sur son passage. La neige tombe en petits flocons serrés, sans arrêt depuis plus de deux semaines. Un vent glacial souffle.

Tous les occupants du traîneau sont emmitouflés dans d'épais manteaux de fourrure, ils portent un chapeau de fourrure sur les oreilles et une grosse écharpe de laine qui cache la bouche et le nez. Sur les genoux, une couverture à carreaux. Aux pieds, de grosses bottes fourrées. Des narines des chevaux sort, chaque fois qu'ils respirent, un jet de vapeur. Leur crinière et les moustaches du cocher sont blanchies par le gel.

Les histoires de Rosalie, Michel Vinaver, © éd. Castor poche, Flammarion.

Je m'entraîne

Parcours 1

1 À deux — L'un choisit une saison, l'autre liste les vêtements et les accessoires qui conviennent à ce moment de l'année.
- Inversez les rôles.

2 Recopie seulement les activités qui peuvent se pratiquer dehors par temps de neige.

a. se baigner
b. skier
c. patiner
d. se promener
e. faire de la luge
f. faire du ski nautique
g. faire de la planche à voile
h. réaliser un bonhomme de neige

3 Complète le texte avec les mots de la liste.

averses – automne – tempête – nuages – vent

C'est le premier jour de l' … . De gros … gris s'accumulent dans le ciel. On annonce des … pour cet après-midi. Le … va se lever et une … est prévue pour cette nuit.

4 Associe chaque nom de la liste a à un adjectif de la même famille dans la liste b.

liste a : la chaleur – l'automne – la brume – une saison – la glace – la neige

liste b : automnal – brumeux – chaud – glacial – neigeux – saisonnier

5 Complète chaque couple de phrases avec le même mot.

a. Je mangerais bien une … au chocolat.
b. Il a gelé, la mare est recouverte de … .

c. Cet énorme … va apporter une belle averse.
d. Ma tante met un … de lait dans son thé.

Parcours 2

6 À deux — L'un choisit une saison, l'autre liste des mots de la météo qui correspondent à cette saison.
- Inversez les rôles.

7 Trouve des verbes qui parlent d'activités d'hiver, puis d'été.

8 Complète le texte avec des mots qui conviennent.

Je regarde par la fenêtre les gouttes de … tomber. J'espère qu'on pourra aller dans la cour. J'ai mis mon imperméable et mes … pour sauter dans les … . Le … est en train de se lever. Il fait danser les feuilles jaunes. Pas d'erreur, nous sommes bien en … !

9 Trouve un mot de la même famille.

Exemple : l'hiver → hivernal

a. l'orage → …
b. la canicule → …
c. le vent → …
d. le soleil → …

10 Trouve l'expression qui parle du temps. À ton avis, que veut-elle dire ?

a. un froid de canard / attraper froid
b. une pluie de bonbons / une pluie battante
c. une ambiance orageuse / un orage d'été
d. des œufs en neige / une tempête de neige
e. un éclair dans le ciel / un éclair de génie
f. un temps de chien / prendre son temps

11 Invente deux phrases en utilisant le mot glace avec un sens différent.

a. * Quel temps fait-il ce jour-là ? Trouve les mots qui permettent de le savoir.

b. ** Comment les voyageurs se protègent-ils de ce climat ?

J'écris

a. * Et toi, que vas-tu porter pour aller jouer dehors en cas de mauvais temps ?

b. ** Imagine une promenade à pied ou à vélo un jour d'hiver. Écris un petit texte et décris comment te protéger du froid.

Vocabulaire

11 Comment parler de la ville et de la campagne ?

Observons le monde

a

b

c

d

e

f

g

h

1. Quelles personnes vois-tu sur les photos ?
2. Où se trouvent ces personnes ?
3. Que font-elles ?
4. Comment sont-elles ?
5. Vois-tu des animaux ? Que font-ils ?
6. Quels objets distingues-tu ?
7. Que vois-tu d'autre sur ces photos ?

Répertoire de mots → Mémo, p. 43

Manipulons la langue

8 **Classe dans ces quatre boîtes tous les mots utilisés pour décrire les photos.**

des êtres vivants — des objets — des actions — des qualités

9 **Complète ces catégories à l'aide des photos.**

des personnes — des animaux — des véhicules — des lieux

10 **Classe à nouveau les mots dans ces deux boîtes.**

urbain — rural

11 **Explique ces classements. Puis cherche d'autres mots.**

a.

une rue une ruelle une avenue un boulevard	un champ un pré une prairie un pâturage

b.

une rue une ruelle	une avenue un boulevard

12 **Cherche des mots de la même famille.**

un logement — un commerce — un piéton — l'agriculture

13 **Associe chaque personne à l'action qui lui correspond.**

un cycliste	marcher
un commerçant	vendre
un automobiliste	conduire
un agriculteur	cultiver
un piéton	pédaler

Allons plus loin

un quartier

a. Alban habite dans le quartier de la mairie.
b. Léa épluche une orange et la mange quartier par quartier.

1 À quoi penses-tu en lisant le mot quartier dans chaque phrase ?
2 Qu'y a-t-il de commun entre le quartier d'une ville et un quartier d'orange ?
3 Est-ce le même mot ? Peux-tu donner une seule définition du mot quartier ?

des moutons

c. Le berger garde ses moutons dans le pré.
d. Il faut faire le ménage, il y a des moutons sous mon lit.

4 À quoi penses-tu en lisant le mot moutons dans chaque phrase ?
5 Qu'y a-t-il de commun entre des moutons dans un pré et des moutons sous un lit ?
6 Est-ce le même mot ? Peux-tu donner une seule définition du mot mouton ?

animé

e. Le quartier piétonnier est très animé à Noël.
f. Hier, Marylou a vu un dessin animé très drôle au cinéma.

7 À quoi penses-tu en lisant le mot animé dans chaque phrase ?
8 Qu'y a-t-il de commun entre un quartier animé et un dessin animé ?
9 Est-ce le même mot ? Peux-tu donner une seule définition du mot animé ?

Je lis

L'arbre

Perdu au milieu de la ville,
L'arbre tout seul, à quoi sert-il ?
Les parkings, c'est pour stationner,
Les camions pour embouteiller,
Les motos pour pétarader,
Les vélos pour se faufiler.

L'arbre tout seul, à quoi sert-il ? […]

Les maisons, c'est pour habiter,
Les bétons pour embétonner,
Les néons pour illuminer,
Les feux rouges pour traverser.

L'arbre tout seul, à quoi sert-il ? […]

Il suffit de le demander
À l'oiseau qui chante à la cime.

© Jacques Charpentreau, *La Ville enchantée*, L'École, 1976.

a. * Trouve tous les lieux dont on parle dans ce poème.

b. ** Trouve les verbes à l'infinitif. Quels sont ceux dont tu ne connais pas le sens ? Peux-tu le deviner ?

Je m'entraîne

Parcours 1

1 À deux **L'un propose un personnage de la ville ou de la campagne, l'autre ajoute une action.**

Exemple : Le piéton marche.

2 Classe les mots dans un tableau.

un tramway – une mairie – un piéton – un parc – un vélo – un boulanger – un musée – un villageois – un supermarché – le maire

Personnes	Lieux	Moyens de transport
…	…	…

3 Complète les phrases avec les noms de lieux de la liste.

cinéma – pré – rue – ferme – bibliothèque

a. Les voitures circulent dans la … .
b. Gustave emmène ses moutons au … .
c. Ma tante achète ses œufs à la … .
d. Dimanche, Nathan et sa sœur iront au … .
e. Zoé emprunte des livres à la … .

4 Complète chaque phrase avec un mot de la même famille que le mot en couleur.

Exemple : Un piéton circule dans un quartier … .
→ piétonnier

a. Un villageois vit dans un … .
b. Un … travaille dans une pharmacie.
c. La piste cyclable est réservée aux … .
d. Cet … pratique la culture du blé.

5 Complète chaque phrase avec le même mot.

a. La pâtisserie se trouve dans le … piétonnier.
b. Papa met des … d'oranges dans la salade de fruits.

Parcours 2

6 À deux **L'un propose un personnage de la ville ou de la campagne, l'autre ajoute une action et un lieu.**

Exemple : Le berger garde ses moutons dans le pré.

7 Classe les mots dans un tableau.

un centre culturel – une bicyclette – un taxi – une clinique – un agent de police – une librairie – un camion – un ambulancier

Personnes	Lieux	Moyens de transport
…	…	…

8 Complète les phrases avec des noms de lieux qui conviennent.

a. Les élèves se rendent au … à pied pour faire du rugby.
b. Victor traverse son … de maïs sur son tracteur.
c. Chaque mercredi, je retrouve mes amis au … .
d. Le maire gare sa voiture sur le … de la mairie.

9 Complète chaque phrase avec un mot de la même famille que le mot en couleur.

a. L'agent de circulation fait … les voitures.
b. Le … travaille dans une librairie.
c. Maria prépare son … car elle déménage bientôt à la campagne.
d. Julien moissonne son blé à l'aide d'une … .

10 Invente deux phrases en utilisant le mot mouton avec un sens différent.

11 Invente deux phrases en utilisant le mot animé avec un sens différent.

J'écris

a. * **Complète ces débuts de phrases en t'inspirant du poème *L'arbre*.**

Les parcs, c'est pour …
Les bibliothèques, c'est pour …

b. ** **Invente un nouveau paragraphe de quatre lignes pour le poème *L'arbre*.**

12 Comment parler de la sécurité ?

Observons le monde

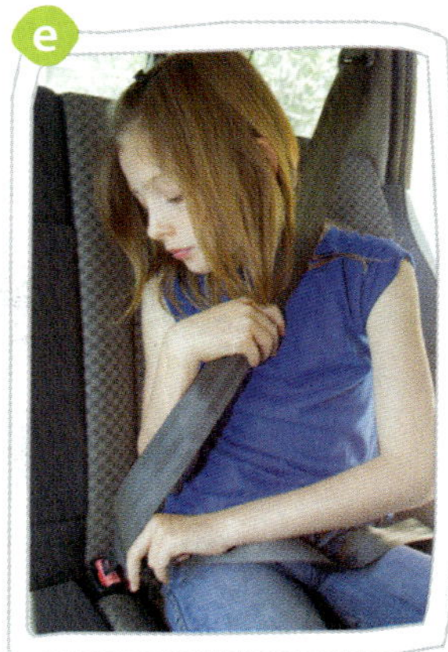

1. Quelles personnes vois-tu sur les photos ?
2. Où se trouvent ces personnes ?
3. Que font-elles ?
4. Que penses-tu du comportement de chaque personne ? Explique tes réponses.

Répertoire de mots → Mémo, p. 44

Manipulons la langue

5 **Classe dans ces quatre boîtes tous les mots utilisés pour décrire les photos.**

des êtres vivants | des objets | des actions | des qualités

6 **Classe à nouveau les mots dans ces deux boîtes.**

le danger | la sécurité

7 **Cherche des mots de la même famille.**

prudent | se brûler | interdire | le danger

8 **Selon toi, ces comportements sont-ils prudents ou imprudents ? Pourquoi ?**

a.

b.

c.

d.

Allons plus loin

un rang

a. Les enfants se mettent en rang dans la rue.
b. Hier, au théâtre, Malik était assis au premier rang.

1 À quoi penses-tu en lisant le mot rang dans chaque phrase ?
2 Qu'y a-t-il de commun entre des enfants en rang et le rang d'une salle de théâtre ?
3 Est-ce le même mot ? Peux-tu donner une seule définition du mot rang ?

un casque

c. Agathe est prudente, elle porte un casque pour faire du vélo.
d. Mon grand frère écoute de la musique avec son casque.

4 À quoi penses-tu en lisant le mot casque dans chaque phrase ?
5 Qu'y a-t-il de commun entre un casque de vélo et un casque pour la musique ?
6 Est-ce le même mot ? Peux-tu donner une seule définition du mot casque ?

une règle

e. En suivant les règles de sécurité, on évite le danger.
f. Suzy suit sa règle pour tracer un trait bien droit.

7 À quoi penses-tu en lisant le mot règle dans chaque phrase ?
8 Qu'y a-t-il de commun entre une règle de sécurité et une règle d'écolier ?
9 Est-ce le même mot ? Peux-tu donner une seule définition du mot règle ?

Je lis

Maître-nageur, en quoi cela consiste-t-il ?

Le maître-nageur a pour mission de surveiller une piscine ou une plage afin d'assurer la sécurité des baigneurs et des nageurs. Il intervient immédiatement quand un nageur ou un baigneur est en danger. Il est le premier responsable du lieu de baignade qu'il surveille. Il veille au respect des règles de sécurité en vigueur. Il peut aussi donner des cours de natation à ceux qui en font la demande.

Source : webjunior, les fiches-métiers

a. * De quelles personnes le maître-nageur est-il responsable ?

b. ** Quelle attitude le maître-nageur doit-il avoir ?

Je m'entraîne

Vocabulaire

Parcours 1

1 À deux **Lisez ce texte, puis relevez tout ce qui empêche Théo de faire une balade à vélo en toute sécurité.**

Le vélo de Théo est un peu rouillé et la roue avant est dégonflée. Le phare est cassé et la selle n'est pas très confortable, mais elle est à la bonne hauteur. Seul le frein droit fonctionne.

Cling ! Ah, la sonnette est en bon état !

Mais son casque semble trop petit pour lui.

2 **Recopie ce qui est dangereux pour un enfant de 5 ans.**

a. Laisser un couteau pointu sur la table.
b. Jouer avec des allumettes.
c. Ranger les produits d'entretien en hauteur.
d. Laisser une bougie allumée sur une table basse.
e. Dormir en voiture avec sa ceinture de sécurité attachée.

3 **Complète les phrases avec les mots de la liste.**

interdit – prudent – obligatoire – toxique

a. Il vaut mieux faire de la trottinette avec un casque, c'est plus ___ .
b. Il ne faut pas jouer avec un produit ménager car il est ___ .
c. Il est ___ de jouer près du feu de cheminée.
d. En voiture, attacher sa ceinture de sécurité est ___ .

4 **Recopie ensemble les mots d'une même famille.**

se brûler – soigner – interdire – protéger – saigner – une interdiction – le saignement – une brûlure – un soin – une protection

Parcours 2

5 À deux **Faites la liste de tout ce qui doit être en bon état sur un vélo pour pouvoir l'utiliser, même à la tombée de la nuit !**

6 **Mets les phrases à la forme négative afin d'éviter certains dangers.**

Exemple : (Il faut) laisser traîner les couteaux.
→ Il ne faut pas laisser traîner les couteaux.

a. (Il faut) faire du vélo sans casque.
b. (On doit) traverser en dehors des passages piétons.
c. (C'est bien de) jouer avec les prises électriques.
d. (Je peux) pousser un camarade dans la cour.
e. (On peut) se baigner sans surveillance.

7 **Complète chaque phrase avec un mot qui convient.**

a. Téléphoner en conduisant peut créer un ___ .
b. Même quand il n'y a pas de voiture, c'est plus ___ de traverser sur le passage pour piétons.
c. Dans un jardin, il est ___ de jouer près d'un barbecue allumé.
d. S'asseoir à côté du conducteur en voiture est ___ à partir de dix ans.

8 **Cherche un mot de la même famille.**

Exemple : une interdiction → interdire

a. une brûlure → ___
b. une protection → ___
c. un règlement → ___
d. le secours → ___

9 **Invente deux phrases en utilisant le mot règle avec un sens différent.**

10 **Invente deux phrases en utilisant le mot rang avec un sens différent.**

J'écris

a. * **À quoi dois-tu faire attention quand tu es à la piscine ?**

b. ** **Fais la liste des principales règles de sécurité à respecter à la piscine.**

13 Comment parler de la protection de la planète ?

Observons le monde

a

b

c

Aïe ! Vous ne pouvez pas faire attention !

d

e

f

1. Quelles personnes vois-tu sur les photos ?
2. Où se trouvent ces personnes ?
3. Que font-elles ?
4. Que penses-tu du comportement de chaque personne ? Explique tes réponses.
5. Que vois-tu d'autre sur les photos ?
6. Observe le panneau sur la photo f.
   Qu'indique chaque pictogramme ?

Répertoire de mots → Mémo, p. 45

Manipulons la langue

7 **Classe dans ces quatre boîtes tous les mots trouvés à partir des photos.**

des êtres vivants | des objets | des actions | des qualités

8 **Classe à nouveau les mots dans ces deux boîtes.**

Bon pour la planète | Mauvais pour la planète

9 **Explique ces classements.**

a.

des ordures des déchets des débris des détritus des saletés	une poubelle une benne une déchèterie un vide-ordures un dépotoir

b.

une poubelle un vide-ordures une benne	un dépotoir une décharge publique une déchèterie

10 **Cherche des mots de la même famille.**

polluer | trier | gaspiller | recycler

11 **Selon toi, quels enfants aident à protéger la planète ? Pourquoi ?**

a.

b.

c.

d.

Allons plus loin

un parc

a. Tom fait une randonnée dans le parc naturel du Vexin.
b. Léa et Louis font du manège dans le parc d'attractions.

1 **À quoi penses-tu en lisant le mot parc dans chaque phrase ?**
2 **Qu'y a-t-il de commun entre un parc naturel et un parc d'attractions ?**
3 **Est-ce le même mot ? Peux-tu donner une seule définition du mot parc ?**

une réserve

c. Dans la réserve naturelle des Calanques, le corail rouge est protégé.
d. À l'automne, l'écureuil fait ses réserves de nourriture pour l'hiver.

4 **À quoi penses-tu en lisant le mot réserve dans chaque phrase ?**
5 **Qu'y a-t-il de commun entre une réserve naturelle et des réserves de nourriture ?**
6 **Est-ce le même mot ? Peux-tu donner une seule définition du mot réserve ?**

recycler

e. Dans cette usine, on trie les bouteilles pour les recycler.
f. Mon oncle va se recycler. Il ouvrira bientôt un restaurant.

7 **À quoi penses-tu en lisant le mot recycler dans chaque phrase ?**
8 **Qu'y a-t-il de commun entre recycler des bouteilles et se recycler dans un autre métier ?**
9 **Est-ce le même mot ? Peux-tu donner une seule définition du mot recycler ?**

Je lis

Recyclons nos déchets !

Recycler un objet, c'est le récupérer pour l'utiliser une deuxième fois : par exemple, le papier est broyé, puis traité pour fabriquer de nouvelles feuilles… en papier recyclé !
Le verre d'une bouteille est refondu pour fabriquer de nouvelles bouteilles. Les bouteilles en plastique sont transformées en fil pour faire des écharpes et des pulls. L'acier des boîtes de conserve est fondu pour fabriquer des pièces de moteur.

Protégeons la planète, coll. « Kididoc », © éd. Nathan.

a. * Comment peut-on fabriquer de nouvelles bouteilles en verre ?
b. ** À quoi sert le recyclage ?

Je m'entraîne

Parcours 1

1 À deux **L'un lit le début de la première phrase, l'autre la complète. Pensez aux gestes malins !**

a. Quand je me déplace loin, c'est mieux de prendre le … .
b. Quand je pars faire des courses, j'emporte … .
c. Quand je me brosse les dents, je … .
d. Quand je vois des déchets au sol et une poubelle à côté, je … .

- **Inversez les rôles.**

2 **Classe ces groupes de mots dans un tableau.**

a. économiser le papier
b. utiliser souvent sa voiture
c. protéger les animaux
d. éteindre les lumières
e. écraser les fleurs

Ce qui protège la planète	Ce qui ne protège pas la planète
…	…

3 **Complète chaque phrase avec plus ou moins.**

a. L'avion pollue … que le train.
b. Une douche gaspille … d'eau qu'un bain.
c. Utiliser le même sac en toile permet d'utiliser … de sacs en plastique.
d. Abattre de … en … de forêts menace certaines espèces animales.

4 **Recopie ensemble les mots qui ont le même sens (ou presque).**

la protection – un détritus – de l'essence – un carburant – un déchet – le respect

Parcours 2

5 À deux **Tour à tour, listez les gestes malins que vous faites chaque jour pour protéger la planète :**
– à la maison ;
– à l'école ;
– dans la rue.

6 **Classe ces mots dans un tableau.**

a. le recyclage
b. la marée noire
c. une réserve naturelle
d. un parc naturel
e. le gaspillage
f. un gaz polluant

Ce qui protège la planète	Ce qui ne protège pas la planète
…	…

7 **Complète chaque phrase avec économiser ou gaspiller.**

a. En baissant le chauffage dans sa maison, Valentin évite de … de l'énergie.
b. En récupérant l'eau de pluie, il pense à … l'eau.
c. En imprimant une feuille des deux côtés, il peut … du papier.
d. En éteignant les lumières quand il sort d'une pièce, il arrive à … moins d'électricité.

8 **Trouve un mot qui a le même sens que chacun de ces mots.**

a. toxique : …
b. un déchet : …
c. protéger : …
d. le gaspillage : …
e. le tri : …
f. recycler : …

25 bouteilles en plastique permettent de fabriquer cette polaire.

J'écris

a. * **Prépare trois petites pancartes et explique en quoi seront recyclés le verre, le plastique et l'acier.**

b. ** **Écris un petit texte pour expliquer ce qui peut être recyclé et comment.**

14 Comment parler de ses sentiments ?

Observons le monde

a

b

c

d

e

f

g

h

i

1. Quelles personnes vois-tu sur les photos ?
2. Que font ces personnes ?
3. Comment sont-elles ?
4. À ton avis, que ressentent-elles ? Explique pourquoi.

Répertoire de mots ➜ Mémo, p. 46

Manipulons la langue

5 **Classe dans ces quatre boîtes tous les mots utilisés pour décrire les photos.**

des êtres vivants | des sentiments | des actions | des qualités

6 **Classe à nouveau les mots dans ces deux boîtes.**

les sentiments agréables | les sentiments désagréables

7 **Trouve ce qui relie les mots dans chaque couple.**

a. le bonheur – l'amour

b. la tristesse – la souffrance

c. la colère – la violence

d. l'amitié – la dispute

e. la honte – l'isolement

f. l'amour – la confiance

g. la colère – la souffrance

h. l'amitié – la complicité

i. la honte – la timidité

8 **Cherche des mots de la même famille.**

pleurer | sangloter | aimer | bouder

9 **Associe chaque sentiment à un adjectif qui lui correspond.**

le bonheur	apeuré
la peur	effrayé
la tristesse	malheureux
l'amour	amoureux
la frayeur	heureux

Allons plus loin

une larme

a. Mon petit frère est triste et une larme coule sur sa joue.
b. Ma mère ajoute une larme de sirop de citron dans le gâteau.

1 **À quoi penses-tu en lisant le mot larme dans chaque phrase ?**
2 **Qu'y a-t-il de commun entre la larme de tristesse et la larme de sirop ?**
3 **Est-ce le même mot ? Peux-tu donner une seule définition du mot larme ?**

la peine

c. Mamadou a de la peine car son grand-père est malade.
d. Lily termine la course à pied avec beaucoup de peine.

4 **À quoi penses-tu en lisant le mot peine dans chaque phrase ?**
5 **Qu'y a-t-il de commun entre la peine que ressent Mamadou et la peine de Lily ?**
6 **Est-ce le même mot ? Peux-tu donner une seule définition du mot peine ?**

le cœur

e. Lily est amoureuse de Noé. Quand elle le voit, son cœur bat plus vite.
f. Lily a dessiné un cœur sur une feuille qu'elle donne à Noé.

7 **À quoi penses-tu en lisant le mot cœur dans chaque phrase ?**
8 **Qu'y a-t-il de commun entre le cœur qui bat et un cœur dessiné ?**
9 **Est-ce le même mot ? Peux-tu donner une seule définition du mot cœur ?**

Je lis

Je veux aller à l'école !

Cette histoire se passe en 1963, à Madère, une île portugaise.
Filomena a l'âge de rentrer au collège. Mais ses parents n'ont pas assez d'argent pour l'envoyer à la ville…

– Mais moi, je voulais aller à l'école…

– Eh bien, tu y es allée pendant deux ans ! reprend sa mère. Parmi les enfants du village, c'est toi qui en as le mieux profité. Tu devrais être contente !

Filomena retient une larme. Elle n'arrive pas à dire que ces deux années-là lui ont seulement donné envie d'apprendre plus encore. Elle se sent terriblement malheureuse que tout s'arrête aussi vite. Elle reprend presque en colère :

– Il ne fallait pas m'envoyer si vous ne vouliez pas me laisser continuer !

Catherine de Lasa, *Je veux aller à l'école*, © éd. Nathan.

Je m'entraîne

Parcours 1

1 À deux L'un mime un sentiment, l'autre devine ce que c'est.

- **Inversez les rôles.**

2 Classe les mots dans un tableau.

triste – fier – heureux – mécontent – timide – énervé – joyeux – amoureux

Sentiments agréables	Sentiments désagréables
…	…

3 Complète chaque phrase avec un adjectif de la liste.

timide – triste – apeuré – heureux

a. Mila a cassé sa poupée, elle se sent … .
b. Joachim joue avec ses cousins, il est … .
c. Julien n'aime pas parler en public, il est … .
d. Gabriel est tout seul dans le noir. Il est … .

4 Complète chaque phrase avec un verbe de la liste.

boude – sanglote – déteste – aime

a. Éva … car personne ne veut jouer avec elle.
b. Gabriel … quand le maître lui fait un reproche.
c. Basile … sa voisine mais n'ose pas lui dire.
d. Ma sœur … car papa l'a grondée.

5 Complète chaque phrase avec un mot qui convient.

a. Il éprouve de la joie, il se sent … .
b. Il éprouve de la jalousie, il se sent … .
c. Il éprouve de la peur, il se sent … .
d. Il éprouve de la tristesse, il se sent … .
e. Il éprouve de la honte, il se sent … .

Parcours 2

6 À deux L'un mime un sentiment, l'autre trouve l'adjectif qui lui correspond.

- **Inversez les rôles.**

7 Classe ces mots dans un tableau.

la tendresse – la honte – la jalousie – la mélancolie – la fureur – l'inquiétude – l'espoir – l'isolement

Sentiments agréables	Sentiments désagréables
…	…

8 Trouve le sentiment que peut ressentir chaque enfant.

a. Elsa a reçu le cadeau que voulait tant Noé.
Elsa : … Noé : …
b. Micha est puni. Il a tapé Luc.
Micha : … Luc : …
c. Grégoire est tout rouge, il a cassé le jeu de Samia.
Grégoire : … Samia : …

9 Complète chaque phrase avec un verbe qui convient.

a. Fatou … car son chat a disparu.
b. Timéo … quand son petit frère fait le pitre.
c. Katia … passer du temps avec ses amies.
d. Lucas … de ne pas voir sa mamie plus souvent.

10 Complète chaque phrase avec une expression de la liste.

rouge de honte – verte de rage – verte de peur – blanche comme un linge

a. Olga a vu une vipère, elle était … .
b. Mina a envie de vomir, elle est … .
c. Sélène a cassé sa console de jeu, elle est … .
d. Anna a menti à son amie. Maintenant, elle en est … .

a. ✱ **Pourquoi Filomena se sent-elle si malheureuse ?**

b. ✱✱ **Quels sont tous les sentiments qu'éprouve Filomena ? Pourquoi ?**

J'écris

a. ✱ **Rappelle-toi un sentiment que tu as ressenti, agréable ou désagréable. Explique pourquoi tu as ressenti ce sentiment.**

b. ✱✱ **Décris une situation où l'on peut être à la fois malheureux et en colère.**

Vocabulaire

Crédits photographiques

10htg FOTOLIA/© Eric Isselée ; **10htmg** FOTOLIA/© Barbara Pheby ; **10htmd** BIS/Ph.Maxim Kulko ; **10htd et 202c** FOTOLIA/© Philippe Minisini ; **10basd** CORBIS/© Zoya Shu/NurPhoto ; **11ht, 144** SHUTTERSTOCK/© Catalin Petolea ;**11bas, 144** SHUTTERSTOCK/© Zurijeta ; **12g** HEMIS/© Christophe Boisvieux ; **12d** HEMIS/© Philippe Roy ; **13htg** AFP/© Pierre Verdy ; **13htd** HEMIS/© Patrick Escudero ; **13b** SHUTTERSTOCK/© Imageman ; **16** FOTOLIA/© V.R.Murralinath ; **18** FOTOLIA/© gekaskr ; **19htg, 106, 138** FOTOLIA/© zuzule ; **19mhg, 106** BIS/h. Ian Scot ; **19mhd, 110** BIS/h. Herbert Kratky ; **19htd, 106** BIS/Ph. ChristopheB ; **19basg, 186** BIOSPHOTO/© Pierre Vernay ; **19mbg, 106, 153** BIS/Ph. Scott Winegarden ; **19mbd, 110** SHUTTERSTOCK/© Malinovskaya Yulia ; **19bd, 110** SHUTTERSTOCK/© rattanapatphoto ; **20** SHUTTERSTOCK/© Pavel L. Photo and Video ; **21basg, 152** FOTOLIA/© Alexandr Mitiuc ; **21basm**SHUTTERSTOCK/© Ioan Panaite ; **21basd** BIS/Ph. Madarakis ; **22g** BIS/Ph. C. Roux © Archives Larbor ; **22d** C215 - Ecole Dorée (Boulevard Vincent Auriol), février 2011. Galerie Itinerrance © Adagp Paris 2014 ; **26ht** FOTOLIA/© Hetizia ; **26bas 3 photos** FOTOLIA/© Stefan Schurr ; **34htg, 74, 96** FOTOLIA/© ChantalS ; **34htd, 92, 96** FOTOLIA/© papagoshi ; **34md** SHUTTERSTOCK/© Paul Michael Hughes ; **38htd** SHUTTERSTOCK/© gladskikh Tatiana ;**38g** FOTOLIA/© nito ; **38mht** SHUTTERSTOCK/© nelik ; **38mmg** BIS/ Ph. Andriy Beka ;**38mbg** BIS/Ph. Guy ;**38mbd** SHUTTERSTOCK/© Angorius ;**38mmd** SHUTTERSTOCK/© ffolas ;**46** SHUTTERSTOCK/© Tatiana Morozova ; **48** BIS/Ph. Kristian Sekulic ; **53** SHUTTERSTOCK/© Corepics VOF ; **63g** FOTOLIA/© titimel35 ; **63mg** SHUTTERSTOCK/© Albachiaraa ; **63md** FOTOLIA/© philippe Devanne ; **63d** FOTOLIA/© Unclesam ; **66htg et 66htm** FOTOLIA/© Eléonore H ; **66htd** FOTOLIA/© knilhomolek ; **66basd** FOTOLIA/© Alexander Kuzovlev ; **66basm** SHUTTERSTOCK/© rawcaptured ; **66basg** FOTOLIA/© Patrick Hermans ; **70basd** FOTOLIA/© Oksana Kuzmina ; **70basg** FOTOLIA/© Schwoab ; **70htd** FOTOLIA/© Alexandr Ermolaev ; **70htg** FOTOLIA/© Alexandr Ermolaev ; **72** Cassandre (1901-1968), affiche pour le "Normandie" - BIS/Ph. Coll. Archives Nathan © Cassandre. All rights reserved ; **74htd** SHUTTERSTOCK/© Matka_Wariafka ; **76** AFP/Notimex/Cortesia ; **78** SHUTTERSTOCK/© Martin Good ; **80** www.inpes.sante.fr/ Illustration Pascal Moncapjuzan et Anne Joly ; **84** SHUTTERSTOCK/© Skydive Erick ; **84** SHUTTERSTOCK/© Studiotouch ; **88** FOTOLIA/© soniaC ; **94** FOTOLIA/© Maksym Gorpenyuk ; **98** FOTOLIA/© Bestart Photography ; **100** FOTOLIA/© alexandre zveiger ; **102htg** BIS/Ph. B747 ; **102mhg** FOTOLIA/© Dauf ; **102mhd** BIS/Ph.Christian Jung ; **102htd** FOTOLIA/© Robert Wilson ; **102basg** SHUTTERSTOCK/© Vitaly Korovin ; **102basm** FOTOLIA/© SemA ; **102basd** BIS/Ph. Jeanbor © Archives Larbor - DR ;**104g** SHUTTERSTOCK/©Viktor1 ; **104mg** SHUTTERSTOCK/© 92695699 ; **104m** SHUTTERSTOCK/© Hirug ; **104md** FOTOLIA/© Nejron Photo ; **104d, 110, 152** BIS/Ph. Elisa Locci ; **106htg** BIS/Ph. Ronnie Howard ; **106mhg** BIS/Ph. Ronnie Howard ; **106mbd** SHUTTERSTOCK/© KAMONRAT ; **106md** BIS/Ph. Oorka ; **106basd** SHUTTERSTOCK/© Ethan Daniels ; **108htg** FOTOLIA/© contrastwerkstatt ; **108mhg** FOTOLIA/© Monkey Business ; **108mhd** FOTOLIA/© ataly ; **108htd** FOTOLIA/© goodluz ; **108basg** ISTOCK/© Maica ; **108basd** SHUTTERSTOCK/© 30842413 ; **110mhg, 136** FOTOLIA/© Olga Khoroshunova ; **110mhd** FOTOLIA/© scubaluna ; **110basm** SHUTTERSTOCK/© BGSmith ; **112htg** FOTOLIA/© Max Diesel ; **112mhg** FOTOLIA/© synto ; **112mhd** BIS/Ph. Siegfried Schniepf ; **112htd** SHUTTERSTOCK/© vlad09 ; **112basg** BIS/Ph. Tatiana Popova ; **112mbg** SHUTTERSTOCK/© Hill2k ; **112mbd** FOTOLIA/© Maria Arts ; **112basd** SHUTTERSTOCK/© Lasse Kristensen ; **114htg** BIS/Ph. Egor Dranichnikov ; **114m** SHUTTERSTOCK/© Tatjana Romanova ; **114htd** BIS/Ph. Ragnarocks ; **114g** BIS/Ph. Ruslan Olinchuk ; **114basg** FOTOLIA/© BEAUTYofLIFE ; **114basd** SHUTTERSTOCK/© Karina Bakalyan ; **116** SHUTTERSTOCK/ © Ognlan ; **118basd** REA/The New-York Times-REDUX/Brendan Hoffman ; **118basg** FOTOLIA/Africa studio ; **118g, 151** FOTOLIA/Brad Pict ; **118htd** FOTOLIA/ contrastwerkstatt ; **118htg** SHUTTERSTOCK/Franck Boston ;

Crédits photographiques

118mg CORBIS/Helen King ; **122** 2 photos D.R. ; **124g** SHUTTERSTOCK/© melisaaf84 ; **124d, 163** SHUTTERSTOCK/© Levent Konuk ; **126** SHUTTERSTOCK/© Sergey Petrov ; **128** ROGER-VIOLLET/© Albert Harlingue ; **130g** SHUTTERSTOCK/© Fotocrisis ; **130mg** FOTOLIA/© andrysolo ; **130mhg** SHUTTERSTOCK/© Scorpp ; **130htd** FOTOLIA/© artmim ; **130mbg** SHUTTERSTOCK/© Jaimie Duplass ; **130basd** SHUTTERSTOCK/© BestPhotoPlus ; **132basd** FOTOLIA/Mushy ; **132basg** FOTOLIA/Syaochka ; **132htd** FOTOLIA/Kneiane ; **132htg** FOTOLIA/Jane reinhardt ; **132mhd** FOTOLIA/Ljupco Smokovski ; **132mhg** FOTOLIA/Jürgen Fälchle ; **134htg** FOTOLIA/© liquid studios ; **134htd** SHUTTERSTOCK/© Nicram Sabod ; **134basd, 142** FOTOLIA/© PatrickMi ; **136mhtg** SHUTTERSTOCK/© Rich Carey ; **136 mhtd, 142** SHUTTERSTOCK/© Rostislav Ageev ; **136htd, 142** SHUTTERSTOCK/© Tupungato ; **136 bg** SHUTTERSTOCK/© Vasiliy Koval ; **136mbg** SHUTTERSTOCK/© Ruth Black ; **136bd** SHUTTERSTOCK/© Isantilli ; **138htmg, 140g** SHUTTERSTOCK/© Lenkadan ; **138 htd** FOTOLIA/© Christophe Fouquin ; **138basg** SHUTTERSTOCK/© rzstudio ; **138 basd** SHUTTERSTOCK/© Avella ; **140mbas** SHUTTERSTOCK/© Eric Isselee ; **140d** FOTOLIA/© ericro ; **142mg** SHUTTERSTOCK/© karamysh ; **146g** FOTOLIA/© Stockyimages ; **146m** FOTOLIA/© Mariesacha ; **146d** SHUTTERSTOCK/© branislavpudar ; **148** SHUTTERSTOCK/© Levent Konuk ; **153d, 214** FOTOLIA/© Marco2811 ; **154g** FOTOLIA/© Arousa ; **154d** © adoc-photos ; **155g** BIS/Ph. Coll. Archives Nathan ; **155d** BIS/Ph. Yulia Romanova ; **156g** FOTOLIA/© leungchopan ; **156d** SHUTTERSTOCK/© stoupa ; **157g** FOTOLIA/© fotoaloja ; **157d** FOTOLIA © ODG ; **158g** © Biosphoto/David A. Hardy/Science Photo Library ; **158d** © Biosphoto/Theo Allofs ; **159g** FOTOLIA/© Cathy Keifer ; **159d** © R. Linke/Blickwinkel/AGE Fotostock ; **160g** BIS/© Archives Larbor ; **160d** Fotolia/Jimjag ; **161g** ROGER-VIOLLET/© Janine Niepce ; **161d** FOTOLIA/© KK-Foto ; **162g** SHUTTERSTOCK/© sainthorant daniel ; **162d** BIS/© ESA: SOHO - EIT team - Collection Archives Larbor ; **163g** SHUTTERSTOCK/© Africa Studio ; **172htg** FOTOLIA/© lamax ; **172htm** FOTOLIA/© nikitos77 ; **172htd** SHUTTERSTOCK/© ultimathule ; **172mg** FOTOLIA/© scis65 ; **172mm** FOTOLIA/© Alexander Potapov ; **172md** SHUTTERSTOCK/© bonchan ; **172basg** FOTOLIA/© womue ; **172basm** SHUTTERSTOCK/© Ivaylo Ivanov ; **172basd** SHUTTERSTOCK/© Ivonne Wierink ; **176 3 photos** © NASA ; **180g** Fernando Botero, Le Chat, bronze, Plaza Botero, Medellin, Antioquia, Colombie . Ph. © Stillman Rogers/ Alamy - Photo12.com/D.R. ; **180d** © NTPL/Scala, Florence ; **184d** BIOSPHOTO/© J.L. Klein & M.L. Hubert ; **187** Istockphoto/Syagci ; **200 a** FOTOLIA/© Duris Guillaume ; **200 b** FOTOLIA/© Tobilander ; **200 d** FOTOLIA/© S. Engels ; **200 e** FOTOLIA/© Zanna ; **200 g** FOTOLIA/© Gorilla ; **204 a** FOTOLIA/© Ponchy ; **204 b** PHOTONONSTOP/© Radius Images ; **204 c** PHOTONONSTOP/© Laurène Bourdais ; **204 d** PHOTONONSTOP/© Nicolas Thibaut ; **204 e** REA/© Fanny Tondre ; **204 f** FOTOLIA/© Claudio Colombo ; **204 g** HEMIS/© Christian Guy ; **204 h** FOTOLIA/© minicel73 ; **208 a** FOTOLIA/© muro ; **208 b** FOTOLIA/© DURIS Guillaume ; **208 c** SHUTTERSTOCK/© auremar ; **208 d** FOTOLIA/© Tobilander ; **208 e** FOTOLIA/© Cyril Comtat ; **208 f** FOTOLIA/© henryart ; **208 g** FOTOLIA/© Jürgen Fälchle ; **208 h** FOTOLIA/© Marc Xavier ; **209 a** SHUTTERSTOCK/© Denis Radovanovic ; **209 b** FOTOLIA/© S. Kobold ; **209 c** FOTOLIA/© Cyril Comtat ; **209 d** FOTOLIA/© Prod. Numérik ; **211** FOTOLIA/© Somwaya ; **212 a** SHUTTERSTOCK/© BlueOrange Studio ; **212 c** FOTOLIA/© Pavel Losevsky ; **212 d** FOTOLIA/© auremar ; **212 e** FOTOLIA/© Alexandra Gl ; **212 f** HEMIS/© Bertand Gardel ; **215 g** FOTOLIA/© scis65 ; **215 d** FOTOLIA/© nito ; **216 a** SHUTTERSTOCK/© Rob Marmion ; **216 b** SHUTTERSTOCK/© Ilike ; **216 c** SHUTTERSTOCK/© Martin Novak ; **216 d** FOTOLIA/© Eléonore H ; **216 e** FOTOLIA/© Laurent Hamels ; **216 f** SHUTTERSTOCK/© Dmitry Naumov ; **216 g** SHUTTERSTOCK/© Oleg Mikhaylov ; **216 h** SHUTTERSTOCK/© Aletia ; **216 i** SHUTTERSTOCK/© Twin Design.

Illustrateurs

Dawid : toutes les mascottes Grammi, Conjuguo, Ortha et Voca, p. 181.

Anaïs Goldemberg : p. 30.

Gwenole : p. 14, p. 54, p. 188.

Anne Junker : p. 13, p. 15, p. 23, p. 25, p. 27, p. 31, p. 32, p. 33, p. 35, p. 39, p. 41, p. 43, p. 45, p. 47, p. 53, p. 55, p. 57, p. 58, p. 59, p. 61, p. 62, p. 64, p. 67, p. 69, p. 71, p. 75, p. 79, p. 85, p. 87, p. 89, p. 90, p. 93, p. 98, p. 100, p. 116, p. 149, p. 167, p. 169, p. 170 haut, p. 174, p. 177, p. 178, p. 182, p. 185, p. 189, p. 190, p. 193, p. 195, p. 197, p. 203, p. 207, p. 213, p. 219.

Jean-Paul Lieby : p. 50.

Line Parmentier : illustration de couverture.

Générique de l'ouvrage

Conception graphique et mise en pages : Anne-Danielle Naname – Claire Dubos

Couverture : Véronique Lefebvre

Iconographie : Laurence Vacher

Relecture : Véronique Dussidour

Coordination artistique : Annie Le Gallou, Domitille Pautonnier

Coordination éditoriale : Laurence Michaux

Édition : Anne Perez

Achevé d'imprimer en France en février 2014 par l'imprimerie MAURY, 45330 Malesherbes
N° de projet : 10198527